星云大师 著

人间佛教

回归佛陀本怀

人民出版社
宗教文化出版社

星云大师法相

陈碧云摄于台北

作者简介

星云大师

1927年生，江苏江都人，12岁于南京栖霞山礼宜兴大觉寺志开上人出家，曾参学金山、焦山、栖霞等禅净律学诸大丛林。

1949年春来台，主编《人生》杂志等刊物。1953年创宜兰念佛会，奠定弘法事业的基础。

1967年创建佛光山，以人间佛教为宗风，致力推动佛教文化、教育、慈善、弘法事业。先后在世界各地创建三百多所道场，又创办多所美术馆、图书馆、出版社、书局、云水医院、佛教学院，暨兴办西来、佛光、南华、南天及光明大学等。1970年后，相继成立"大慈育幼院"、"仁爱之家"，收容抚育孤苦无依之幼童、老人，及从事急难救济等福利社会。1977年成立"佛光大藏经编修委员会"，编纂《佛光大藏经》《佛光大辞典》。并出版《中国佛教经典宝藏精选白话版》，编著《佛光教科书》《佛教丛书》《佛光祈愿文》《人间佛教丛书》《百年佛缘》等。先后荣膺世界各大学颁赠荣誉博士学位，有智利圣多玛斯大学、澳洲格里菲斯大学、美国惠提尔大学及中国香港大学等，并获颁我国南京大学、北京大学、中国人民大学、上海同济大学、湖南大学及中山大学等大学名誉教授。

大师弘扬人间佛教，以地球人自居，对于欢喜与融和、同体与共生、尊重与包容、平等与和平等理念多所发扬，于1991年成立"国际佛光会"，被推为总会会长，实践他"佛光普照三千界，法水长流五大洲"的理想。

目 录

序一　人间佛教回归佛陀本怀——— 001
序二　我对人间佛教的体认——— 007

第一章　总说 ——— 001

第二章　佛陀的人间生活 ——— 027
　　一、出家求法——— 029
　　二、教团成立——— 032
　　三、一日生活——— 039
　　四、度化弟子——— 044
　　五、利生服务——— 052

第三章　人间佛教的根本教义 ——— 061
　　一、苦空无常的究竟实义——— 063
　　二、大乘佛法的圆满修行——— 082
　　三、人间佛教的神圣真理——— 090
　　四、遍满虚空的人间佛陀——— 093

第四章 佛教东传中国后的发展 —— 099
一、人间佛教的生活行仪 —— 102
二、人间佛教的社会慈善公益 —— 110
三、人间佛教艺术的成就 —— 119
四、人间佛教与文人的往来 —— 128
五、人间佛教与政治的关系 —— 139
六、人间佛教的语言文字 —— 147
七、中国佛教衰微的原因 —— 169

第五章 当代人间佛教的发展 —— 183
一、文化出版 —— 186
二、教育办学 —— 193
三、弘法活动 —— 202
四、慈善事业 —— 221
五、国际弘法 —— 231

第六章 总 结 —— 241

附 录 —— 269
佛陀一生重要记事 —— 269

序一

人间佛教回归佛陀本怀

1967年，正逢佛光山开山，算来也五十年了。至今印象最深的，是在1987年泰国国王普密蓬过60岁生日，当时，大陆佛教派了中国佛教协会会长赵朴初长者代表前去祝贺，台湾方面就派我前往。我们下榻在同一个旅馆里，那个时代，两岸人士要见面都不是非常单纯的事，但朴老不愧为长者，见到比他年轻二十岁的我，就说："你能到我房间谈谈吗？"我应邀而往，彼此畅谈了两岸的民族血源、两岸的同文同种、两岸的文化关系等。

尤其他勉励我，今后佛教在大陆发展，必须要对人民有利益，对国家要有贡献，也就是提倡所谓的"人间佛教"，大陆普遍欢迎，不会把佛教看成是落伍的、迷信的、神鬼的。因为人间佛教主张创造人民幸福安乐，和共产主义相似的地方很多。我跟他说："朴老，我了解的佛教，佛陀倡导六和敬的僧团，其实和共产主义是差不多的。"他听了之后哈哈一笑。

由于这样的因缘，后来我应赵朴老的邀请，在1989年，率领五百人前往大陆寻根探亲访问。承蒙当时的外交部长姬鹏飞和朴老到机场来接我们，也承蒙时任国家主席杨尚昆接见我们、全国政协主席李先念在北京人民大会堂设宴欢迎我们一行人，为此结下了深厚的缘分。在我内心深处，就感觉到自己应该为中华文化的复兴、为两岸同胞未来的幸福、为人心的安定，甚至协助政府创造安和乐利的生活来贡献力量。

两岸分离了几十年，到现在虽没有战争了，彼此也有来往，但终究大海遥隔。也尽管大陆给予台湾多少优惠，我们仍然期盼有进一步的发展。尤其，在"九二共识"这样的互利、互信之下，两岸的和平、和好、和谐，应该是早日可见的事。

特别是自从大陆改革开放以来，经济的增长、交通的建设、科学的研究，甚至于发展了航天事业，把航天员送上了太空，这些成就，已经把过去在世界上落后的名声一扫而尽，中国富强了，中国人抬头了。尤其到了现在，习近平先生做了国家领导人，对社会的进步、人民的安乐、中国富强的美梦，愈来愈增上、愈来愈美好，使得全世界对于中国的发展，尤其文化的复兴，都在刮目相看。

弘法五六十年来，我知道中国历史五千年，不断的内乱、战争，好不容易到了现代，大陆国势的发展强盛，受到全世界普遍的尊重。因此，我自己也不揣老迈，自不量力地秉持做一个中国人的责任，随着中华文化的伟大复兴摇旗呐喊，为国家的前途成长增加光辉。

承蒙三四十年来，大陆许多出版社印行了我一百多种书籍，尤其最近人民出版社出版《献给旅行者365日——中华文化佛教宝典》一书，中、英文对照，发行了百万本以上，可以说，已经在全世界发光、发亮。在中国社会里，也普遍受到大众的欢迎和喜爱。也因为这本书，让全球人士知道了中华文化历史之悠久、文化之丰富，可谓源远流长。

也承蒙其他出版社曾出版我的《贫僧有话要说》《百年佛缘》《佛光菜根谭》《尊重与包容》《舍得》等书，回想起曾对朴老所讲，只要能对社会人心的安定、对国家道德人格的提升有帮助，我都愿意做一些贡献。尤其现在正倡导中华民族四海归心，因此今年春节以来，我就花了一点时间，口述这部《人间佛教回归佛陀本怀》，来响应中国要有一个总体的回归。无论国家也好，领土也好，权利也好，总要一起回归到中华文化。

佛教的发展，虽然缺乏人才，但是佛教已经融入中华文化之中，其根本精神应该回归佛陀的本怀，让佛陀的慈悲、智慧，跟我们中华文化儒道合流。如因果报应、缘起中道等等观念。甚至道安大师所谓"不依国主，佛法难立"，对于国家的拥护，希望台湾也应该及早回归到文化的中国、历史的中国、现实强大的中国。

现在，即将出版拙作《人间佛教回归佛陀本怀》，我想，只要能对国家有所贡献、对社会有所益处，也无不乐于尽绵薄。

希望此书出版之后，对社会秩序的维护，对民众心灵的安定，对爱国情操的提升，都有所增益。大家都能做一个优质的中国公民，在世界历史的舞台上，不但超越过去的汉唐盛世，甚至超越当代进步的国家，这是我们两岸炎黄子孙共同的荣幸与光彩。

本书共分六章，每一章约二三万字，总计近十四万字。第一章，叙述佛教两千多年来在世界各地流传，对于各个国家人民社会的影响。第二章，讲述佛陀一生的行谊，从一日生活，到对弟子、信众、社会的教化等。

第三章，我们讲述了佛陀说法的根本教义。过去大多从消极上说，今日佛教我们要从积极面去阐释，不是神鬼的、不是迷信的、不是灵异的佛教，让它成为人间生活的佛教，成为正信正见的佛教，成为公平正义的佛教，是能让人民安身立命的人间佛教。

第四章，叙述佛教在中国的流传，它从来不干涉政治，都是护持国家，谁当家作主，佛教就拥护谁，这是佛教的传统。特别是，佛教已经成为中华文化的重要组成部分。例如，没有佛教的名词，我们说话都有困难；如果没有佛教的传播，恐怕今天的素菜就没有得吃。甚至我们的衣食住行、语言文化、各种艺术等，都已离开不了佛教文化，佛教已经不只是佛教，基本上它就是一种文化。

第五章，讲述百年来人间佛教推动的情况。这当中，我领导的佛光山僧信二众努力甚多，我们也愿意直下承担，再向前不懈。第六章的总结里，说明佛教盛衰的情况。特别是，今后人间佛教要培养人才，鼓励人民爱国爱教，不但要发扬旧有的优良文化，更加要让文化更新、与时俱进，成为中华文化之光。

以上简短向各位有缘人报告出版缘起。是为序。

星云

二〇一六年三月

佛光山接引大佛，台湾高雄，莲池海会

序二

我对人间佛教的体认

星云大师

对于人间佛教,从发展到现在,我们先说一些对人间佛教不了解的人,他们对人间佛教提出的一些疑议,试列举如下:

1. 人间佛教是庸俗的、世俗的,是人乘的,没有到达最高成佛的境界。

2. 人间佛教都是重视世俗的活动,而这许多活动与学佛没有什么关系。

3. 人间佛教没有修行,顶多是个人的做人处世,这与学佛的超越、增上、成佛作祖等可能扯不上关系。

4. 人间佛教是在家的,对于出家众的丛林生活、对于苦修悟道,没有神圣性。

5. 人间佛教传承内容是什么呢?没有感到哪个人修行上有成就。由于大家不知道,所以不容易推动。

6. 人间佛教的宣传不够,还没有人整理出它的层次,都只是喊口号,只有片段的、片面的,没有组织,不能让人全然了解。

7.人间佛教没有普遍化，没有进入到佛教正统的核心，没有众擎易举，如果只讲哪一家说法、哪一家倡导，不容易为大众所接受。

8.人间佛教没有解脱道，没有证悟的境界，传统的佛教不容易接受。

以上是关于人间佛教的问题，另外还包括传统与现代、在家与出家、山林与社会、原始与近代、修持与行事等这许多问题，也没有普遍让人了解，因此，对人间佛教的普及就需要再加强。

曾经，佛教退守到出世的清修，失去了佛教入世的精神；佛教退守到山林的遁世，失去了佛教对信众的服务；佛教退守到玄妙的空谈，失去了对佛化事业的实践；佛教退守到消极的讲说，失去了佛教积极奋斗的真义。现在，我希望把人间佛教真正的原意还复回来。下列二十则，为我个人在人间佛教内容意义上，有些需要再请教各位的：

1.我们的人间佛教，要把自我提升，肯定自我，我有如来智慧德相，承认"我是佛"。这种对自我的提升，就是人间佛教的精神。不是把自己付予神权来控制，而是自己所有一切由自己来承担。好比《杂阿含经》讲的"自依止，法依止，莫异依止"，这就是我们对人间佛教的信仰。

2.人间佛教的精神，是要我们把别人融入自我之中，彼此不对立，人与人不是两个，所有的众生都有一体的关系，觉得这个世界一切都与我有关联。我们认为佛陀证悟的缘起中道，就是人间佛教的真理，我们把它传承下来，就是人间佛教的信仰。

3. 信仰是复杂性的、多元的，但是人间佛教在意义上，能统一这许多复杂性，因为我们的佛性能源，一切都可以成就；尽管信仰的层次不同、种类多元，但人间佛教会圆满一切宗教的说法。这是人间佛教的包容，也可以做全人类的信仰。

4. 人间佛教的信仰认为生命是永恒的，不会死亡的，所谓信者得救，但不信也不会灭亡。等于时辰钟，它是圆形的不是直线的；直线的，是从生到死就没有了，时辰钟是圆形的，十二之后还是照常从一开始，永远流转。也等于季节有春夏秋冬，物质有成住坏空，心念有生住异灭，身体有老病死生。因为死了会生，所以就有未来，就有希望。

因此我认为，人间佛教对于轮回的看法是无限的未来。今后人间佛教不说"六道轮回"，在形象上，圣凡不要那么有界限地分开，既然人人是佛，何必要分那么多种类，我们称为"十法界流转"。这就是人间佛教的主张。

5. 人人有佛性，这是没有错的。好比一颗种子遇缘可以生长，发展佛性可以成佛。但如果它没有能量发展佛性，成为"蹩种"，那也无可奈何，等于经典里说阐提不能成佛。世间自然进化，适者生存，对于所谓"焦芽败种"，我们也不能不否认会有自然淘汰的少数。蹩种，没有生命基因了，没有生命的业力了，它已经消失，这也没有办法。一般的常情，生命是永恒的，但不是说没有例外。在时间上的生命，是无限的，是不死的；在进化论里的生命，优胜劣败，则是很正常的。

6. 人人都有佛性，但信仰是有不同分别的。如：信仰的升华、信仰的超越、信仰的提升、信仰的扩大。不错，信仰是神圣的，但信仰还是有高低层次的。因此，每一个人信仰超越的情况，要看你信仰的能量如何。等于一支麦克风，要看它的音感性能决定价值的不同。你的信仰能量不足，就不能超越，这也是自然的现象。

7. 我们相信人类可以更高、更好、更大，是可以超越一般现实的，那个名称叫罗汉、叫菩萨、叫佛祖，都是不一定的，这都是假名。但人性是广博的，生命是无限的，信仰是有层次的，人间佛教认为，信仰可以决定人生未来的一切去向，可以到达不生不死的永恒境界。

8. 人类社会是复杂的，每一个人是个体的，但也是缘生的，没有离开众缘而能存在的东西，这个宇宙之间都是彼此相互依存。但是，凡圣境界不同，凡夫还是有人我分别的。

人世间不会有世界和平，世界和平只是一个理想，就如佛与魔，佛的世界与魔的世界，永远都是分开的；所以，解脱只能要求自己，不能要求别人。外相的世界不会和平，但自我的世界会和平，等于地藏菩萨"地狱不空，誓不成佛"，地狱是不会空的，但地藏菩萨的愿力广大，他心里的地狱是会空的，他是会成佛的。

9. 在我们认为，生命是个体的，但是这许多个体也是统一的，也是有关联的。所以，在人间佛教的信仰里，没有时空的对立，也没有生死的忧虑。我们所求得的，在消极上说，没有恐怖，没有颠倒，没有沉沦，不会破碎；在积极上，生命可以更幸福、更安宁、更平静、更自在、更解脱。到最后，人间佛教的人生、生命都是在欢喜里，都在无限的时空里，都在无限的关系成就里。但这一切，都要在人间佛教的信仰里才能获得。

10. 人间佛教不一定要去成佛，佛陀都已说过人人皆有佛性，我们现在所需要的是"觉悟"，觉悟自己可以调和自己与一切世界，自己能统摄自己和一切世间。所谓"法界圆融"，人间佛教认为，人间一切都是我的，一切也都是无我的，我与法界是可以融和的，也就是说，我与十法界众生都是同体平等的。

11. 人间佛教的信仰是单纯的,是专一的,是不生不死的境界,是不生不灭的存在;是自我在生命里、在思想里,会求得一个圆融、求得一个永恒、求得一个觉悟,求得烦恼的解脱,净化自己。让自己在所有的众生中,好像奥林匹克运动会的名言,要跳得更高,抛得更远,跑得更快,做得更好。

12. 人间佛教的努力要达到"心无挂碍,无有恐怖,无有颠倒"的境界,我们认为,通过人间的道德、所有的善事、人格的慈悲等等善法,可以让自己达到一个更高的境界,没有烦恼,不惧生死,没有忧悲苦恼,一切都随着信仰和自然发展。这一个更高的境界,永远属于自己,不需要神明来赏赐,都是要靠自我完成。

是今生,是来世,甚至对隔阴之迷、对生死迷思、对人我的解脱缺乏信心等,这些都不会发生,悟道之后,一切都能明白。而我们也认为,悟道之后,就是认识本来面目(自我真如佛性),那就是人间佛教的神圣性。至于过去讲三大阿僧祇劫、东方世界、西方世界等等,如能证悟般若缘起,就会了解那都是方便说法,我的世界、我的自由解脱,佛力可以加持,但一切会自我解决。

13. 人间佛教是"我跟人都可以统合起来",心、佛、众生三无差别,我与时间都是无限的,我与空间都是无边的，我与无量众生都是共生的。

14. 生命在轮回里就解脱了，没有所谓轮回的问题。有轮回，但不是说轮回内就是苦，轮回外就是乐。因为轮回也是在世界空间里，可以升华，可以远离。但是那个世界究竟在哪里呢？还是在轮回里面。轮回在哪里？虚空之中。所谓"法界圆融"，到处都有，到处都在，一即一切，一切即一。勉强地说，可以用"智不住生死，悲不住涅槃"来表示，那可以说就是人间佛教的世界。

15. 生命到了觉悟了以后，他有般若智慧会处理自己。人到了开悟以后，对于自己，等于旅行在这个世间，他的能量是广大无边的。人到了觉悟以后，明白好坏、是非、善恶、对错，都觉得这些没有什么了不起，五欲六尘都不放在心上，这不就是人间佛教的解脱吗？

16. 信仰的价值，就是自我的扩大、自我的升华、自我的解脱、自我的圆融。我想，那就是人间佛教最后的目标，都要自我去完成。"做自己的贵人"，这就是佛陀。

17. 不但是人间佛教，任何宗教真理，都不能解决别人的问题。世间一半是佛的世界，一半是魔的世界，好比有句话说："生命都是要靠残杀才能生存。"所以自古以来，人类的刀兵劫难、弱肉强食，这种循环是会存在的，就像老虎、狮子没有弱小动物为食物，它也不能生存；但这不是我们个人的能量能去解决的。各自的业力，要各自去解决，就是佛陀，他能自我解脱，教导你解脱的方法，但他不能帮你解脱。在佛教里，众生一切都是自我审判，不由外力，都是业力招感，只有靠自己解决。

18. 人间佛教不怕大、不怕多、不怕有，不舍一法；在大众中，能自我清净，自我管理，自我教育。共修集会的意义是："在行仪上相互尊重，在思想里共同圆通，在经济上相互均衡，在社会里和谐共有，在语言上赞美无诤，在心意上享受禅悦法喜"。佛陀当初组织教团共修，以"六和敬"为基础，也是我们现在人间佛教的主张。

19. 人间佛教对信仰的看法，是自我肯定，不管别人怎么分别，自己的信仰都是至高无上的。在信仰的真义上，是有幼稚园、小学、中学、大学等分别，不过，我们都是学生；我读幼稚园，不是没有出息，我也很伟大，你的阶段是读博士，是你在读博士，跟我读幼稚园没有什么不同，都是各自学习。在信仰里面，你有你的伟大，我有我的伟大。

20. 生命永恒、生命不死，这就是真如佛性，就是神圣性，就是人间佛教。人有志于超越、扩大，信仰的净化、升华就是神圣性，有超越的能量，这就是人间佛教。

第一章 总说

提要

"佛教"是佛陀对"人间"的教化，佛陀所开示的一切教法，都是为了增进人间的幸福与安乐，所以，"佛教"就是"人间佛教"。既然人间佛教就是"佛教"，为什么还要特别强调"人间"两个字呢？

佛教在两千多年漫长的弘法过程中，由于弟子对教义、戒律的理解不同，及后世弟子对佛陀的崇拜，而产生诸多神秘、神奇的说法，如，佛陀从右胁而生，一出生就会走七步等神话。再加上佛教为适应各地政治、文化等各种元素，致使佛教逐渐脱离人群，远离社会，佛陀的教法与人间渐行渐远，佛法真义也不能发扬光大。

因此，《人间佛教回归佛陀本怀·总说》一章，揭橥佛教重视家庭伦理，建构社会和谐，乃至安邦兴国，以慈悲与智慧教化人间的菩萨情怀。

总　说

佛教教主释迦牟尼佛，两千六百多年前，出生在印度迦毗罗卫国，是净饭王的王子，姓乔达摩，名悉达多。

佛陀出家成道前，虽然贵为一国王子，在王宫里享受着人间的荣华富贵；但他反观一般平民百姓，不但为了生活必须百般奔波营求，尤其当时的印度社会，人民依出生的身份、阶级、职业等不同，分有"婆罗门（宗教师）、刹帝利（王公贵族）、吠舍（工商界）、首陀罗（贱民）"四种姓。这个阶级制度让人民天生就必须被迫接受"尊卑贵贱"的差别待遇，造成社会种种不平等的现象，也让那些低下阶层的人民更是苦上加苦。

当时佛陀虽然尚未出家，还是身处王宫的悉达多太子，但他关怀社会民生，尤其在"游历四城门"（《佛本行经》）之后，更加深刻了解到人民的生活疾苦，以及对生死无常感到无奈。为了打破人我阶级森严的种姓制度，实现"众生平等"的佛法真义，借此解决社会人世的纷争、对立，帮助众生减少内心的忧悲苦恼，进而认识生命的真谛，解开生死的迷惑，增加人生的幸福解脱，佛陀于是发愿出家修道，经过多年的苦修、冥想后，终于证悟"缘起"及"众生平等"的真理而成道。

中道生活　解决人间问题

佛陀成道后，他告诉世间大众，唯有过着离于苦乐、有无二边的"中道"生活，才能解决有关"人生、人心、人事"等诸多的人

▶ 树下诞生图

12世纪，石，高74.6厘米，柬埔寨暹粒省暹粒市吴哥窟出土，泰国曼谷，国立博物馆藏

间问题。所以佛陀说法四十九年，谈经三百余会，都是为了给予当时的社会大众"示教利喜"(《法华经》)；也正因为佛陀的慈悲教化，人间就这样有了"佛教"。

由此可见，"佛教"本来就是佛陀对"人间"的教化，佛陀为了解决人间的问题，所以发愿出家，佛陀所开示的一切教法，都是为了增加人间的幸福与安乐，所以"佛教"其实就是"人间"的佛教，人间佛教就是佛陀"降诞世间、示教利喜"的本怀，佛陀所说的一切法都是人间佛教，人间佛教也就是佛教的全部。

如此说来，既然"佛教"就是"人间佛教"，"人间佛教"就是"佛教"，那么现在我们为什么还要特别揭橥"人间佛教"，何必要特别标榜"人间"两个字呢？

主要的是，因为佛陀时代距离现在已有两千六百年的时间，在这个漫长的弘传过程中,因为人为的诸多因素,包括弟子对"佛陀教法"及"佛所制戒"产生许多的歧见与异说,形成很多不同的教派与思想主张,使得佛教因为教徒的种种分歧而不容易团结、合作,造成佛教发展的困难。

再者,佛教传到中国之后,由于政治、社会变迁等因素,使得佛教慢慢走入山林,形成"清修自了"的遁世佛教。加上过去佛教里的一些法师说法,总是站在出家人的立场,过分强调"出世思想",经常否定现实人生所需要的财富、感情、家庭生活等。例如,提到财富,就说"金钱是毒蛇";谈到夫妻,就说"不是冤家不聚头";说起儿女,就说"都是一群讨债鬼"。因为传统佛教不重视人间生活,失去了人间性、生活性,因而为世人所诟病。

现在我们提出"人间佛教回归佛陀本怀",就是希望重整如来一代时教,重新审视佛陀最初说法的本怀,希望透过"人间佛教"的倡导,能够真正把握佛陀的根本教法与化世的精神,借此把各种的异说、分歧与不同,通通统合起来,让佛教重新走入人间。因为唯有如此,才能把佛陀当初的开示、教化,彻底落实在生活里,让普罗大众都能藉由对佛法的理解与实践,得以增加人间的幸福与美满,这才是佛陀"降世说法"的本怀。

五戒十善　是做人的根本

人间佛教,是佛陀的一代时教;人间佛教,未来必然是世界人类的一道光明。我们看,现在举世都在追求"和平",都在倡导"自由、民主、平等"。其实早在佛陀成道后的第一时间,他就发出了一个重要的宣言:"奇哉!奇哉!大地众生皆有如来智慧德相。"(《华严经》卷五一)

这句话说明,每一个人的自性里都跟佛陀一样,本来就具足佛性,只要我们把自己内在的佛性开发出来,人人都能解脱自在,都能做自己的主人,而不必受任何人主宰,也没有另外一个神明可以控制我们。所以佛教讲"皈依三宝",其实就是要皈依自己,也就是佛陀对弟子教诫的"自依止,法依止,莫异依止"(《杂阿含经》卷二四),因此"皈依"的主要意义,就是要找回自己的真如佛性。

"佛性平等"是佛教不同于其他宗教的重要思想,也是最具有"民主、平等"精神的伟大学说。所谓"四河入海,无复异名;四姓出家,同称释氏"(《增一阿含经》),尤其佛陀对于男女、四众平等非常重视,但当今一些不了解佛陀本怀的傲慢弟子,自抬身价,觉得自己的身份比别人高贵,实是最大的邪见。

因为从"佛性平等",说明一切"众生"本来就应该受到"平等"的对待,这是何等尊重、何等神圣、何等高贵的一句话!乃至后来

佛坐像

五世纪末,砂岩,高160厘米,印度北方邦瓦拉那西鹿野苑出土,印度北方邦鹿野苑考古博物馆藏

佛陀又创建了"六和敬"的僧团，并且制定各种戒律以维护僧团的和乐，甚至教导在家信众要受持五戒，要奉行十善。

"五戒十善"是人间家庭和乐的基石，更是人身自由的保障。过去一般人不懂，总以为受戒会因为戒条的约束而不得自由，因此有人说：何必受戒，自找束缚！其实，持戒才能得到真正的自由，因为违反法制戒条会受到法律的制裁、牢狱的灾难，所以才会失去自由。

戒律精神　不侵犯而尊重

所谓人间佛教戒律的精神，主要就是"不侵犯"而给予"尊重"的意思。

第一，不侵犯别人的生命而尊重其生存权利的自由（不杀生）。

第二，不侵犯别人的财富而尊重其拥有财富的自由（不偷盗）。

第三，不侵犯别人的身体、名节而给予尊严的自由（不邪淫）。

第四，不侵犯别人的名誉，不夸大宣传获取别人的信仰，不贬抑他人、不造谣生事而尊重他人信用的自由（不妄语）。

第五，不吸食麻醉品、毒品，不吃危害心智的食物，或让人类互相戕害的食品，这就是尊重自他健康的自由（不饮酒、不吸毒）。

戒，是一切修行法门的根本，一切善根功德都必须由持戒才能生起，因此《华严经》说："戒为无上菩提本，长养一切诸善根。"甚至《大般涅槃经》更说："一切众生，虽有佛性，要因持戒，然后乃见。"由此可见戒的重要。

人间的五戒是做人的根本，一个人持戒，就不会侵犯别人，自然不会受到因果乃至法律的制裁，如此自己和他人都能获得"自由"，这是安定社会的一股重要的无形力量。从五戒的教示而发展为"十善",也就是身体没有"杀生、偷盗、邪淫"等行为,口中没有"妄语、绮语、两舌、恶口"等言论,内心没有"贪欲、瞋恨、愚痴"等三毒。

五戒十善,是佛陀初步给予人间的指示,不但为社会大众定下了一个行事的依循标准,也让人生有了明确的依归和指标,所以"人间佛教"就从这里开展出来了。因此说,人间佛教就是佛陀本有的教化,"人间佛教"追根究底,它确确实实是溯源自佛陀的教法。如太虚大师所谓"仰止唯佛陀,完成在人格,人成即佛成,是名真现实"。人道能完成了,佛道就会完成。

菩萨精神　人间佛教根本

后来由于佛教的演进,大乘佛教更加倡导菩萨的精神,合乎佛陀的本意、合乎人间的精神。每一位菩萨都是因为发菩提心而来成就菩萨道,所以菩提心也成为人间佛教的根本。

只不过,由于弟子的根性不同,对佛法义理的理解,乃至在修持体悟上各有不同,对佛陀的教法就有了不同的见解和主张,甚至各自执着自己的理念、想法,于是产生了所谓的"我执、法执",也因此使得佛法的信仰难以统一,甚至影响了佛教的发展。

例如:佛陀入灭后不久,便由于弟子在教义与戒律行持上有各种不同的执着,分裂成很多的部派,所以称为"部派佛教"。后来随着时空的流转,在时间上有了原始佛教和印度大乘佛教的说法;在空间上,因地理位置又分出南传、北传、汉传和藏传的佛教。甚至佛教的传播愈传愈广、愈久、愈大,因此又发展出韩国式的佛教、日本式的佛教、泰国式的佛教、西方人的佛教等等。光是在中国,就分有八大宗派,单指禅门吧,又有一花五叶、五家七派的说法。

尽管佛教在发展过程中，有所谓的"佛以一音演说法，众生随类各得解"（《维摩诘经》），但其实"方便有多门，归元无二路"，只要大家不是在人我是非上纷争计较，而是因为对教义的认知、理解，乃至对修持的方法、体验不同，因此有了各自弘化的法门与方向，其实这也不是什么坏事。就如同中国的大乘八宗，不也是各有自宗的"判教"标准吗？但是并没有因此分裂佛教，反而让佛教如同百花开放，更显得它丰富而多元，更能顺应各种不同根基的众生需要；因为大家所信仰的，都是同一个佛陀，大家所弘扬的，也都是佛陀根据"三法印"对人间说的一代时教。

然而，晚近以来，由于西学东渐，许多学者不以信仰来研究佛教，以偏执的成见兀自评判，徒然增加教义的分歧与佛教的分裂；有鉴于此，近百年以来，有识之士对于佛教的弘传，就希望能找出一个共识，让大家一起来发展佛教，于是"人间佛教"就这样应运而生了。

首先在大陆，过去有太虚大师在各地讲说"人生佛教"，1932年，又提出《怎样来建设人间佛教》；同一时期，慈航法师则在南洋新马创办《人间佛教》杂志，传播人间佛教的信仰；以及一些当代学者和开明的四众弟子，如杨仁山、欧阳竟无居士在南京设立"金陵刻经处"，宣扬

《人间佛教》杂志 1947年创刊号

文化等，乃至时任中国佛教协会会长赵朴初长者也提倡人间佛教，尤其从学诚法师口中得知，中国佛教协会已把弘扬人间佛教写入组织章程。大家都觉得应该要用"人间佛教"来回归佛陀的时代，让佛教秉承当初佛陀"示教利喜"的精神，在人间自觉觉他、自度度人，透过"缘起中道"、"法界一如"、"同体共生"、"众生平等"等佛法义理与思想，共同来促进世界和平，共谋人类的幸福，一时风起云涌，"人间佛教"成为世界宗教的主流。

说到人间佛教，如前提及，人间佛教是佛陀的本怀。因为佛陀出生在人间，修行在人间，成道在人间，佛陀所说的教法，都是为人间而说的，如此，不称为人间佛教，要说是"六道众生"中的哪一类佛教才好呢？难道是要称畜生的佛教？还是地狱的佛教、阿修罗的佛教、饿鬼的佛教才好吗？

佛教确实是佛陀为"人间"而说，所以现在我们谈说人间佛教，应该要从"人间的佛陀"说起。我们从佛教的史传记载可以知道，佛陀是人不是神！《大般泥洹经》亦讲道："吾亦恒在比丘众中。"佛陀的一生在历史上都有明确的史据可考，佛陀是觉悟的圣

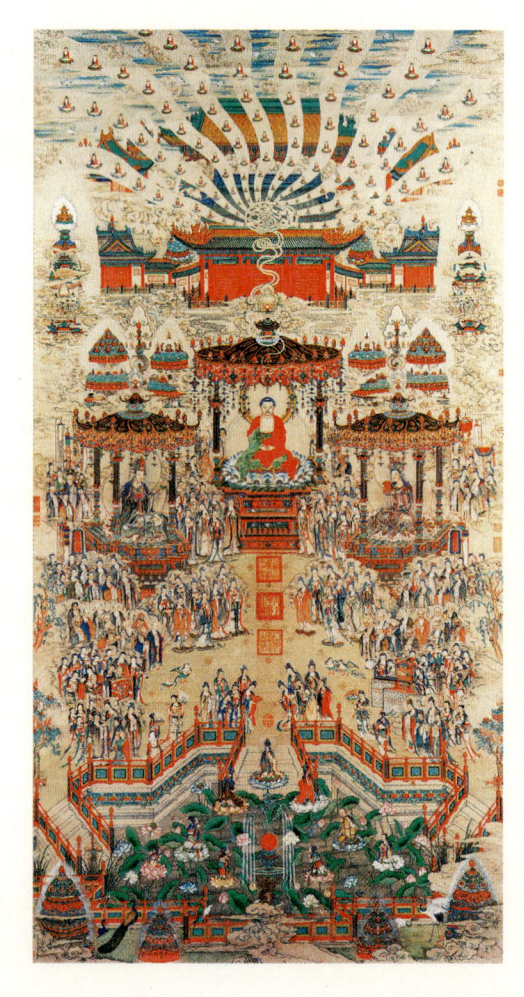

● 极乐世界图

轴，清代（1644—1911），丁观鹏，纸本设色，高295.8厘米，宽148.8厘米，台湾，台北故宫博物院藏

者。他不是像一般宗教的教主，许多都是玄想出来的神明，如玄天上帝、无生老母，或是被孙悟空大闹天宫的玉皇大帝等。

《长阿含·坚固经》中佛陀谈道："我终不教诸比丘为婆罗门、长者子、居士而现神足上人法也。我但教弟子于空闲处静默思道，若有功德，当自覆藏，若有过失，当自发露。"佛陀既不是来无影去无踪的神仙，也不是像某些人被刻意"神格化"才受到崇拜。佛陀确实是经过千辛万苦的修行，他对于人心、人性、人格等所有人的问题，都有了确实的了悟与实证。因此成道后的佛陀，他的道德、人格，他的慈悲、智慧都已经获得了圆满的修证，他所宣说的教法，如缘起、中道、十二因缘、三法印、四圣谛，乃至因果、业报、五戒、十善、六度、四摄等，都是真正能够让人们安定身心，进而解决生活、生死与生命等人生课题的无上真理。

三好四给　消业重于祈福

例如，佛教讲"业报"，所谓"业"，就是"行为"，我们每个人今生的幸与不幸，命运的好与坏，都是自己行为造作的结果，也就是"业力"所致。因此，对于一般佛教徒喜欢在佛前祈福，我认为"消业"比"祈福"更重要；只要我们大家都能身做好事（就是善）、口说好话（就是真）、心存好念（就是美），内心有了善的力量，自然灾消免难、增福灭罪，所以人人都要奉行"三好"，并且实践"四给"。

"四给"就是四无量心，即："给人信心、给人欢喜、给人希望、给人方便"。"给人信心"自然不会说话伤人，"给人欢喜"自然会随喜赞叹，这就是"说好话"（口业净化）；"给人希望"，别人有挫折，会给予鼓励、关心、祝福，这就是"存好心"（意业净化）；"给人方便"，行事自然不会"官僚"而主动助人，这就是"做好事"（身业净化），所以"三好""四给"都是人间佛教的思想原则。

只是人之性，在于有所得，因此一般人都害怕布施给人，也怕为善会吃亏、受委屈，感到善门难开、善事难做。其实布施就如播种，你不在田里播种，怎么能长出禾苗，怎么能生出五谷呢？你不植种栽树，怎么能够开花结果呢？这就是佛教的"因果观念、业报思想"。早在两千多年前，佛陀就已经把这种人生不变的真理，普遍地在人间流传了，这都是人间佛教。

了然生命　启智慧教明理

因此，人间佛教并不是让人迷信地膜拜，也不是叫人盲目地奉献，人间佛教是启人智慧、教人明理的正信宗教，只要我们能奉行人间佛教，就能拥有佛法的智慧，就能了然生命的来去，如此，不但现世"生活"能够安心自在，还能免于"生死"的忧悲恐惧，最终得以圆满"生命"的意义价值。

甚至，奉行人间佛教，不但我们自己受益，还能惠及子孙后代。因为有了佛法信仰，我们就能够"以无尽灯传承后代，以自性佛觉悟心性，以三法印印证佛法，以四圣谛统摄信心，以五乘法贯通法界，以六度门进入佛国，以七觉支开展智慧，以八正道圆满修证"。

换句话说，人间佛教的信仰是真正符合"信实、信德、信能"的宗教，它能让我们每一个人获得生活的安住，让我们从凡夫的烦恼里解脱出来，让我们看清世间万事万物都是"缘起"而有，自性本"空"；从"空"就能彻悟自己的真如佛性。然后从人到佛，可以获得人格的升华、人性的完成，继而了脱世间的纷争而获得欢喜自在。所以人间佛教是人间真正需要的佛教，人间佛教能够帮助众生在人间过着幸福安乐的生活，这就是佛陀说法度众的本怀。

尼泊尔 蓝毗尼园

解脱烦恼　重在身心安住

人间佛教不是某一个人的，人间佛教就是佛教。正因为人间佛教是普罗大众都需要的佛教，人间佛教就是要帮助众生"开示悟入佛之知见"(《法华经》)的佛教，因此现在我们弘扬人间佛教，应该着重在宣说佛陀证悟开示的真理，如缘起、中道、因果、业报，乃至无常、苦空等人间所需要的义理。

尤其要能把握佛陀化世的精神与特质，如人间性、生活性、利他性、喜乐性、普济性、时代性等。甚至我常说，人间佛教就是"佛说的、人要的、净化的、善美的"，我们要确实把握这些原则与方向去推动、发展，而不是只在一些旁枝末节的生活仪轨上计较，徒然造成佛教徒之间的互相批评、指责，甚至彼此排斥、毁谤，这都是在分裂佛教。

还记得 1963 年，我们代表中国佛教访问世界佛教，在日本，大正大学石桥湛山校长对我们代表团说的一段话：

"你们今天代表中国佛教来访问我们，但你们的内心其实是看不起我们日本佛教的，因为日本的僧人现在都已经有了家庭，各自娶妻生子，你们觉得日本佛教没有戒律。

甚至你们也看不起泰国的佛教，觉得泰国佛教光是靠信仰和供养，没有什么学术、义理；但相对的，泰国佛教其实也看不起你们中国佛教，认为你们已经远离了原始佛陀时代的戒律生活，名义上是大乘佛教，实际上对佛法都没有真正的了解。乃至日本佛教也看不起中国佛教，因为日本佛教尽管宗派多，但没有人派；中国佛教不但有宗派而且有人派，这是让日本佛教诟病的地方。"

像以上这种情况，大家互相歧视，彼此互不认同，如此哪能彼此亲信、交流、互访、往来呢？又怎能找到佛教共存共荣的成就呢？因此我们研究人间佛教，从人的性格来看，要让世间的每个人都能团结、统一、合作、共识，这是很不容易达成的目标。

所以，佛教在行事上，就不要太计较，在义理上把佛教单纯化，像三法印、四圣谛、六度、八正道、十二因缘、因果业报等，或许将来佛教就能够普遍发展。假如太多的谈玄说妙，只有让佛教提早消灭，不能为佛教增分，因为现代的人都要求单纯；我们看，禅门在中国历史上所以一枝独秀，就是回归佛陀本怀——信仰、修行单纯化。

特别是各地的佛教，由于文化、语言、习俗、气候、地理环境的不同，自然发展出各种不同形态的生活样貌。就拿原始佛教时代的僧团来讲，僧侣们过着清净的修道生活，所谓"偏袒右肩、托钵乞食、树下一宿"；但这是在气候炎热的印度，如果把地点换在大雪飘飘的西伯利亚或中国的东北黑龙江哈尔滨，出家人还能偏袒右肩去托钵乞食吗？尤其像在中国社会，乞食被视为是乞丐的行为，你说，在这样的情况下，比丘、比丘尼们还能实行"次第托钵乞食"的仪制吗？

在《宝王如来性起品》中说道:"复次,佛子!譬如水性,皆同一味,随器异故,味有差别。水无是念:'我作众味。'如来妙音亦复如是,皆悉一味,谓解脱味,随诸众生,受化器异,应有差别。"(《大方广佛华严经》卷三四)所以,形式的佛教,大家必须要重新思考;要在精神上、义理上、心灵上、生活里,找寻信仰的宗要,不要拘泥样板,要与时俱进,以现代人可以接受的方式弘扬佛法,如此,人间佛教必定能符合当今人心思潮。

纵观中国的佛教,过去祖师大德,在他们的信仰、悟道等修为中,早就已经发出人间佛教的讯息,如六祖惠能大师说"佛法在世间,不离世间觉",再如百丈禅师提倡"一日不作,一日不食"的农禅生活等。这种丛林的禅门生活,其实也都是依循着佛陀当初在印度建立教团的示范。

只不过这时候的中国佛教,因为知道在生活形式上与印度不同,不能因循过去,所以才有"马祖创丛林,百丈立清规",也就是"避开戒律,另订清规",而依丛林寺院的清规制度来发展中国佛教,因此才发展出中国佛教的特色,甚至开创出隋唐时代"八宗并起"的盛况。

大乘八宗　没有脱离大众

说到中国的大乘八宗,不管是重在慧解的"天台宗、华严宗、三论宗、唯识宗",或是以行持为要的"净土宗、禅宗、律宗、密宗",它们都有一个共同的地方,就是没有离开人间生活,没有脱离人群大众。它们或者从事慈善公益来福利社会,因此受到普罗大众的信仰;或者是宣说法要来教化人群,因此当时许多高僧大德都能与一些学者名流交谊往来,甚至应邀为帝王、大臣说法。这就如同佛陀当初也是出入王宫为各国国王说法,甚至把护法的责任赋予王公大臣,这就是人间佛教的人间性。

人间佛教是"佛说的",也是"人要的",因此人间佛教既要符合"佛说的",还要顺应"人要的"。人在世间生存,不能没有国家的保护,也不能缺少社会大众的因缘成就。可以说,人从出生那一刻开始,就离不开衣食住行等各种资生用物的物质生活,这就有赖士农工商等社会大众的相互帮助。有了吃穿日用,精神方面还要有亲情、爱情、友情、恩情等各种净化的感情生活,乃至提升人格、性灵的艺术生活。更重要的是,人有生死问题,所以不能没有信仰的生活。因此,我提出"光荣归于佛陀,成就归于大众,利益归于社会,功德归于信徒"。我也曾为人间佛教提出四个宗要:"家国为尊、生活合理、人间因缘、心意和乐"。我认为让大家共同接受的佛教,才是人间佛教。

佛法指导　丰富生活意义

人间的生活需要有佛法的指导,所谓"平常一样窗前月,才有梅花便不同";有了佛法,生活的意义就不一样。

在中国民间有"第一经"之称的《金刚经》,开头序文就说:"尔时,世尊食时,着衣、持钵,入舍卫大城乞食,于其城中,次第乞已,还至本处,饭食讫,收衣钵,洗足已,敷座而坐。……"

这段经文,看起来只是世间上一般世俗生活的一顿早餐。实际上,这顿早餐的内容意义非凡,它含有悟道者"自觉觉他,自度度人"的修持与慈悲、智慧。

例如,"食时,着衣、持钵",这是说到了吃饭的时候,一定要衣冠整齐、形容威仪、安详有序地依照规矩,手持瓦钵次第去乞食。这是持戒的精神。"次第乞已",就是不分贵贱,不拣精粗,不分贫富,是忍辱、平等、随缘、随喜的精神。再者,托钵时,信者以饭食供养僧团的生活,僧团就以佛法开示信徒,让大家心开意解,所谓"财法二施,等无差别",这是布施的实践。饭后整理衣、钵、具等用品,接着洁身洗足,晏然端坐,以禅坐安定身心,这就是精进波罗蜜。

托钵生活　智慧光明普照

甚至饮食的好与不好,社会对佛教的信与不信、对僧团各种的看法,都需要忍辱波罗蜜。要想具备布施、持戒、忍辱、精进、禅定,则必须要让般若来统摄。因此,六度在大乘佛教里,即是人间

《金刚经》卷首图

唐咸通九年(868),纸本版画,高23.7厘米,宽28.5厘米,敦煌市莫高窟第17窟出土,英国伦敦·大英图书馆藏,甘肃省

佛教生活的准则。

这一段简单的托钵生活，可以说，就是般若智慧光明的普照，是如来放光的生活。着衣、持钵，是手上放光；城中乞食，是足下放光；次第乞食，是眼睛放光；饭食讫，收衣钵，是口中放光；洗足已，敷座而坐，是通身放光。

这是一般通俗的生活，却把佛陀人间佛教、生活佛教的精神表现无遗。这当中不但是佛陀实践六度波罗蜜的示现，同时也展现了人间佛教的深义。因此，佛法不能只看表面的形象，我们对佛陀行化之间的悲心宏愿，也要能深一层地去透视，才能真正了解佛法。

可惜的是，过去佛教的传播，因为人性的脆弱，也由于信徒的自信心不足、信仰力不够，一直都只是把佛陀当成保护伞，当作靠山。生病了，要求佛陀保佑他健康；家庭人事不和了，要求佛陀保佑他家庭和谐；贫苦穷困了，要求佛陀能帮他发财富贵……

如果是借着佛陀的威德加持来给予自我的信心、自我的提升，这是可以的，但我们对佛陀的信仰，不能只是贪求、要求、祈求，像儿女对父母要求这个、要求那个，这是长养贪心，不是信仰的真义。相反的，应该是为信仰来奉献、服务、供养。信仰的意义就是一种舍己为人，牺牲小我，成就大众。

因此，人间佛教秉持佛陀的精神，倡导信仰的意义是奉献，是不求回报。佛陀一生示教利喜，所谓"割肉喂鹰"、"舍身饲虎"，这种利益众生，对人间牺牲、奉献的精神，是人间至难、至尊、至贵的行为。所以今日我们要让佛教确实"人间化"，首先要建立人间佛教的思想，如经文所言的"佛起大悲心，饶益诸世间"（《别译杂阿含经》卷一）。有了人间佛教的思想，必然会产生人间佛教的言行，必能歌颂人间的善美、赞叹人间的和乐，乃至推动利他的工作、发起助人的服务等。

以《维摩诘经》的维摩居士为例，他就是人间佛教的模范行者；甚至《法华经·譬喻品》等，《华严经》的"事事无碍法界"等思想，都是今后人间佛教重点意义的宣扬。

利他普济　奉献不求回报

换句话说，人间佛教要有利他性与普济性，"人间佛教"是以菩提心为主，以菩萨道为行，能够"上求佛道，下化众生"，实践佛陀对人间的开示、教化，效法佛陀牺牲、奉献的行谊，这就是菩提心。

像"九色鹿"里的鹿王，为它的同类牺牲；像"鹦鹉衔水救火"，不管火救不救得了，这个并不重要，重要的是它的愿力，是它的菩

莫高窟第254窟尸毗王本生图（局部）
北魏（386—534），壁画，甘肃敦煌

提心。这种精神和行为合起来就是菩萨道,菩萨道才是人间佛教。所以弘扬人间佛教要有菩提心,没有菩提心是为"焦芽败种",故《华严经》云:"忘失菩提心,修诸善法,是名魔业。"

菩提心就是要有"入世"的精神,还要有"出世"的思想,也就是要能"入于世间",而又"不着于世间";正如宋朝岳武穆所说,一个国家要有办法,必须文官不爱财,武官不怕死。佛教也是一样,如果没有出世、入世的调和,那佛教也发展困难,因此人间佛教强调,"菩提心"是信仰与修行的根本。

人间佛教是"入世重于出世,生活重于生死,利他重于自利,普济重于独修"。如果没有菩提心,就无法修学菩萨道,因此,唯有发菩提心的人,才堪任人间佛教的责任,才堪弘扬人间佛教。

当今的佛教徒,都希望成佛,在经典里说成佛要三大阿僧祇劫,光是信仰的完成,就要一大阿僧祇劫,那是多少时间?因此,佛教现在最重要的,不是在念佛、求佛、拜佛,应该是在行佛。所

莫高窟第257窟九色鹿本生图(局部)
北魏(386—534),壁画,甘肃敦煌

谓行佛者，要经过千生万死、千锤百炼，慢慢才能与佛相应，才能悟道。如果到了悟道的阶段，还怕佛道不能完成吗？

人间佛教，重在落实"行佛"。"行佛"就是"菩萨道"的实践。因为学佛最终的目标虽然是成佛，但是"佛果"在"众生"身上求，学佛唯有发"上弘佛道，下化众生"的菩提心，通过"自利利人、自觉觉他"的菩萨道修行，才有可能完成"觉行圆满"的佛果，所以从"人道"到"佛道"，中间少不得"菩萨道"的实践。

菩提心也是诸佛菩萨度众的重要动力，就拿中国佛教"四大名山"的四大菩萨为例，观世音菩萨救苦救难的慈悲，文殊菩萨大智大慧的般若，普贤菩萨大修大行的行持，地藏王菩萨"我不入地狱，谁入地狱"的牺牲自我、救度众生的愿力，这才能代表今后佛教能普及社会、为人所接受的精神。所以，今天我们如果不能把四大菩萨的"悲智愿行"发挥，只在祈求、香火的敬献上着力，那对人间佛教的发展是起不了积极作用的。

为了把四大菩萨的精神加以发扬，借以推动人间佛教，我曾以"从四圣谛到四弘誓愿"为题，把原始佛教的"四圣谛"，与大乘佛教的"四弘誓愿"相互结合。因为人间忧悲苦恼等问题（苦）要解决，所以"众生无边誓愿度"；因为世间众生贪瞋痴等无明业障（集）要解脱，所以"烦恼无尽誓愿断"；因为众生感到修学（道）重要，因此"法门无量誓愿学"（道）；最后信仰的目标是成就众生获得圆满的大解脱（灭），因此发愿"佛道无上誓愿成"。

现在的佛教所需要的，应如过去太虚大师、慈航法师都曾提倡的"今后佛教的发展寄托在教育、文化、慈善"。我对人间佛教未来的发展也归纳了四点：第一以文化弘扬佛法，第二以教育培养人才，第三以慈善福利社会，第四以共修净化人心。

虽然世间在教育、文化、慈善各方面，也有做到培养人才、维护社会安定的作用；但是佛教的教育、文化、慈善、共修，更超越社会世俗的行事，因为佛教讲究无相、无我、无着、无求，呈现一个无穷无尽、无量无边的世界，这才是佛教不同于一般社会之处。

自我修行　生命更上层楼

因此，人间佛教积极从"四圣谛"延伸而开展"四弘誓愿"、六度行门，不但是自我修行，也提供了人生解脱的方便，让生命进入更上一层楼的境界，同时也让人间佛教成为"行解并重、古今一体"的佛教。

之所以把大乘菩萨的"四弘誓愿"与"四圣谛"的根本佛法相互结合，还有一个重要的原因，就是我认为佛教不能光是坐谈理论，佛教更应该起而为人间解决问题。因此，佛法不能只是以"苦

龙门石窟第140窟宾阳中洞正壁造像石，河南洛阳

集灭道"来解释宇宙人生的真相，还必须要有愿力、修行和实践，才能解决宇宙人生的问题。"四圣谛"的内容——要断集、除苦；要修道、圆满，从而达到人生的解脱之境。而如何从理解"四圣谛"，进一步实践"四弘誓愿"，便成为人间佛教重要的精神内涵与实践之道。用"四弘誓愿"的力量去救度众生，人间佛教才能为今后众生所接受，才是未来世界的光明。

研究佛教　不能光作比较

另外，这里还要特别提出一点，就是常见一些研究佛教的学者，只凭着个人思想理念，把这个教派与那个教派互相比较；印度的与中国的比较、最初的与现代的比较，这本经与那本经、这个教授和那个教授，比较来、比较去，你说我的不究竟，我说你的不透彻。其实这都是在亵渎佛教，把佛教分裂得支离破碎，其结果到底是不是佛陀的本怀呢？

在我们觉得，这已经亵渎了佛教的尊严。我们有看过世界上有人敢对基督教的《圣经》、伊斯兰教的《古兰经》做这样比较、研究的吗？实在说，学者们不宜用这种态度来讨论圣言量，你们是在做研究，但是却让佛教受到很大的伤害。佛教讲究信仰、悟道，不是研究、比较，一个宗教一切依据圣言量而不容许有许多的异说。

妄自论断　只会造成伤害

中央艺术学院田青教授曾说："学者研究佛学，不能成道；修道的人，要奉行佛法，才能成道。"确实如此！不能赞美佛法、没有佛法的受用，就不要谈论佛法；佛法的行事可以讨论，佛法的根本义理可以研讨、探究，但不可以论长道短地批评。如果我们不能互相尊重、包容、了解、体谅，只凭着自我的立场、思维，批评、褒贬，妄作论断，没有从对佛教的信仰出发，所说的言论只有伤害佛教，不能为佛教的未来建设广大无边的信仰，这是非常可惜的。

因为佛法不是在文字里，佛法是在心里，在宇宙的空间里，在信仰里，如果不懂得信仰里无上的佛陀、净化的佛法，也没有资格来议论佛教。

总之，我们提出人间佛教回归佛陀时代，就是基于知道佛教的流传，有时间、地点、生活、习惯、文化的不同，大家要互相尊重包容，彼此合作，不要排斥，让人间佛教包容一切。

尊重包容　世人皆有佛性

也因此，我们提出人间佛教以人为尊，每一个人都有他自心的信仰。当然，此间有深浅不同，有广狭、类别不同，不必要求大家都是一致。我们要知道，世界上有七八十亿人口，真正说，每个人的心中对宗教都有高低程度的不同，说来应该就有七八十亿的宗教。

例如，崇拜土地公的，他的心中就是土地公的宗教；崇拜城隍爷的，他的心中就是城隍爷的宗教；崇拜妈祖的，他的心中就是妈祖的宗教等等。实际上，真正的宗教，就如学生在学校读书一样，会有一级一级的分别，光是菩萨就有五十一位，光是罗汉就有四果的分别。因此，虽有层次不同，我们能谅解，但其最高的目标、目的不容轻视，应该要普受大家的尊重。

佛陀虽然昭示世人皆有佛性，但是因为众生的根性或有不同，经过历代的祖师和各地的教派,也把佛教分成了人乘的佛教、天乘的佛教、声闻的佛教、缘觉的佛教以及菩萨道的佛教。在我们认为,人天乘的佛教是入世思想的佛教,声闻乘、缘觉乘是出世思想的佛教,大乘菩萨道是调和入世和出世的人间佛教。

生活宝典　圆满完成人生

因此,今天对于入山修道的苦行者,我们也尊重他是人间佛教;对于弘化传教的热心人士,我们也认为他们是人间佛教;对于奉持五戒十善、六度四摄等佛法,甚至只要能信仰,能对于社会有贡献的,我们都认为他是人间佛教的信者、行者。

人间佛教是佛陀一脉相承的教法,因此在这段总说之后,后面将分为几个章节,陆续介绍佛陀的人间生活、佛陀最初传教的内容,佛教发展到各地的情况,以及到了现代如何总摄佛教回归佛陀本怀。我们也希望为人间佛教做出一套"生活宝典",让人的一生,从出生、入学、成年,到结婚、创业,甚至到年老、生病、往生时,都能有佛法的指导,都能在佛法里欢喜圆满完成人的一生。

回顾展望　回归佛陀本怀

我们之所以要把人间佛教的过去、现在、未来,做一个多面向的回顾与展望,主要也是希望借此提供教界大众,对人间佛教的思想内涵、精神特质、发展脉络及弘化方式,都能有个清楚的认识与了解,并且回归佛陀的时代。你不回归佛陀时代的佛教,难道要把佛教分裂成恶道众生的佛教吗?还是外道的佛教吗?还是神权的佛教吗？我们提出人间佛教回归佛陀本怀，主要是希望佛教界的大德们能共同信仰，共同升华，共同和人间的佛陀同在。

大家共同服膺在一个人间佛教之下，一起来弘扬人间佛陀的教法，让人间佛教重新寻回佛陀的本怀，让佛陀的慈悲、智慧之光，再度普照寰宇，真正为人间带来光明与希望，这就是倡导"人间佛教回归佛陀本怀"的主要意义与目的。

第二章

佛陀的人间生活

提要

说到"佛陀",您会想到什么?是来无影去无踪的神仙?还是行脚印度弘扬佛法的教育家、思想家?是神通广大、上天下地的神明?还是每天实实在在、以慈悲与智慧自度度人的智者?

佛陀,出生在两千五百多年前,在现今尼泊尔的地方,姓乔达摩,名悉达多,19岁时,割爱辞亲,追求真理,悟道缘起,发愿将佛法传播十方。

佛陀一生行履人间,念兹在兹众生的幸福安乐与否。说法49年期间,受到各界人士推崇,如频婆娑罗王、波斯匿王、雨舍大臣、给孤独长者、胜鬘夫人等,以及知识分子的爱戴和追随,如大迦叶、舍利弗、目犍连等人。本章《佛陀的人间生活》一窥人间佛陀的本来面目,让社会大众认识正信、正常的佛教原貌。

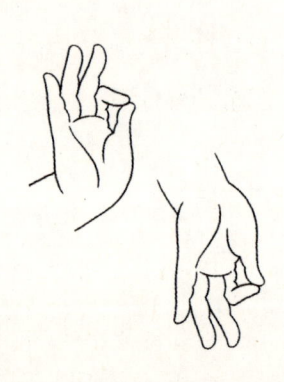

一、出家求法

说起佛陀,他的一生可以说多彩多姿。身为王子的悉达多,天资聪颖,从小通达"五明"的科学、"四吠陀"的哲学。在王宫里的生活,想要什么都能拥有,甚至即将继位国王,可以用政治的权力来治理国家社会。但这时候,他却观照到人生社会种种的无常现象,如:生老病死的逼迫、种姓制度的不平、社会阶级差距的森严,甚至贫富贵贱的悬殊、权力地位的压迫、众生之间的弱肉强食等等,这些现象,都让他对生命的存在感到困惑和不解。

尤其他发现,政治并不能解除人间社会的生死苦恼,不能解脱人心里的烦恼无明,因而兴起出家学道的念头,想要彻底自我拯救,用超越政治的真理来救度众生、改善社会,消除人间的恐怖、挂碍、执著、悲伤、痛苦等等,最终找到人生的究竟归宿。

悉达多太子先是禀告父王,说明自己出家修道的志愿;但是,身为王公贵族的一分子,父亲净饭王哪里会允准他的出家呢?当然不予答应。

由于父王坚持他应该顺从世间法,继承王位,担负统理国家的责任义务。悉达多太子便提出要求:"父王,要我不去出家可以,但希望你能满足我的四个愿望:

第一,人生没有生老病死的现象;

第二,内心没有忧悲苦恼的逼迫;

第三,人间没有悲欢离合的苦痛;

第四,世间上所有一切不增不减。"(《普曜经》)

净饭王一听,反问:"你怎么提出这样的要求?这些问题,谁能帮助你解决呢？"

太子恳求说："如果父王不能满足我，那么就让我去自己探索吧！"

虽然父王不答应，悉达多太子在深思熟虑之后，还是决定抛弃王位与一切荣华富贵，于某一天夜里，人们熟睡的时刻，和侍从车匿骑着白马出城而去。

释迦苦行像

2至3世纪，片岩，高84厘米。巴基斯坦俾路支省西克里出土，巴基斯坦旁遮普省，拉合尔博物馆藏

为了避免家国的牵挂纠缠，以及净饭王派出人马的追赶，他想，还是离开国家愈远愈好。经过好些时日，来到了南方的摩揭陀国境内，在一座苦行林中，和一些修道者相聚，共同修学。那许多苦行者，都是当时印度苦修的外道，悉达多太子不但向他们请益，甚至还拜外道仙人阿罗逻迦蓝为师，想要跟他学习解脱的方法，但是一切都难以如愿，悉达多太子最后进入个人的苦修。

根据《释迦谱》记载，在苦行的生活里，太子每天以麻麦充饥，甚至禅修打坐的时候，鸟雀在他的头顶上筑巢做窝，他也顺乎自然，随其来去。由此，也就可以想见当时他刻苦修行的情景。

这期间，王公大臣们随后追赶而来，希望劝回太子。但悉达多太子心意坚定，誓死不从，反而把这五位大臣留了下来，让他们跟随在身边，共同苦行修道。

岁月漫漫，经过多年苦修之后，太子感到仍然不能进入真理的世界，不能悟知救度众生的途径。这时他才发现，不仅过去五欲六尘的生活缠身，不能让人快乐，现在苦行的修身，也难以安稳自在，并不是虐待自己的身体才叫作修行。因此，他毅然起座，决定转换地方修道。

就在太子起身要到尼连禅河沐浴时，却因为体力不支而昏倒，幸而有牧羊女供养乳糜，才让他恢复了一些体力。当时，憍陈如等五位随从者却认为太子不能坚持苦行，道心退堕，竟然绝情离他而去。

其后，悉达多太子便独自走到了现今菩提伽耶这个地方，在一株菩提树下结草为座，并且立下誓愿："如果不能证悟真理，我将永远不离开这个座位。"（《佛本行集经》卷二七）

那些禅思冥想的过程中，悉达多太子烦恼不断，外有功名富贵、声色货利的诱惑，内有贪瞋愚痴、疑忌不平的骚动。但他勇敢正视这一切烦恼，直到一一克服之后，终于在公元前六百多年的十二月初八日，星月交辉的时刻，豁然大悟。

法界平等　酝酿治心理论

据《佛本行集经》卷三十记载，顿时，如同天崩地裂，虚妄的世界消灭，呈现在他眼前的是另外一个金光闪烁的真理世界。在这个真理的世界里，他看见了法界平等，世间的生灭、空有、事理、成坏、爱恨等对待，都在一念之间完全消除；他悟到了"缘起性空"，一切因缘生，一切因缘灭，缘起缘灭是宇宙人生的真理；他领会到人的色身虽有生老病死，但真如佛性遍满虚空，充塞法界。

此时此刻，他的心就像一池平静无波的湖水，十法界众生的情况，忽然浮现在眼前，历历分明；对于困难问题的解决，也突然胸有成竹。他自知已经从差别里获得了平等，从复杂里获得了统一，知道自己彻头彻尾改变了人生，也自知可以用觉悟的真理向世人宣说。他口中喃喃发出"奇哉！奇哉！大地众生皆有如来智慧德相，只因妄想执着而不能证得"所谓"生佛平等"的宣言。(《华严经》卷五一)

不过，开悟后的佛陀，并没有急于讲说悟道的真理，仍然继续沉思冥想，酝酿治心的理论、悟道的步骤、对宇宙的看法、对人生的观察，甚至未来宣扬真理、建立六和僧团、提倡四众平等的难题，也都一一设想了。因为佛陀明白，对于这许多道理，世间人只要能奉行，都能获得跟他一样的修行体验，证悟真理，获得圆满解脱的人生。

二、教团成立

又经过了一段时日，在他把所证悟的道理反复思维之后，心内坦然如同一轮明月，可以照亮世间。这时候，他想起了过去一起修行的同道憍陈如等五人，希望能将悟得的道理和他们共享。就在不远的一座山丘上，证悟后的佛陀找到了五位同伴，向他们"三转法轮"，讲说佛教的总纲"苦集灭道"。《佛说三转法轮经》里记载：

第一转，他说："世间的苦，逼迫性；人生的集，招感性；圆满的生命，可证性；解脱的道，可修性。"这就是佛教史上所称的第一次大转法轮。

随后，佛陀又教诫五位同修者："人间逼迫的苦难，你们应该知道；人生的烦恼无明，你们应该断除；不死的生命，你们可以圆满；解脱的道法，你们应该修证。"这就是佛教史上有名的第二转法轮。

接着，佛陀又再说："这许多苦难，我已经知道；这许多烦恼无明，我已经断除；这种不死的生命，我已经证得；这许多道法，我已经修学。"这就是佛教史上的第三转法轮。

这五位修道者在听闻佛陀说法之后，也都如同拨云见日，忽然心地开朗，成为大阿罗汉。原本他们看到舍弃苦行的佛陀回来，都不想理睬，现在却被佛陀的威德慈光摄受，不由自主地就跪下来，恳求说："悉达多，我们终于认识了您的伟大，我们愿意做您的弟子，跟随您学习。"

▷ 佛陀伽耶大菩提寺
印度比哈尔邦

佛陀闻言便开示说："我已经不是悉达多了，你们叫我'佛陀'吧！我同意接受你们的入道，共同度化众生。"在《过去现在因果经》卷三中记载，他们就这样成为佛陀最初的五位比丘弟子。而佛、法、僧三宝具足，一个宗教的雏形也就此宣告完成。今日到印度旅行的人，假如要想礼拜佛陀的圣迹，当时佛陀为五比丘说法的说法台，也都还留有纪念性的建筑遗迹。

接着，佛陀率领五比丘展开了印度传道的生活。渐渐的，有许多慕道者前来聆听佛陀说法，包括修行悟道的人士、觉悟的圣者等，都闻风而来。好比当时外道中最大的团体，由优楼频罗迦叶为首的三兄弟，率领了一千多位弟子，一起皈投到佛陀座下，这对日后佛陀的传道有相当大的助益。

同时，声望很高的舍利弗、目犍连的门人团队，大概二百人也皈投佛陀座下。另外，中印度波罗奈国大富长者善觉的儿子耶舍，因为厌离俗世而出家，也成为佛陀的弟子，并且带了五十个人跟随佛陀学道。后来，他的父母及妻子也都皈依三宝，成为最早的优婆塞、优婆夷。《过去现在因果经》卷四，先后记载了他们皈依的情

◀ 五比丘迎佛塔
印度北方邦瓦拉那西

形,可以说,一千二百五十五人的教团,就这样在人间逐渐地开展出来。

教团庞大　制定僧团戒律

从这个时候起,佛陀的声名大噪。当然佛陀也知道,依照印度现实的环境、气候,以及社会文化的需求,这么多人要跟随他修道、生活、弘法,教团如此庞大,除了需要制定僧团戒律,觅得一个居住的地方也是当务之急。很快的,佛陀就得到了过去想要把国土分赠给他的频婆娑罗王的护持。

在距离佛陀证悟的菩提伽耶不远处,频婆娑罗王拨出一块广大的土地,建立了"竹林精舍"。分有十六大院,每院六十房、五百楼阁、七十二间讲堂等,提供给佛陀讲道,以及跟随佛陀学习的千余位弟子安居修学。这也是佛陀传道的第一个道场。在《过去现在因果经》卷四里,可以看到当时法轮初转的时空情景。

佛陀虽然在南方传道,但也有来自北印度旅行经商的人前往听法闻道。在一次传教中,北方舍卫城的企业家须达长者,因为闻法而心开意解,生起了信心,故而发愿回到北方后,由他护持建设"祇园精舍",请求佛陀也能到北方弘扬佛法。(《贤愚经·须达起精舍品》)

在北方,须达长者出资买下了祇陀太子的花园,作为建筑精舍的土地。建设期间,佛陀还派遣舍利弗监工,最终顺利完成一座至今地基犹存的道场,成为佛陀在北方弘法的根据地,这也就是我们经常在经典里可以看到的"祇树给孤独园"。

据《五分律》卷二五记载,祇园精舍土地平正,面积大约有八十顷,除了中央的佛殿,周围有八十间小房,并且有经行处、讲堂、温室、食堂、厨房、浴舍、病室、莲池等等设施。

法为中心　开发自性智慧

到了这个时候，南北印度都有了道场，而佛陀率领一千二百五十五位常随众弟子在各地展开传道，也都获得社会大力的支持，连北方憍萨罗国的波斯匿王也加入了信徒的行列。佛法由下而上弘传，是比较辛苦的，但现在有了南北两个国家的国王护持，由上而下传道，佛陀的弘化形势也就非常顺利展开，信众与日俱增。可以说，这时候的佛陀，已经成立了世界上第一个完整的教团。

佛陀的伟大，在于度众方法和其他宗教不同。他不认为自己是天下第一，一再强调"我在众中"，是众中的一个。他告诉弟子要"自依止、法依止、莫异依止"（《杂阿含经》），表明信仰真理最主要的是信仰自己，开发自性的慈悲、智慧，教团是以法为中心的教团，并且提出学道要"依法不依人、依义不依语、依了义不依不了义、

祇园精舍佛塔遗址　印度北方邦

依智不依识"。佛陀如此开明的教法,怎能不为人间的大众所接受呢?因此,当时佛教在印度各宗教中能够显得特出,就不是没有原因了。

当然,一个教团的成立,并不是那么容易。举凡如何散播救人救世的真理,也就是所谓弘扬佛法;抑或对人民如何救苦救难,即所谓度生弘化;另外,还有僧团的组织、衣食住行的生活等等问题,都必须做出周全的规划。

尤其随着现实生活的需要,佛陀为安住僧团订立了初期共住的规范,以"六和敬"作为和合共住的原则。比方:身体安闲,排队次第有序,行为不侵犯别人,大家相处和乐是"身和同住";讲话不喧哗,语言要亲切,彼此没有冲突,是"口和无诤";大家志同道合,内心和悦平静,是"意和同悦";在法制上,人人平等,是"戒和同修";在生活上,衣食住行的享用平均分配,如果有多余,就要分给大众,是"利和同均";听闻佛陀说法,以取得思想上的统一,是"见和同解"等。到了这个时候,教团更加健全,也更能清净修道了。

但所谓"道高一尺,魔高一丈",由于佛法初兴,外道的忌妒与打击也纷至沓来。在"八相成道"中提到,当初佛陀历经千锤百炼、千生万死的修行,终于降伏了外在的诱惑,也降伏了内心的烦恼,而如今,面对一些外道的迫害,他也不放在心上。

例如,有一名外道梵志,一心想要与佛陀辩论,他就(采)先礼后兵之计,带了两盆花来和佛陀见面。佛陀一见到他,就说:"放下!"外道听后,把左手拿的花放了下来;接着,佛陀又说:"放下!"他再把右手拿的花放下来;没想到,佛陀仍然说:"放下!"外道不解,质问佛陀:"我两盆花都已经放下了,还要放下什么呢?"这时候佛陀就说:"我不是叫你放下芬芳的鲜花,而是要你放下内

心的贪瞋愚痴、烦恼无明。"(《佛祖纲目卷第三·释迦牟尼佛机缘》)

外道一听,大惊!原本自恃自己的功力深厚,没想到内心的痴迷,一刹那,竟让佛陀点破了。这时,外道终于心甘情愿皈投在佛陀座下。

无故谩骂　将会自作自受

有一次佛陀在鹿母讲堂说法,一如往常着衣持钵到舍卫城乞食。途中一位婆罗门迎面而来,冲着佛陀开口怒骂,佛陀不予理会,安详地继续前行。

这样的态度使得婆罗门更加愤怒,弯下腰,抓起一把泥土向着佛陀扔掷过去。正好有一阵风对着婆罗门的方向吹过,把抛出去的土吹了回来,撒得自己灰头土脸。佛陀慈祥地对婆罗门说了一首偈语:"有于不瞋人,而加之以瞋,清净之正士,离诸烦恼结。于彼起恶心,恶心还自中,如逆风扬尘,还自坌其身。"(《杂阿含经》)意思是说,有人无缘无故口出恶言,谩骂伤害别人,将会自作自受,如同恶意抛土丢人,一遇到逆风,反而污秽了自己一身。

另外,也有一些外道前来向佛陀抗争,顽劣地表示:"我们要宣传教团的非法,让大家知道你所说的一切,并不符合印度国土的文化、法制。"佛陀闻言,说道:"我不在乎你们的邪见。"

外道们又扬言:"我们要集众来打击你的教团。"佛陀说:"我的教团不怕你们的棍棒。"外道们再说:"那我们做你的弟子,穿你的衣、吃你的饭,但败坏你所说的修行、戒行。"佛陀闻言之后,神色黯然地说道:"那我就没有办法了。"这就是佛教史上著名的"狮子身上虫,还食狮子肉"的典故。

当时,还发生善星比丘欺骗妄说、提婆达多叛逆的情况。尤其是提婆达多，一再想要与佛陀分庭抗礼，有时候从高山上以石块袭击佛陀，有时候将大象灌醉，驱使他们攻击佛陀，对佛陀百般阻挠。

除此之外，外道对于佛陀弟子，也经常以金钱、威力给予陷害。甚至买通女色来破坏教团，如摩登伽女对阿难尊者的诱惑、莲华色女对目犍连尊者的纠缠等。幸而佛陀的弟子信心具足，不受动摇，而巩固了教团的安全。

诸如此类的困顿不一而足，但佛陀凭着大智大勇、大无畏的精神，终于从印度九十六种外道的势力范围内突围而出，把佛教弘扬起来，坚定不移，成为古老印度最伟大的文化、最伟大的人间佛教。

三、一日生活

我们生逢在现世，去佛甚遥，但对佛陀悟道后的生活，一定希望有更多的了解。其实，从四部《阿含》等佛经里，约略可以了解佛陀与弟子们平日的生活起居、衣食住行、在人间活动的情形。若要形容当时佛陀的生活，"随遇而安、随缘生活、随喜而作、随心而有"，应该是最贴切不过了。

佛陀在《遗教经》中说："昼则勤心修习善法，无令失时；初夜、后夜，亦勿有废；中夜诵经，以自消息。"也勉励弟子们要精进用功、禅坐思维、诵读真理、勤劳作务等。因为时空距离因缘不一的关系，我们且先从佛陀的早晨时间说起，来了解他在二六时中如何修行度众。

每日，佛陀在天色尚未破晓时就起床、刷牙、洗脸。说到刷牙，早期印度社会，人们习惯嚼杨枝来洁净口腔，就等于现代人使用牙刷刷牙一样。据《五分律》记载，佛陀告诉我们嚼杨枝有五种利益，消食、除冷热涎唾、善能别味、口不臭、眼明等。

在漱洗动作进行时，佛陀也会发愿。例如洗脸时发愿："以水洗面，当愿众生，得净法门，永无垢染。"刷牙时发愿："嚼杨枝时，当愿众生，其心调净，噬诸烦恼"（《华严经·净行品》）。这些偈语，无非提醒修道者应当时时发愿，时时警策。

简单的盥洗完毕之后，由于前一夜的"吉祥睡卧"，让人少烦少恼，正念分明，故而晨间精神充沛。这时，天色逐渐明亮，已经可以看到行走的道路，于是佛陀便率领弟子在摩揭陀国、憍萨罗国等地境内托钵，次第乞食，接受民众的供养。

所谓"次第"，是指不可以分别、逾越，不论哪一家富有、哪一家贫穷，都要依序向前，不拣净秽、不别精粗，只把饮食当作汤药来维护疗治色身。从这里也可见佛陀的平等观念。

信者的布施供养，并非每天准时预备饭食、饮料等候。当时印度的风俗习惯，人们家中若有喜丧婚庆，才会依着信仰习俗，在门前设一小桌，上面摆放当日要供养比丘的物品。比丘到达的时候，信徒即跪地合掌，恭敬供养一碗饭、一碗菜，或者一朵鲜花、一粒水果。如果在这一家得到饮食后，感觉不够维持一天的饱食，可以再依序向第二家、第三家乞食；若感到托来的食量已足够维护色身，就应即刻回到精舍道场用餐。

印度的土地广大，人烟稀少，比丘们走路必然要遵守远近、次第的行仪。因为态度沉稳庄严，才能让信者生起尊敬的信仰。当初，舍利弗就是见到正在王舍城托钵乞食的阿说示比丘仪容端正，具有神圣感，才趋前问他的老师是什么人、信奉什么教义，最后闻法得度，皈投在佛陀座下。

托钵乞食的制度，使得佛教和信徒密切接触，也与社会的脉动保持关联，民众以物质布施，佛陀和弟子们说法布施，讲述人生的道理，让大众心开意解。所谓"财法二施，等无差别"，"平等食"是佛陀制定托钵乞食的主要意义，也增益了人间佛教的发展。

次第乞食的行程，用现在的时间估计，应该在一小时内可以完成。之后，比丘们便回到各自居住的场所，在屋内一定的地方洗脚、净手、盘坐、吃饭。

吃饭时，必须按照乞食法进行，就像现在丛林里五观堂的"五观想"，佛陀时代的比丘们吃饭，也有这样的规定。

吃过饭之后，洗涤瓦钵，清洗双足，整理衣单。此处就可以看见佛陀重视生活作务、勤劳自理的一面。可以说，佛陀是以身作则，树立了佛弟子修行的典范。

再如经典里的"饭食经行"，饭食后通常会有一段经行的时间。经行，就是在精舍道场围绕走动。据《四分律》记载，经行可以获得五种好处：堪远行、能静思维、少病、消食、于定中得久住等。之后，佛陀便率领弟子静坐，在各自的座位上，展开坐具。接着，佛陀便为大家开示，说法论道。

说法开示也不一定都由佛陀发起，只要弟子们在生活上、思想上、内心的感受上，对修道有一些见解，都可以提出来向佛陀询问，佛陀便会一一给予开示正道。结束以后，比丘们各自回到自己的居处，静坐、思维、冥想，或者思考佛陀刚才的教示，反复背诵。

在佛陀结束对弟子的说法、大家各自回去修习的时候，已到了社会大众开始日常活动的时间。接近中午的时刻，信徒们便陆续来到精舍请法，各界人士也纷纷前来礼拜，佛陀又再接应大众，对他们开示人生正道。有时讲说四圣谛、三世十二因缘的老病死生循环，有时讲说如何启发信心、如何断除烦恼。另外一方面也勉励信

竹林精舍遗址

印度比哈邦

者受持五戒十善、奉行慈悲喜舍。这许多道理多由弟子背诵下来，日后再予结集记录，成为今日所见的经、律、论三藏经典。

传教弘道　重视人间生活

有时，佛陀会个别开示，有时集体小参，甚至也会有大型集会；例如讲《般若经》有四处十六会，讲《华严经》有七处八会，讲《法华经》有百万人天云集等，种种规模各处不一。现在我们国际佛光会在世界各处所提倡的活动，就是效法佛陀当初传教弘道的情景。

午餐之后，有的人礼拜，有的人静坐，有的人经行，有的人冥想，甚至有的人休息。僧团的生活中，比丘的习惯不尽相同，但只要不侵犯别人，修道生活必然是自由的。

在印度，天气非常炎热，午间人们大多不会外出，比丘们除了在精舍，也会散居在左近的洞窟、树下、水边，或诵经打坐，或三五成群论道，各说心得，类似于现在学校上课研讨的情况。但心情上则有很大的不同，因为比丘们少欲知足，生活简单，不会散漫无纪、吃喝玩乐，大家都是精进行道，安住正念，严守佛陀制定的戒律、规章，以净化身心、变化气质。

下午，佛陀率领比丘集合座谈，探讨修道心得，有所怀疑的即提出询问。因此，现今我们所看到的经典，可以说都是当初僧团中问答的记录。接着，佛陀又再和社会大众接触，加强佛法在各地的推动。佛陀重视人间教化生活的情况，即可见一斑。

说到印度的气候，因为炎热，比丘只要简单的三衣具备，就可以过日子，尽量把个人生活用物减到最简单，以免物累。参加弘法大会的时候，穿搭的衣服是九条大衣；日常生活穿常服，就是现今出家人披搭的七衣；至于工作服，则是五条衣。好比，现在国际佛光会举办的人间佛教活动，信众会员身着团体服装，虽然样式、颜色多有不同，但是整齐划一，这和佛陀时代的思想，可以说是古今相应。

到了夜晚，依个人修持的方式不同，大众各自精进，但大部分都是在禅定里扩大自己、升华自己，慢慢地提升自我的人格，与佛陀理想里的圣道相应。

生活不离道念　实践六度

许多弟子们在修道的过程中，或有所觉悟者，但无论修证的是罗汉四个阶位，或是菩萨五十一位，都须经由佛陀的印可，才知道修行的层次到达哪个阶段。就如现在的学校，有一年级、二年级、三年级……同样的，在僧团里的修行成就也有这样的次第。

在经典中，我们可以看到佛陀的生活不离禅思、道念，时时刻刻"念佛、念法、念僧";与僧信弟子的往来,也总能"示教利喜"。因此,弟子们闻法后,都是"依教奉行",并且欢喜踊跃,作礼而去。

看起来,佛陀的一日生活,似乎与一般凡夫的生活没有两样,一样要吃饭睡觉,也一样要走路讲话,但细细观察,内容却大不相同。正如禅门有信徒问禅师:"你怎么修行?"禅师回答说:"吃饭、睡觉。"信徒说:"我们也是吃饭、睡觉,不也是修行吗?"禅师说:"不一样。你吃饭,挑肥拣瘦,食不甘味;睡觉,你翻来覆去,睡不安心,内容可不相同了。"

佛陀过的是实践六度、表现般若风光的生活,与凡夫经常计较、纷争的情况天差地别,非常不一样。例如托钵乞食,不但信众可以种植福田,佛陀也为他们说法,此即"布施波罗蜜";披搭袈裟,以示应常行清净戒法,即"持戒波罗蜜";次第乞食,不分贵贱,不避怠慢,即"忍辱波罗蜜";亲自洗钵,铺设坐具,勤奋不懈,是"精进波罗蜜";经行、静坐、冥想,思维法义,则是"禅定波罗蜜"。而这一切可以说都流露出一位悟道者的般若生活,即"般若波罗蜜"。

四、度化弟子

当然,佛陀的一日、佛陀的教化并不是这么刻板。因为跟随佛陀的弟子们性格不一,有的喜欢在洞窟、树下修习禅定,有的勤于民间各处传教往来。佛陀都给予这许多弟子一一嘉勉,讲述的道理也都契理契机。因此,要观察佛陀的教化,可以先从他对弟子的用心、爱护、教育说起。

好比佛陀的十大弟子中,舍利弗尊者已经是证悟的大阿罗汉,是教团的领导者之一。有一次，大家养息之后，佛陀巡视僧团，见到舍利弗在园子里经行散步，上前询问：为什么这么晚不睡觉还走来走去？舍利弗回答说，因为今天回来的人多，床位不够，就让给初学比丘休息。佛陀一听，次日集合大众，开示大家对长老要尊重。

像目犍连尊者，他知道自己母亲生前的恶行，请示佛陀希望为亡母祈求冥福。佛陀特意告诉他，可以在教团结夏安居后解居的那一天，设斋供养僧众，以此功德力，可以免除母亲在恶道受苦。这是北传佛教盂兰盆会的起源。后来有梁武帝、宝志禅师等倡导盂兰盆会，流传至今。

说法第一的富楼那尊者，有着弘法的热忱，他向佛陀表达希望到输卢那国传播佛法。佛陀提醒他，那里的人民生性强悍，恐怕不容易受教。富楼那说，不要紧，他们骂我、打我，甚至杀我，我正好将此一命供养佛陀。佛陀说，你既有为真理牺牲奉献的精神，我欢送你前往。

阿难尊者是十大弟子里的多闻第一，可以说是教团忠实的干部。因为相貌庄严，引起很多女难，好比分饼不均引起讥嫌、摩登伽女的爱慕纠葛等等，佛陀都给予帮助化解，方便教化。

像大迦叶尊者德学高尚，喜欢清修苦行。当他披着破旧的袈裟回到僧团来，佛陀为了让其他的弟子对他表示尊重，特别分半座予大迦叶共坐，佛陀并没有因为自己已经成佛而高高在上。

大迦叶尊者从不到富裕人家托钵受供，因为他认为富贵是由于前世懂得布施种福田所招感的果报，今生已经富有了，何必再去锦上添花？因此，他"乞贫不乞富"，大多到贫穷人家托钵，让穷人种植福田。

"解空第一"的须菩提尊者正好相反，他觉得贫苦人家连自己的三餐都难以温饱，何忍再去增加他们的困境，富有人家布施少许财物一点也不为难，所以他是"乞富不乞贫"。

佛陀知道以后特别开示大众："乞贫、乞富，都是心不均平，佛法应该建立在平等之上，尽管世间充满差别对待，但是我们的心要安住在平等法中，才能自受用、他受用。"

佛陀对于弟子，总是心思细腻地关照。例如曾去探望老病比丘，亲自为他们洗涤身体，为他们倒水、洗衣服等。佛陀有一次讲经时，阿那律尊者因疲倦打瞌睡，受到佛陀的批评，从此阿那律发惭愧心，日夜精进不懈，却把眼睛损坏了。有一天他想缝补衣服，因为看不清楚无法把线穿进针孔，佛陀知道了，便亲手替他穿好针线，帮他缝补袈裟。(《增一阿含经》)

佛陀对刻苦修行的二百亿耳说："修行和弹琴一样，琴弦不能太紧，也不能太松。太紧、太松都容易出毛病，中道为好。"二百亿耳奉佛陀的指示修行，心安静下来，不久就证得阿罗汉果。佛陀就是这样慈悲地教化弟子们。

▷ 阿难舍利塔和阿育王石柱 印度比哈邦

因宜制戒　　出世不离人间

对于能够依教奉行的弟子，佛陀给予耐心的调教；对于不能依教奉行的弟子，也方便加以摄受；对于懈怠不知精进的弟子，则激励他上进；对于过分刚猛的弟子，就教他缓和渐进。无论聪明、愚笨，佛陀都会观机逗教，契理契机地说法、开示，让教团更加清净、健全。

比方，周利槃陀伽不善记忆，佛陀就教他持诵"拂尘除垢"，谆谆教诲，不厌其烦。周利槃陀伽遵照佛陀的指示，每天手持扫帚，一面扫地，一面用心持诵，终于悟道，并且受人尊敬。

《贤愚经》卷第六记载，挑粪的尼提感于身份卑贱，特地避开不敢见佛陀，佛陀知道了，绕道与他相遇。尼提跪下来向佛陀致歉，佛陀亲切地问他："尼提，你愿意跟我出家吗？"尼提大惊："我能做伟大佛陀的弟子吗？"佛陀说，在他的教法中没有分别，贫富、贵贱、种姓都只是假名。后来，尼提跟随佛陀出家，用功修道，也证得了果位。

佛陀认为一个人，只要你尊重他、爱护他，以慈悲心对待、给予鼓励，让他觉得有尊严，他就会向上、有所成长。

佛陀在制戒时，都会考量诸多因缘情况，做出合情合理的决定。好比有一位弟子迦留陀夷，长得高大、黝黑，有一天傍晚到村里托钵，应门的孕妇乍看一个又黑又大的人，以为是鬼，一时惊吓过度流产了。佛陀知道后，就认为黄昏、夜晚不宜出外托钵而制定"过午不食"的戒律。

又例如，有一对男女青年订好婚约，女方调制香饼，准备回拜时带给婆婆。恰巧比丘来托钵，少女就以香饼供养了比丘。因为香饼美味可口，比丘们纷纷再到少女家托钵。几天下来，耽搁了少女的行程，引起男方误会，扬言要解除婚约。女方父母把女儿遭到退婚的伤心事禀报佛陀，佛陀立刻召集弟子，制定因应的戒律，告诫弟子托钵次第乞食应该要注意礼节，不能贪图美食。

在佛陀制戒中，在在说明他的教法是出世而不离人间的。我们看到原始教团的生活中，布萨、忏悔、三番羯摩，如同现代国家的民主殿堂里，一个法令的制定，必须三读通过，可以说是最早的民主议会。

佛陀的人间教化方式不胜枚举，度化的弟子不分贵贱、贫富、男女、职业、种族、信仰，都给予平等的对待。所谓"四大河入海已，无复本名字，但名为海。此亦如是，有四姓：刹利、婆罗门、长者、居士种，于如来所，剃除须发，着三法衣，出家学道，无复本姓"。（《增一阿含经·苦乐品》）这是佛陀提倡打破阶级制度真正平等的教法。

例如优波离尊者，虽出身贫贱，但是进入佛陀所创立的僧团，出家、证果，后来成为佛陀十大弟子中"持戒第一"。当时，王宫诸位王子一一追随佛陀出家，优波离想到自己出身贫贱没有资格出家而悲伤哭泣；舍利弗知道后告诉他："佛陀的教法，是究竟的自由平等慈悲，不论智慧、职业，只要奉行佛陀的教示，谁都能够成为佛陀的弟子，证得真理。"

佛陀于是为优波离剃度，七天之后，并介绍他与跋提王子等人见面。诸位王子犹豫不决，不知如何打招呼。佛陀说："出家学道，先要降伏骄慢心，我先许可优波离出家，你们应该向他顶礼。"跋提王子等人听从佛陀教导，虚心地向优波离顶礼。（《佛本行集经·优波离因缘品》）

那个时候，僧团除了形式上的衣食住行之外，也会有偏远少部分不能完全接受僧团规律生活的情况，佛陀就会派大弟子去指导他们，优波离尊者就是其中最好的人选之一。有时候拘眼弥国、沙祇国有了一些诤事，佛陀也会派遣性格和平的优波离去访问，调解争执。

有一次，佛陀又要派优波离到沙祇国，优波离却向佛陀推辞了。佛陀问他："为什么不去呢？"优波离说，因为在雨季出门，袈裟湿了，穿在身上沉重不舒服，所以不想前往。佛陀听了他真诚的心声很感动，为此而修改戒律，让比丘出门可以多带一件衣衫。

由于优波离尊者自我要求严谨，行事庄严，备受大众的尊崇。佛陀还一一指导优波离探病之道，对生病比丘的饮食、汤药应如何规定等等。(《四分律名义标释》)

佛陀对于弟子，都给予平等的得度因缘与公正的教导。例如：佛陀应允酒醉后要求出家的婆罗门剃度，婆罗门酒醒后，见到自己一身出家相，惊吓得落荒而逃。弟子疑惑地问佛陀，明知他的话不可当真，为什么还答应他呢？佛陀说，他好不容易生起一丝出家善念，要为他种下得度解脱的因缘。

巧喻调教　引导弟子改过

沙弥罗睺罗，调皮又爱开玩笑，时常捉弄来拜访佛陀的信者。有一天，佛陀走到罗睺罗住的地方，威严的样子把罗睺罗摄受住了。佛陀坐下来，罗睺罗拿水给佛陀洗足。佛陀一句话也没讲，洗足以后，才指着洗足的盆子对罗睺罗说："这盆里的水可以喝吗？"罗睺罗说："佛陀，洗足的水脏了，不能喝的。"

佛陀训斥他说："你就和洗足的水一样，本来清净，洗过就变脏了；你原本清净修道，但不守口慎言，不清净身心，就如同干净

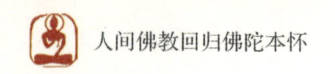

的水有了垢秽。"

佛陀再问:"罗睺罗,你拿这个盆子盛饭来吃,可以吗?"

"佛陀,洗脚的盆子不可以盛饭吃,因为盆子不干净,不能装东西吃。"

佛陀再说:"你就和这个盆子一样,虽然做了修道者,但心里藏着垢秽,清净的真理怎么能装进你的心里?"

说过之后,佛陀用脚把盆子踢开,盆子滚动起来,罗睺罗非常害怕,佛陀问他:"你怕把这盆子踢坏吗?"

罗睺罗说:"不是,佛陀,洗足的盆子,就是坏了也不要紧。"

佛陀又说:"罗睺罗,你不爱惜这个盆子,等于大家也不爱护你一样。你不重威仪,不尊重自己,戏弄别人,谁都不愿意爱护你、珍视你。"

罗睺罗听了佛陀的教诲,全身流汗,惭愧得无地自容,从此以后再也不敢妄言说谎,努力改变自己的身心,后来成为"密行第一"。佛陀对罗睺罗的教育,不是一味的严厉,是慈悲中有严厉,严厉中有慈悲。

除了罗睺罗外,对于沙弥,佛陀都特别关心。像在远方弘法的迦旃延尊者,有一天派了他的弟子回到祇园精舍探望佛陀。佛陀见到迦旃延的徒弟从远道而来,立刻吩咐阿难说:"你在我的卧室再添一张床位,让迦旃延的小徒弟睡在我的住处。"这样细心的关怀,让远方弘法的弟子知道了,怎么不感动于心?佛陀就是这么一位具有人情味的圣者。

有时,对僧团修道生活不能适应的人,佛陀也成全他的人生,让他回归家庭、社会,做一名佛教信徒,对他们人格的尊重并没有减少。

佛陀不但现生示范教育,有时也会引证过去生中的因缘,曾做

> 麦积山石窟第 133 窟罗睺罗受记像

宋代（960—1279），泥，佛高 3.1 厘米，罗睺罗高 1.44 厘米，甘肃天水

过的牺牲奉献，来勉励修道者，如《佛说九色鹿经》中九色鹿悲心救人，反被出卖；《六度集经》里鹿王代替怀孕的母鹿前往送死；《旧杂譬喻经》的鹦鹉衔水救森林大火；《太子须大拏经》里，须大拏太子发愿广行布施，济拔众生，虽然遭受极大痛苦，也无怨无悔。《中阿含经·长寿王品》记载长生童子的以德报怨，他有几次机会可以杀梵豫王来替父亲报仇；但是，一想到父亲忍辱不怨、恶来善往，"莫起怨结"的教化，他三次放下手中利剑。宽宏大量的举止也感动了梵豫王，从此解决了两国的仇恨。这些不都是佛陀对人间的教化、慈悲的示现吗？

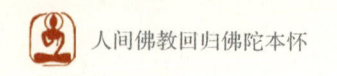

五、利生服务

佛陀成道后，行走五印度，从南方的摩揭陀国走到北方的舍卫城，从波罗奈又走到毗舍离，走遍了恒河沿岸，走尽了山岭危岩，从未停止度化利生的工作。

他在四十九年弘化的生涯里，最初直畅本怀，讲说《华严经》二十一日，后因观机逗教，再说《阿含经》十二年、《方等经》八年、《般若经》二十二年、《法华经》和《涅槃经》共八年，这是大会的宣讲，至于佛陀对个人特别的教化则是无量数次，也感化无量数人。

度化的弟子，除了先前提及的外道领袖、出家的王子，还有许多大富长者，一国之君的频婆娑罗王、波斯匿王，王妃韦提希夫人、末利夫人等。佛陀的教法，如无边的大海，容纳众流；如日月之光，普照大地。他对商人，说经营之道；对农夫，说耕种之道；对政治家，说治国之道；对于弟子的教化方式，常是应病予药，都给予平等关怀。当然，佛陀不只在精舍修持，也和弟子们在各地跟民众接触，说法教化，甚至协助排难解纷。

好比佛陀曾为乡人调解争水的纠纷。《杂阿含经·执杖经》记载，释迦族、拘利族手执木杖对峙，佛陀恰巧经过，劝说双方要和平相处，平均用水，共渡旱期难关。

佛教在当时的印度，迅速发展起来。因此，在政治上，有许多国王亲自向佛陀问道，或者派遣大臣向佛陀请法。今日印度灵鹫山边，还留有频婆娑罗王停车的遗址纪念。

当时尚未成佛的悉达多，为了寻找修行之道，曾经路过摩揭陀国，频婆娑罗王为他庄重的仪表及向道之心感动，原本想分半个国家给他，却被一心修道的悉达多拒绝。不过，悉达多应允有一天证悟了，必定回来救度他。

成道后的佛陀，遵守诺言，带领弟子来到摩揭陀国为频婆娑罗王说法。频婆娑罗王建设竹林精舍供佛陀安僧度众。只要佛陀在精舍的期间，国王也经常前往问道。

后来，频婆娑罗王的儿子阿阇世，受到提婆达多的挑衅，为了继承王位，把父王饿死在狱中。杀害父亲后的阿阇世，并未因得到王位而欢喜，反而想起过去父亲对他的慈爱，心中不时悔恨悲愁，身体也生病了。名医耆婆对阿阇世王说："医生能治身病，但不能治心病，国王的苦，是从心生起，佛陀是无上医王，只要肯拜见佛陀，一定可以把心病医好。"阿阇世王于是喜悦地前往拜见佛陀。

佛陀对他说："世界上有两种人可以得到真正的快乐和幸福。一是修善不造罪的人，一是造罪知道忏悔的人。现在你抱持忏悔之心，知过必改就是好人。你以后要以正法治民，不要行非法的事；要以德化民，不要用暴戾治国。多行仁政，善名美德可以远播四方，还是能受到众人的尊敬。"

阿阇世王听了佛陀的开示，感激涕零跪在佛陀座前，对重生的生命充满希望和信心。(《大般涅槃经》卷一九、二〇)

七不退法　权巧化解战争

在《中阿含经·雨势经》里也提到，有一天，阿阇世王想要发兵讨伐跋耆国，派遣雨舍大臣前往礼拜佛陀，禀告他的想法。佛陀早已知道雨舍大臣的来意，故意告诉阿难：跋耆国有"百姓经常集会，讨论正事；君臣和睦，上下相敬……等'七不退法'，是别的国家不能侵犯征服的"。雨舍大臣听了佛陀对阿难说的话，即刻明白，便向佛陀告辞。佛陀以方便权巧的智慧，化除了一场血腥的战争。

另外一位与佛陀有深厚因缘的就是憍萨罗国的波斯匿王。他的身躯肥胖，经常气喘如牛，为此深觉苦恼。佛陀慈悲地为他说了一首偈语："人当自系念，每食知节量；是则诸受薄，安消而保寿。"意思是说，我们应当时时自我提醒，饮食要知道节制，不能过度贪吃进食而造成身体的负担，才能保持身安，健康长寿。(《杂阿含经》卷四二)

后来，波斯匿王高龄的母亲去世，他非常哀伤忧戚。佛陀对他说："人生在世，从古至今，有四件事最可怖：一、有生就会有老死；二、生病就会枯瘦难看；三、死后神识就会离开身体；四、死后将与亲人永远诀别。任何人都逃不出这种生灭无常的定律，再亲密的人，也无法永远久住在一起。每个人都不能幸免于死，

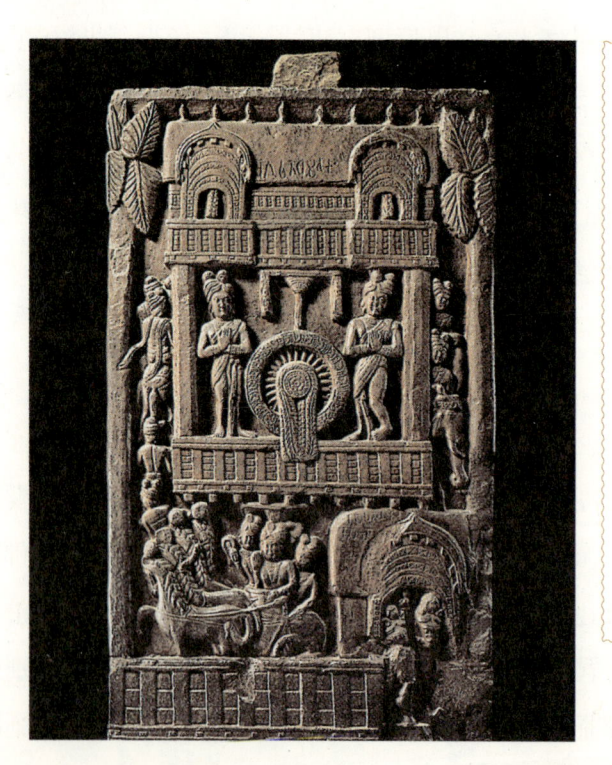

波斯匿王访佛图

公元前一世纪初，砂岩，高79.5厘米，印度中央邦阿拉哈巴德瑟德纳县巴尔胡特遗址出土，印度西孟加拉邦加尔各答，印度博物馆藏

徒然为死去的人悲伤,不如为亡者作福积德,这样对亡者才有实质的助益。"听了佛陀的开示,波斯匿王心开意解,扫去多日的阴霾。

《佛说波斯匿王太后崩尘土坌身经》的这段说法,揭示了老病死生是每一个人必须面临的事,无人可以幸免,凡有生必有死,有生必有灭,这是生命轮转的因缘规则。不过,依佛教的观点,生不是开始,死也不是结束,生生死死,死死生生,不断生灭变异,能够从生灭法中求证不灭的生命,才是一种智慧。

慈悲的佛陀不舍弃任何一个众生,不管任何无理的人,只要有因缘,他必定慈悲为其开示,引导他过着佛化的生活,让人生有目标、希望。比如佛陀以"吉祥草"的譬喻,善巧教化,让妇人走出丧子的悲痛。(《众经撰杂譬喻》卷二)

佛陀平时除了应邀对信徒开示各种疑难,偶尔信徒家庭有问题,他也随缘前往排解纠纷,著名的例子就是为须达长者的媳妇玉耶开示:"女人光是容貌端正,身材姣好,不名为美人,更不值得骄傲;唯有心行端正,具备贤淑的女德,受人尊敬,方可名为美人。"也以"五善"告诉她该如何侍奉公婆。最后,玉耶感动地请求佛陀为她受戒,发愿生生世世作佛化家庭的优婆夷,须达长者全家也为她祝贺,成为佛陀化解家庭纠纷的范例。(《佛说玉耶女经》)

一个家庭里,父慈子孝、兄友弟恭、夫唱妇随,彼此尊重、包容,相互了解、体谅,才能建立和顺的家庭。可以说,佛陀教育弟子、开示信徒,大都是用譬喻、鼓励的方式,让他们知道正道,而不是用打骂、责备的方法,如此,不仅维护了他们的尊严,也能达到防非止恶的效果。

当然,在佛陀教化的诸多有缘人中,女性、儿童也占有不可轻忽的地位。例如：末利夫人虔信三宝，严守净戒，与丈夫波斯匿王皈依佛陀，在国内施行佛法教化人民。女儿胜鬘夫人发十大愿心，说大乘佛法，作狮子吼。她影响夫婿阿踰阇国友称王皈信佛教，二人共同以佛法教化人民。她尤其重视儿童教育，凡是七岁以上儿童，定期召集进宫，授予教育。（《胜鬘经·胜鬘章》第十五）

又如毗舍佉夫人，护持佛法，发心供养佛陀及诸比丘、比丘尼修行所需之物品，并捐献珍珠衣启建鹿母讲堂。佛教僧团能够蓬勃发展，他们护法功不可没。

此外，《法华经》中八岁龙女成佛，《大宝积经》中的龙女，以八岁之龄成为智慧第一文殊师利菩萨的老师，妙慧童女也以八岁的童髻，向佛陀提出震惊全座如何断惑开悟的问题，启发小根小器的二乘对大乘的信心。

终年在人间教化的佛陀，也非常重视儿童。有一天佛陀出外弘化，见到许多儿童在水边玩鱼。他温和地以动物和人一样会恐惧、会怕痛为例，劝导小孩子要慈悲护生，珍惜生命。

智慧之光　照破暗昧心灵

世间无常，人身难得，时光难再，佛陀也会借由一些利生的故事，来勉励懈怠的大众要精进服务，具备正知正见。例如：

《佛说譬喻经》提到，一个旅行者走在旷野中，忽然见到一头大象迎面追赶而来。心中大惊，急忙逃跑。临危之际，旅人发现有一口枯井可以避难，立刻攀住井边的枯藤而下。正当要落地时，井底竟然出现四条大蛇。惊骇之余，他紧紧握住枯藤，不敢垂下。这时，又见黑白二鼠啃咬枯藤。就在生死交关、千钧一发的时候，井口忽然飞来了五只蜜蜂，滴下五滴蜜汁，正好就滴入旅人的口中。旅人尝到蜂蜜的甜美滋味，一时间竟忘却了自己身处险境。

大象是指"无常"，对我们紧追不舍。枯井就是"生死"之渊。四条大蛇是组合我们人体的地、水、火、风"四大"，紧靠着生命线的枯藤。井边的"昼夜"黑白二鼠，是指时光不停地咬着枯藤。蜜蜂滴下的五滴蜜，就是财、色、名、食、睡"五欲"。这个旅人尝到些许的甜蜜，竟忘了切身的危险。这个故事精辟深刻，实在发人深省。

另外，佛陀以"友有四品"：如花、如秤、如山、如地，说明交友之道（《佛说孛经抄》）；以"盲人摸象"的譬喻开示，众生的愚痴，就好像瞎子摸象，偏执一方，堕于边见，不能洞悉世事的本来面目。（《佛说长阿含经》第四）因此，世间最可怕的不是贫穷、饥渴、恐怖，是愚痴。愚痴就是不明理，不明理的人，颠倒、邪见、恶行，不但影响自己、影响一时，而且影响他人、影响后世。

有一位结鬘童子，长期被"世界是常或无常"、"生命死后有无"等十四个问题困扰，于是去请示佛陀。佛陀讲了一个譬喻：有人身中毒箭，他不急着找医生拔箭疗伤，却是要先弄清楚射他的这支箭的材质是什么？箭头的形状像什么？制箭工匠的名字、高矮胖瘦如何？……（《箭喻经》）

愚痴的人才会关心这种无意义又玄奥的问题。人间的佛陀关注的是与生命、人生相关的切身问题。其他如："背门看戏"、"杀子成担"、"渴见水喻"、"三重楼喻"、"愚人吃盐"、"牛腹集乳"、"鞭打自己"等譬喻，也都在说明愚痴的荒唐与荒谬。

愚痴比犯错更加可怕，犯错就像走路摔倒了可以再站起来，愚痴如同暗夜行走，没有光明。因此，人需要智慧之光来照破暗昧的

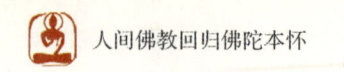

心灵，所谓"千年暗室，一灯即明；累劫愚痴，一智顿悟"。

经证记载　孝亲卫国典范

此外，佛陀会生气吗？佛陀会骂人吗？佛陀会发脾气吗？我们在佛经里发现，佛陀有时候慈悲给予众生教化，有时也会发脾气，甚至也会骂人；但是他骂人、发脾气并不是像一般人骂得那么丑陋粗俗。

佛陀会说："你不知惭愧""你不知苦恼""你不懂得敬重""你心中没有善良""你没有慈悲""你愚痴人""你非人"。"非人"的意思就是"你不像人""你不是人"。佛陀说这句话是很严重的，不过，佛经也注解什么叫"非人"：所谓"应笑而不笑、应喜而不喜、应慈而不慈、闻恶而不改、闻善而不乐"，一个人只想自己，不想跟人在一起，跟人都不合群，那就不像人了。

佛教的孝亲之道，超越一般世俗的小亲、小孝。一般人总认为"身体发肤，受之父母，不敢毁伤"，以此批评出家披剃舍俗，割爱辞亲，是大不孝。其实不然，根据经典记载，佛陀出家后返回宫中为亲属说法，让他们生起正信。(《佛本行集经·优陀夷因缘品》)

《增一阿含经·大爱道般涅槃品》中记载，佛陀也为父担棺，为亡母说法。甚至佛陀姨母大爱道比丘尼涅槃后，佛陀也带领难陀、罗睺罗、阿难亲自举火供养。这些可说是佛陀孝亲的典范。

《增一阿含经》中也强调，佛陀虽舍弃王位出家，但爱护子民之心并没有因此消减。有一次，憍萨罗国的琉璃王带领大军欲攻打迦毗罗卫国。佛陀知道了，于烈日下，坐在路中，以"亲族之荫更胜余荫"的真挚诚心，感动琉璃王而撤回军队，化解了一场干戈。可见，人间的佛陀，并未因出家而弃父母、家族不顾，他对祖国也

第二章　佛陀的人间生活

一样有忠诚保卫之心。

人间佛陀　教法传扬国际

根据《佛说兴起行经》载，佛陀历经被木枪刺脚、被掷石出血、食马麦、受苦行、患头痛、患背痛、患骨节疼痛等十次灾难。波斯匿王曾经针对此问题请问佛陀："您的品德威严是天上人间所没有的，为什么还会遭受那许多灾害呢？"

佛陀慈悲地回答："大王，诸佛如来的永恒之身是法身，为度众生，才应现这些灾害，伤足患背、乞乳服药，乃至涅槃，以其舍利分塔供养，这些都是方便善巧，欲令一切众生知道业报不失，令他们生起怖畏的心，断一切罪，修诸善行，获证永恒法身，无限寿命，清净国土……"波斯匿王闻后，疑云立刻解除，欢喜踊跃，更加体会到佛陀甚深的大悲心。

上述说来，都是展现佛陀的人间生活。不过后来由于人们出于信仰的虔诚，把当初人间的佛陀"神化"，以显示他的特殊之

▶ 大足宝顶山石窟大佛湾第17龛报恩经变相之大孝释迦佛亲担父王棺（局部）

南宋（1127—1279），石，重庆大足

处。例如，在蓝毗尼园右胁而生，脚底有千辐轮相，走路离地三寸等等。在教理上、意义上，佛陀是解脱的，是和宇宙虚空结合的，但是用一些特异功能来宣扬佛陀，不一定能增加佛陀的神圣、伟大。

人间的佛陀一向倡导平凡、平常、平淡、平等，生活化、人间化。因此，现在我们要还原人间佛陀的本来面目，才能把人间佛教应用十方，传扬国际。从佛陀出家求法、成立教团，以及日常生活、教化弟子、利生服务等各方面来认识佛陀，了解他真实的人间生活，相信更能为现代人所接受和信仰，这也是我在介绍佛陀的影片中，揭示"佛陀是人，不是神"的本意，毕竟佛陀的人间佛教，是真实无欺无妄的教法。

第三章 人间佛教的根本教义

提要

三法印、四圣谛、十二因缘，是佛教的根本教义，而最为一般人耳熟能详的是"苦、空、无常、无我"。这些根本教义，都是佛陀为了引导众生，迎向欢喜、光明、解脱自在的人生而宣说的真理，却因为人为因素，例如讲经方式太过刻板，或者说法让人厌离人间，否定现实生活的需要，佛教因而与社会逐渐脱节。

佛教是智信的宗教，正因为其宣说的教义是普世的价值，所以亘古常新，历劫弥坚。但是，也由于宣讲者，讲得太深奥，写得太高深，让人看不懂，听不懂，大众无法受用的结果，对佛教也就敬而远之。佛陀一生说法是为关怀、温暖人间而来，人间佛教的精神要义，则是契理契机、事理圆融。然而，佛法真义正如《华严经》云："佛法无人说，虽慧莫能了。"因此，本章以譬喻言说、深入浅出的内容，揭开佛法真义，直指佛陀本怀。

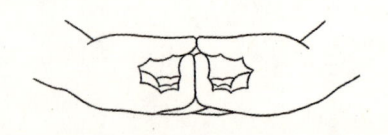

人间佛教的根本教义

佛陀说法，都是随弟子的根基利钝，而有不同的教化，但是佛陀也有许多基本的思想、教义。例如，全世界公认的原始佛教时代，佛陀经常讲苦、空、无常、无我；到了后期，才鼓励信徒要行六度万行，要发四无量心，要学四弘誓愿等。

我们所了解的原始佛教，佛陀对人间的看法，说苦、空、无常、无我等，是非常究竟的。不过，后代的弟子、信徒，因为对佛陀的教化没有深刻的体认，多从消极上讲说人间的苦、空、无常、无我，使得一般信徒都跟着从消极面去体会，让人感觉到佛教的人生没有美景、没有光彩。

遥想人间的佛陀都在社会上生活、托钵、乞食、说法，度化众生，后代的佛教徒却主张要入山隐蔽修行，与社会脱节，把积极救世的佛法转为消极避世的意思，甚为可惜！以下谨就佛教的根本教义加以阐述，并说明其与人间佛教的关系。

一、苦空无常的究竟实义

不少佛子把人生说得苦不堪言，并强调苦有生死苦，有三苦，有四苦、八苦……无量诸苦。其实佛陀提出苦的实相，是要我们正视这个问题，从而进德修业，去除苦因，得到究竟安乐；不是要让我们感到人间是苦，就厌离人生，就感觉到娑婆如苦海、三界如火宅，人生没有意义、人生活得没有目标，因此不爱世间、厌离世间。

苦，不该是这样认识的。苦，不是什么不好，从积极上来说，苦对于我们人生有极大的贡献；因为苦，是我们的增上缘，苦，是我们的营养剂。它给我们学习、给我们奋斗、给我们增上、给我们成熟、给我们超越，有能量的人可以刻苦自励，对人生是有正面的助益。

以离苦得乐而言，读书的人，没有十载寒窗之苦，哪能有金榜题名之乐？农人不辛苦地耕耘种植，怎么会有好的收成呢？军人不吃苦，怎么能升为将军？工程人员不细心地研究，怎么能成为专家？没有工作上的辛苦，哪里能有成就？父母生育子女，不教育、不辛苦抚养子女，他们怎么能长大成人呢？子女成人了以后，对老年的父母，不辛苦地去孝敬、奉养，又怎么算是人间的伦理之道呢？花草树木不经过严冬的寒霜冰雪历练，哪来春天的芬芳扑鼻呢？一些动物不经过寒冷的冬眠或酷热的夏蛰，不去适应苦的过程，又怎能继续存活呢？

▽ 踰城出家图

19世纪初，纸本设色，高48厘米，英国伦敦，大英图书馆藏

苦，是我们的老师；苦，是我们的力量；苦，能帮助我们成就；苦，让我们给人家称赞。苦，好像泥土做的瓦罐经过火烤，它就会坚实；沥青被压缩之后，就会坚硬踏实，给人行走；就说是黄金吧，也要历经艰苦让洪炉来冶炼；就是白玉吧，也要辛苦地让工匠琢磨才能成器。

苦，也是一样，它可以给我们训练，给我们坚强，给我们向上，给我们奋发。人生又怎么能不透过苦，来发展未来的成就呢？所谓"吃得苦中苦，方为人上人"，佛教里成功的修行大德，都是经过千锤百炼、千辛万苦，才能与道相应，才能修行成功。就是佛陀吧，没有六年苦行的基础，后来的悟道也不是那么容易。

千锤百炼　人生超然开阔

明朝于谦有诗云："千锤万凿出深山，烈火焚烧若等闲。粉身碎骨浑不怕，要留清白在人间。"我们粉墙用的石灰，没有经过开挖、火烧、水溶、锤击等严峻的工序，哪里能成为洁白的粉末，来美化房屋，供人居住？

苦，是世间的实相，这是不错的。如佛教说八苦，有所谓生、老、病、死、怨憎会、爱别离、求不得、五蕴炽盛等苦。生，父母生儿育女，那种辛苦，诚然是难以言喻；老了以后孤苦伶仃，甚至没有人照顾，那也是苦不堪言。有病了，本来心里就有贪瞋愚痴精神上的苦，再加上皮肉的痛苦，如浪潮般的折磨，真可谓内外交煎，苦迫逼人；还有世人普遍畏惧的死亡，更加深了世间诸苦丛生的印象。

甚至还有恩爱的别离、冤家的相会、万般希望却不能获得等等，这些苦都让人深感煎熬。乃至一天当中遇事触缘，身心受寒暖、劳累、辛勤……产生了各种烦恼，你也不能说人间不苦。

但是人间这许多苦难，不是不能克服。例如：父母生儿育女是苦的，但是把儿女抱在怀中的那种喜悦安乐，这样的苦不也带来幸福希望吗？甚至一些贴心的儿女，时常给予嘘寒问暖，照料关怀，不也让父母感到温馨备至吗？

老是苦，但也有人老了以后，颐养天年，享受儿女团聚，享受含饴弄孙，享受天伦之乐；老了可以居家相惜，儿孙孝养，这不也是另一番情趣吗？老，受人的尊重、受人的侍候、受人的奉养，老也有老的喜悦、老的成就；就是老年退休了无人孝养，也可以发展第二春，让自己的人生更超然开阔。你能说老一定是苦吗？

隐元禅师像

江户宽文十一年（1671），喜多元规，绢本设色，高138.4厘米，宽60.2厘米，日本京都宇治，万福寺藏

体悟病痛　不执着不贪恋

就是有病了，我们可以到医院，找不同科的医生，为我们治疗各种的病痛。但你也要懂得病理，要知道营养，要知道保健，要知道运动，才能康复。就是在病榻上，现代医护人员的照顾侍奉，有时候病中也能得到诸多的因缘，得到许多的关怀，你也不能说，有病绝对是苦。有很多的人，借病养息，与病为友；或者在寂静的地

方安养，与大自然共居，散步、看花，和青山秀水同在，反而因病得闲，让身心获致深层的放松与沉淀之后再出发，也未尝不是因病得福。

俗话说，吃了饭食哪里能不消灾呢？病痛也不是完全不好，有的人希望生一点小病磨炼自己，佛教大德常说，修道人带三分病，才知道发道心。病，不也能帮助我们人生的增上和超越吗？经典里说，身体上有老、病、死、生的苦，心理上有贪瞋、愚痴的苦，只要你有佛法，就能透过磨炼，从心不苦，做到身不苦。

更何况忙碌的人希望生一点小病，可以休息几天；健康的人也希望有一些小病，来体会病中的意义。病可以让我们认识人世间不可能十全十美，不可以指望长生不老。病的痛苦让我们看到世间真实的一面，让我们对世间不必贪恋、不必执着，所谓"英雄只怕病来磨"、"有病方知身是苦"，知道病苦就不会执着。人往往因为有病，就不会永久贪恋虚幻的荣华富贵，进而寻求生命的真实意义。不是有许多人因为大病一场而看破人生吗!？对人生能有另外一番体悟，这也不是绝对不好的事情。

说到死亡，一般人认为死亡最苦，其实，死亡不但不苦，可以说，还是一种喜悦。因为年老衰残的身体，等于破旧的房屋，必须拆了重建，才能住人；损坏的引擎，必须汰换更新，才能使用；又好比花草树木，不修剪枯枝残叶，没有希望，没有未来，那才是愚痴，就如同春夏秋冬四季的循环，冬天过去了，还怕没有春天的百花开放吗？

生命不死　轮回循环不已

死亡，不是死了就没有。就像花果成熟了，果实是那么的甜美,那么的丰收!这一期的果实收成了以后,种子又会再生长,繁衍出下一期的收获;人生也是一样,老病死亡以后,色身虽然毁坏,但是我们的真如佛性不灭,正所谓生命不死。就等于烧火的木柴,一根木柴烧完了,再接着另一根木柴,一根根木柴彼此不同,就如生命一个阶段、一个阶段也不相同,但是生命的火苗一直延续焚烧,不会间断。

又如念珠,一粒一粒的珠子,就好像一期一期的生命,彼此之间用业力的线,把前后期的生命体串连在一起,轮回、循环不已,不会说死了就消灭没有,只是因为人有隔阴(我)之迷,隔了这一个身体,就是隔世了,就像隔了一道墙壁,你在那边,我在这边;换了身体以后,对于前世种种,今生就不复记忆了,但是善恶的业报,仍然存在,继续在因缘里面流转。

死亡就等于移民到其他的地区,有钱的人可以移民到好的国家地区,没有钱只有到比较苦难的地方生活;往生的去处亦然,它是基于善恶因果的业报,非常公平。所以生、老、病、死是很自然的现象,不必为它太多地挂碍。

过去的佛教常以"生、老、病、死"来说明人生的过程,让人感到死亡就是终点,未免太过消极,假如把它的次序调整,成为"老、病、死、生",虽然内容不变,却增添了积极进取的意味:因为既然有"生",就有未来,就有希望,等于冬天过去了,春天就来了,又有什么不好呢?好比生命的火焰一直燃烧,人生只要为善,就有好因好缘,何必一定要说得那么愁云惨雾呢?

我们认为,佛陀的意思,是要我们认识生、老、病、死,从生、老、病、死中去长养善根,完成悟道,扩展生命,丰富未来,所以我们要好好地结缘,好好地行善,让我们今生、来世都能获得福乐。

印度北方邦哥拉浦 涅槃寺涅槃像

人生，有佛教信仰的人，都会知道是喜乐参半，假如懂得佛门的修持，会有很多方法对治我们的悲苦。例如，贪欲之苦，可以用不净观来对治；瞋恨之苦，可以用慈悲观来对治；愚痴之苦，可以用因缘观来对治等等。其他如：精进可以对治懈怠，尊重可以对治骄慢等等。因此八苦中的其他四苦——怨憎会苦、爱别离苦、求不得苦、五蕴炽盛苦，乃至世间无量诸苦，也不是完全不能超越。在信仰里面，有这么多好的方法，作为人生降伏诸苦魔怨的指南，让我们得以不断进步，难道不会感到人生那种美好的价值吗？

人世间，因为怕苦，所以就被苦征服，若能无惧于苦难，在世间没有感到困苦艰难，便能直面挑战，超越苦难，成就诸事。如过去中华文化主张要能吃苦、要能忍耐、要能受委屈、要能经得起苦的淬炼，才能让我们更具有坚强的力量，人生也才会成长，才会增上，前途才有光明。

我们也可以看到，社会上怕吃苦的人、懒惰的人、懈怠的人，会有成就吗？唯有肯面对苦难，克服困难，努力奋斗，才会成功。

因此，佛陀讲"苦"，是鼓励我们走向佛道，所谓"难行能行，难忍能忍"，不畏惧苦难，那才是佛陀对人间的开示。

总说，"人生是苦"，这句话是不会错的，但苦是有积极向上、成长的意义，不必把它说得那么消极，不堪忍受，佛弟子本该以学习苦行作为修行悟道的桥梁。当然，苦行也不是修行必经的过程，但是能够吃苦的人生，必定前途会有作为、有成就。所以，人生对苦，应该要有一个重新的认识，它是我们的增上缘，不是我们的仇敌。假如能自我训练，以苦为乐、以苦为有、以苦自得，那也是人生最大的享受。

空有不二　虚空容纳万物

世间人对佛教最大的误解，就是怕"空"。当初翻译的时候，把佛陀的缘起真理用"空"这个字来解说，固然非常吻合，但是"空"的意思，也因为给解释成"没有""空无"，而被世人一直误解，认为佛教讲四大皆空，空空如也，什么都没有。因此，自古以来，为了这一个"空"字，让佛教受了多少的冤枉委屈。叫他信仰佛教，像是信仰一种虚幻的人生，信仰一种空无的世界。因为误会"空"的真理，而对佛教不能深信了解，实在是人生最大的遗憾。

其实，空不但不可怕，还是我们人生追求的希望。试想：没有空地，我怎么建房子？田园不空，我怎能种植？不能种植，哪里能收成？我的口袋不空，钱财放到哪里？我的饭碗不空，饭菜放在哪里？空，是给我们拥有，这就是所谓的"真空生妙有"。

佛教虽然讲空，但它是建设有的，它能建设我们人生的未来，建设我们人生的富贵。例如，世人经常误解的"四大皆空"，所谓"四大"就是地、水、火、风，它的意思是，宇宙人生所有万事万物，都由四大种：地、水、火、风等条件和合而成，所以自性空寂。假如四大不调、四大不空，一切就不能建设，就不能存在。

好比这一个宇宙世间，就是由四大所构成，没有地，哪里有万物的生长？没有地，哪里有万物的储藏？没有地，哪里能给我们踩踏、居住？

水也很重要。没有水喝，你干渴；没有水洗涤，你污秽；每日起居，没有水的滋润、灌溉、洗涤，你说，我们能快乐吗？能生存吗？

火，可以熟食，可以取暖，像阳光的温煦，不是很可爱吗？假如没有阳光、没有电力、没有火种、没有温暖、不能熟食，人间会有生机吗？

风，徐徐吹来，让人心旷神怡；风，就是流动的空气，就是呼吸，假如没有空气，没有呼吸，万物怎么生存呢？

所以，四大——地、水、火、风，实际上是给我们生存。"四大皆空"，实在说，就是"四大皆有"，空与有是一体不二的。你的口袋不空，怎么能携带金银用物；你的肠胃不空、口腔不空、鼻孔不空，能生存下去吗？空地、空间，是多么的宝贵！一个健全的国家、都市，都要留多少空间，给人民生活得更加怡情养性；现在的大都会市区，一尺地也都是上百万元，你说，空不好吗？为了争取一个空位，和人争吵；为了争取一点空地，甚至告到法院，和人打官司。没有空间、没有空地，哪里能建房屋；空间对你不是那么的重要吗？空有什么不好？可是你平常又怕空，这是非常矛盾的。

空，是我们最好的生存条件；空，是我们最富有的世界。我们不必怕空，因为空，我们才能存在，才能富有。因此，我最近写了一副对联"四大皆空示现有，五蕴和合亦非真"。四大皆空，实际上就是四大不空。在世间上，我们都希望空间越大越好，等于虚空，不是容纳万物吗？有肚量的人，所谓"有容乃大"，就更能成事。所以，"空"应该说是成就了"有"；我们要认识，"有"要依"空"才能成立。

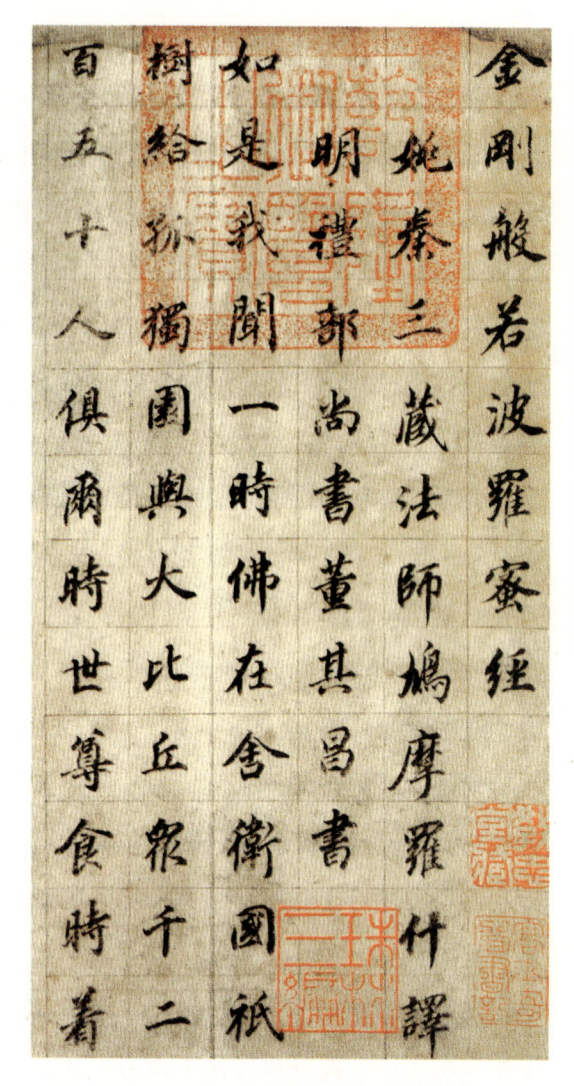

五蕴是色、受、想、行、识，指我们的身心。四大——地、水、火、风，就是我们的皮、肉、骨、髓、五脏六腑，涕、唾、泪、尿、体温、气息，佛教用色（物质）来总括说明这个身体的存在、事相的拥有，另外的受、想、行，都是精神的作用。当然，识，是我们人的主人翁，有心识，可以指挥肉体上的眼、耳、鼻、舌、身等行为作用；有心识，才能分别是非善恶，所谓要去恶从善。

《金刚经》（局部）

册页，明天启五年（1625），董其昌（1555—1636），楷书，纸本墨迹，台湾，台北故宫博物院藏

一粒沙尘　看见宇宙世界

其实，微妙地讲起来，色即是空，空即是色，空有不二。这种

对人生真理的说明，开启我们的智慧，让我们得以认识人生的真义。懂得色即是空，空即是色，便了解真理，法喜禅悦自然就会产生。你何必把美妙的空义不给它认同呢？那你争取空间又做什么呢？

佛陀在《大智度论》《大般若经》《金刚经》《般若心经》里所揭示的真理，简而言之，就是空有不二；因为空，才有万象，才有万有，才有万物，所以，"色即是空，空即是色"，这是多么美妙的真理！可是世人哪里能了解到这种微妙的佛法，甚至一般人往往误会，以为"色"是颜色的色，情色的色，不禁为千古的真理受人委屈、误解而良深浩叹。

空，是因缘的意义，是宇宙万物的真相，我们常把宇宙间的万物在假相上分别，没有在内容真理上去探究，所以就不了解"空"义。

例如一张桌子，你认为是桌子，这是假相，它的真实样子应该是木材；假如你说它是木材，那也是假相，木材的真相是树木，是一棵大树；你了解到木材的真相是一棵大树，但大树的真相却是一粒种子；你认识了大树的真相是种子，但种子原来也是结合这宇宙间的土壤、水、阳光、空气、人工等种种的因缘和合，才能聚集宇宙万物的力量，成长为一棵大树，才能成为木材，成为桌子。

所以佛法经常讲，从一粒沙尘中可以看见宇宙世界，我从一片木材里就可以透视到，它是宇宙世界万物的力量所成的，这许多宇宙万物就是因缘。佛教为了要把这一段道理说明白，就简单地用"空"这个字来表达。

可以说，空是建设万物的意义，空有容纳万物存在的条件，空让人能生存，空让人能富有。空，我们应该去歌颂，不应该错认"四大皆空"对我们有什么不好，而应该肯定它对我们有利益。所

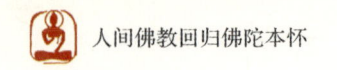

谓虚空宝藏，为什么你要嫌弃呢？

生生不息　循环的宇宙观

　　佛教和世间其他宗教最大的不同，在于其他宗教往往把宇宙解释成直线的，从这里到那里就没有了；而佛教的宇宙观是圆形的、是循环的；讲时间是无始终，讲空间是无内外，这种美妙无比、生生不息、欣欣向荣的人生，给予人间多少的希望、多少的未来。为什么不接受这种教化，而要丑化真理呢？

　　如同季节有春、夏、秋、冬的更迭，冬天不是结束，冬天过后，春天就会来临；万物有成、住、坏、空的循环，空不是没有，此处房子倒了，有了空间，又可以重建大楼；生命有老、病、死、生的轮回，死了也不会空，就好像时辰钟，从一走到十二，又重新轮转。既然因缘是循环、是圆形的；那么空、虚空，应该是虚空无尽、无限啊！这就是空、缘的道理。

　　当然，"空"是因缘，这个道理也不是那么容易懂，因为那是佛陀千辛万苦悟到的真理，不是用有限的语言可以道尽，于是，空间便成为了解空义的方便。

　　我们常说，你有多少的能源，就能拥有多少的空间。现在许多人以拥有一栋大楼的空间为富豪，也有的人拥有良田万顷，就自认为是拥有很大空间的富翁。其实，所谓"心中无事一床宽，心中有事三界窄"，你心中能包容万物，就能"运筹于帷幄之中，决胜于千里之外"，甚至像出家人"处处无家处处家"，看似身无长物，实则富有三千大千世界。反之，如果你心胸狭隘，即使富甲一方，坐拥金山，也形同被财富囚禁的奴隶，甚至患得患失，人生无意义可言，虽富犹贫，故被讥为"富有的穷人"。所以，贫穷也是空，只是他的空间太小。

由此可知，空，有积极的意义；空，有成就万物的功能；空，等于我们的泉源活水，在虚空中畅游，那不是多美妙的人生吗？假如能把"空"从积极面去给人了解，世人还会对"空"有误会吗？

以佛学专家们所解释的"空"义，固然是因缘成就，另外的意义还有事待理成、果由因生、有依空立、相由缘现、多从一有，缘能成空，万有即空。没有空，哪里能涵容万物？没有万物，空又如何体现？

我们今日的人间佛教，要把佛陀讲"空"的贡献提出来，即："空"为我们建设了"有"。空间愈大，我们愈是富有。佛法为什么不这样的解释，而要把"空"说成"没有"，这不是让佛陀遭受误会，让佛法给人错误的认识吗？这固然是佛教被冤枉，其实更是众生严重的损失，因为不仅让人不能正确地认识真理，甚至在迷妄中还以为自己有德，而以一盲引众盲，怎不令人感到惋惜、忧心呢？

在过去，佛教让人很害怕的，就是因为一直讲"世间无常，人生苦短"。其实，无常对于我们的人生有更美妙的关系，对于人间的贡献更具无限的意义。因为世间无常，就有我改变的时间，就有我改变的空间。我们在人间的生活起居，甚至未来理想，都因为无常而可以进行改良，可以设法变好。无常从另一个层面来看，其实蕴含着积极奋发的思想。

例如：假使我贫穷，因为无常，我可以透过辛勤努力，转贫为富。我们看到世间上许多的学子，因为辛勤苦读而飞黄腾达，拥有荣华富贵；我们也看到很多青年，因为辛勤工作而得到主管的赏识，一直给予提拔升迁，甚至后来成为大企业家、大富豪。

世间，是无常的，所谓燕子去了，有再来的时候；花儿谢了，有再开的时候；残冬的岁月，不是长久的，它会短暂地停留，然后

075

离开，换来春暖夏凉的气候，让人享受春天的百花开放，夏天的河流潺潺。这里太冷了，我可以到那里避寒；这里太热了，我可以到避暑山庄。因为无常，所以诸法不是定型的，是变化的；我们在无常变化里得到多少的利益，还有什么不能满足吗？

感谢无常　珍惜一切因缘

世间有生灭相续的现象，如花开花谢、日出日落、月圆月缺，四季冷暖的变化、白天黑夜的轮转，这些都是无常带给人间不同的美景。因为无常，大自然显得多彩多姿，人间也充满奋斗的力量。因此，我们不要害怕无常，应该感谢无常让我们的人生有更美好的远景，让我们的事业有更高的发展空间。

对于无常，你若是从坏的上面想，它便是坏的，但是无常也可以帮助我们变得更好。比方说：我虽然贫穷，只要努力奋斗、广结善缘，就会有所成就；我有钱了，如果不好好爱惜，千万金钱也会随流水而去；我虽然愚笨，只要我勤于读书，可能慢慢会开窍，因为勤能补拙。如果穷、笨都不能改变，成为定型，就注定穷困一生一世，人生就没有奋斗的目标了。

因为人生无常，法无定法，只要我们肯得修正、改善自己的行为，努力奋发，自然就能改变自己的前途、命运。因此，无常，让人珍惜拥有；无常，让人珍惜因缘；无常，让人珍惜关系。

感谢世间的无常，让我们知道世事不会恒久，所以要加速勇猛精进；让我们知道时间的宝贵，所以要珍惜寸阴如金；让我们知道空间的可贵，所以要重视环保、重视山河大地。春花秋月，多么美丽的人间！即便生命有"老、病、死、生"，也会在无常里获得转机，获得更新。佛陀把他对世间实相的证知、把这许多美妙的真理

第三章　人间佛教的根本教义

《大智度论（卷第九十）》（局部）

卷，北朝（386—581），田丰，楷书，麻纸墨迹，高23.4厘米，长1005厘米，甘肃省敦煌市莫高窟第17窟出土，浙江杭州，浙江省博物馆藏

告诉我们，我们若能信受奉行，其利益比什么财富都重要。

大家过去听到"无我"都很害怕，认为"我"都没有了，人生还能落脚何处。其实，这个假合的色身，又哪里能贪着？佛教的教理不是要我们否定自己，而是教我们不要私我，不要小我，不要执着一个愚痴的"我"，而应该发挥一个"真我"，追求一个大我，把"我"净化、把"我"美化、把"我"扩大、把"我"升华。所以佛教讲真如、自性、如来藏、实相、般若、法身……用种种名称告诉世人，都是为了建设人生未来的希望、未来的成就，为什么要把"无我"说成是一种消灭？

所谓"法身"，遍满虚空、充塞法界，生命都是无处不在的，虚空都在我们的心中。我，广大无边；我，无穷生命；我，会有循环，就是有老病死生，有分段生死，但是如同换衣服，这一件衣服破旧了，换一件新衣服；这一个身体朽坏了，换一个新的身体给我们居住。好比太阳下山了，明天早晨一样会再升起；日出晨光固然美丽，夕阳也无限美好，生死不都是一样吗？

在《大智度论》卷十二当中，有一段"二鬼诤尸"的故事，非

077

常深奥，值得一说。

有一个旅行的人，错过了旅店，不得办法，来到路边一个没有人住的小神庙，便在神龛下面权且借住一宿，打算明天再赶路。

到了半夜，忽然见到一个小鬼背了一个尸体进来，他想，糟糕！真的遇见鬼了。正在恐惧的时候，后面有一个高大的鬼跟着进来，指着矮小的鬼说："你把我的尸体背来干什么？"小鬼说："这个尸体是我的啊！"大鬼说："这是我的。"两个鬼争执这个尸体，都认为是自己的。

两个鬼正在吵架，旅人在神龛下吓得直发抖。小鬼听到了，咦？这里有一个人耶！"出来，出来，不要怕，你看这个尸体是谁搬进来的，为我们证明一下。"

这个旅人想，糟糕，我说是小鬼搬进来的，大鬼怎么会饶过我呢？我说是大鬼搬进来的，这是说谎啊！唉，看起来今天劫数难

◀ 祇园布施图

公元前1世纪初，砂岩，直径54厘米，印度中央邦阿拉哈巴德瑟德纳县巴尔胡特遗址出土，印度西孟加拉邦加尔各答，印度博物馆藏

逃。人之将死，也不得说谎，于是就勇敢地说："这个尸体，我是看到小鬼搬进来的。"

大鬼一听很生气，上前就把他右边的膀子扳下来吃下去。小鬼一看，这个人帮我说话，膀子给大鬼吃掉了，这怎么办？就把尸体右边的膀子扳下来给他接上去。大鬼还是生气，又把左边的膀子扳下来吃下去。小鬼又把尸体上左边的膀子扳下来再接上去。就这样，旅人原本的身体全都给大鬼吃了，小鬼也替这个人全部接上来，就等于现在的器官移植，让这个旅人还是身体健全。

两个鬼一阵胡闹后，呼啸而去，留下来这个旅人一个严重的问题，他看看自己，不禁产生一个疑问："我是谁？"

我本来是北京长安路的人、本来是纽约百老汇的人，现在给大鬼吃了，这个身体究竟是谁的呢？他忽然大悟：原来这个身体根本不是我的，那是假相，我的真如自性，是吃不了，也换不了的，这时候才发觉另外一个真我。

精神慧命　历劫永生弥新

"我是谁？"这个问题，大家可以来研究。难道假合的四大色身是我吗？难道数十年的岁月就是人生吗？那实在是太可惜了、太渺小了。生命，是"亘古今而不变，历万劫而常新"；生命，是"横遍十方，竖穷三际"；人，生而伟大，这才是我们为什么苦苦地信仰、追求的成佛之道啊！在物质的身体以外，精神慧命永生不死，这是多么幸福的人生，多么有意义的希望啊！

因此，"我是谁"的这个"我"，不是肉身的我，而是一个真实的我，我们要来认识、要来修证；一旦体证了无限生命的真我没有死亡，便没有恐惧，没有颠倒妄想。

由上述可知，佛陀原始的教化——苦、空、无常、无我，若从消极上去想，是可怕的；但从积极上去想，是多么可爱。人间佛教对于佛陀的本怀、真理的解释，是给予人间希望，不让人觉得那么惧怕，因为一切都是法尔自然，苦、空、无常、无我，都是对我们有所增益的。

甚至佛陀这许多对人生宇宙的解说，在日后也都持续获得科学的印证。但尽管如此，即使在佛灭二千六百年后的今天，还有很多佛陀证悟的内容，连现代最先进的科学仍无法完全揭开。

例如：当初佛陀以智慧，证知世间的地球如一颗庵摩罗果，今天的地球不就是如佛陀所说，是一个圆形的状态吗？而佛陀说过这句话后的八九百年间，科学家哥白尼也提出地球是圆的观点，不过却遭受天主教会部分人士反对，并整治他，对他刑罚，直到近百年后，才有牛顿印证其学说的真实性。佛陀悟道的智慧，透过科学家的研究，慢慢地才了解到一些。我们认为，一般世间的学问想要赶上佛陀悟道的境界，恐怕还要相当的时间。

又如佛陀说"佛观一杯水，八万四千虫"这句话，现在科学家运用显微镜观察水的情况，不就看到许多微生物吗？在科学未发达前，谁能说出这种智慧的语言呢？而在《正法念处经》卷六五，佛陀也告诉弟子，人的身体约有八十种虫在活动，以今日的科学研究，不也发现人体内有诸多的寄生虫吗？甚至《首楞严经》卷二说："于一毫端，遍能含受十方国土"，这种一多相印、大小互摄的宇宙观也被现代量子物理学家所认同、肯定。

此外，佛教泛指宇宙是一个"三千大千世界"，它是至大无外，至小无内；是无量无边，无垠无涯的。根据现代科学家研究的结果证实，我们赖以生存的地球面积，只有太阳系的一百三十万分之一；此虚空之中，一个银河系就大约有两千亿个太阳，宇宙里的银河系又多达几百万个，可见宇宙无比的浩瀚深广，诚如佛陀所说。

若从小的"微尘"来说，近代物理学家把物质分解成最小的单位，叫做原子、电子、中子，而佛陀所说的"微尘"，又比中子更加细微。就像一根动物毛很细，毛的尖端用高倍显微镜放大来看，还可以发现更多更小的成分，这种比一般观念所认识还要细微了几万倍的情形，就是微尘。乃至现代科学家发现，原子的构造有99.999999……%是空的；我们所感知的事物并不只是事物的本身，而是根据我们探索的方式所呈现的样子，其中心识扮演了决定性的角色；真正的实相有如宽广无涯、浪潮起伏不断的能量海；所有的存在都是一体相依的……凡此都与佛教"三界唯心，万法唯识""真空妙有""同体共生"等主张若合符节。

契理契机　说法普利世间

至于佛陀说明世间万物有成、住、坏、空的循环，内心状态有生、住、异、灭的变化，其中的细节，科学上都很难有一个周全的研究结论，但是佛陀在两千六百年前，也许就已经说得那么明白，无怪乎20世纪的伟大科学家爱因斯坦曾慨然兴叹，谓："如果将来有一个能代替科学的学科，这唯一的学科就是佛教。"而事实也证明：科学愈昌明，愈能证明佛法的真实不虚。

佛陀说法不但契理，而且契机。他为一切众生说法，对政治家，他说为政之道在于勤政爱民；对企业家，他说经商之法要能普利世间；对社会大众，哪怕只是个平凡的家庭主妇，佛陀也耐心为其开示治家之道、为人之道。

当初，佛陀在社会上主要的活动，除了教导僧团的发展以外，其余的时间都用在行化，甚至年高八十，仍以老病之躯游走恒河两岸弘法。因此印度的南北东西各地，就是到了今天，也都还有发掘出佛陀弘化的遗迹，像祇园精舍等建设，虽然历经成、住、坏、空的变化，只剩碎瓦颓垣的遗迹，但是我们还是可以从两千六百年前一砖一瓦的历史里，感受到那时候佛陀说法的盛况，与佛陀无我利生、无私奉献的伟大精神。

二、大乘佛法的圆满修行

在大乘佛法里面，人要得度，有六种方法，即所谓之"六波罗蜜"（六度）：布施、持戒、忍辱、精进、禅定、般若。六度从表面看来，让人感觉到大乘佛法好像没有什么微妙之处，也是跟世间庸俗的事情一样，就是叫人要懂得分享、守法、勤劳、忍耐、专注、灵巧……这些事哪里还要佛陀来指导？实际不然，佛陀指导的是不一样的，兹说明如下：

（一）布施：佛教初成立时，佛陀在南、北印度行脚，在恒河两岸间弘化。为了让民众更深刻了解法义，佛陀常举恒河为例。像《金刚经》里佛陀举出，即使有人因为"以七宝满尔所恒河沙数三千大千世界以用布施"而得福甚多，但都还是在有相、有限、有数上去计算的，真正的修行是要能可以做到三轮体空的无相布施。凡是读过《金刚经》的人，就知道佛陀心包太虚的胸怀，他常教导弟子，"布施要无相，度生要无我"，这是一种民胞物与、天下一家、物我两忘的大乘佛法。

所以说到布施，究竟是给人呢？还是给己呢？如果说是给人，善财难舍；如果想到布施不但是给人，也是给自己；彼此共荣互利，你还会执意悭吝吗？就如农夫种田，你播种了，当然就会有收成；所谓舍得、舍得，有舍就有得。

佛门经常普遍讲说布施的意义。浅显地说，信徒以财物布施供养教团，教团里的比丘、比丘尼，则以佛法布施给信徒，所谓"财法二施，等无差别"，佛陀一再强调二者平等无别，这也可以说是佛法殊胜之处。

不过，除了钱财布施、佛法布施之外，重要的还有一个"无畏布施"。所谓无畏布施，就是给人不要有挂碍、不要有恐怖，如慈母保护婴儿，如国家保护人民。我们能给全人类不要有所畏惧，能过幸福安乐的生活，那才是更难得的布施。

在布施中，固然有很多不如法的布施，有的内怀执着，有的心存偏见，有的贪图名利，有的要求回报……这许多情况在各种经文里也都有过说明。不过，布施在佛法里面，有一个最伟大的意义，即："施者、受者，等无差别。"

我们布施给人，不要只是想自己能得到多少功德，其实接受的人，也和布施的人有同等的功德。等于现在我们请人吃饭，人家应邀而来，吃过以后，我们还要对他说："感谢您的光临""感谢您的友谊""感谢您远道而来接受我的邀请"。别人吃了我们的饭，我们还要感谢他。所以佛法对施、受之间微妙关系的阐述，可谓发扬到了极点。

（二）持戒：说到持戒，一般人都觉得恐惧，认为持戒对自己太过束缚。我们再来提问一句：持戒究竟是束缚？还是自由呢？

我们稍微深思一下就知道，持戒是防非止恶，你能可以做到，则戒不但不是束缚，而且还是自由。等于我们遵守法律，哪里会有刑罚之苦呢？我们看，今天在全世界失去自由，被关在牢里的受刑者，他们都是因为犯下五戒、不守法治而受法律制裁，才会有束缚之苦；如果他们不杀、不盗、不淫、不妄语、不酗酒、不吸毒，哪里会有牢狱之灾呢？就像火车要在铁轨上行走才安全，飞机在空中飞行也有一定的航道。佛陀当时就已经把人生的路线，指示得非常清楚。

例如：佛陀的戒律东传中国以后，要正式成为一名出家人，需受三坛大戒：初坛沙弥、沙弥尼要受"摄律仪戒"，就是讲究行、住、坐、卧的威仪；到了二坛比丘、比丘尼，就要受"摄善法戒"，要能可以做种种的善事，要积极地去教化和度生，为社会服务；如果说想再受菩萨戒，不管是在家的信者，或者出家的比丘、比丘尼，就要进一步受持"饶益有情戒"，所谓"大慈大悲、救苦救难"，真正做到《金刚经》说的："无我相、无人相、无众生相、无寿者相"，才是最究竟的持戒。

（三）忍辱：在修行途中，与我们关系更为密切的，就是修忍辱波罗蜜。忍气吞声、忍苦忍难，忍受别人的责怪，忍受别人的批评，往往让我们觉得非常吃亏；所以一般人对忍饥忍饿、忍苦忍难，都还能堪受，但对于忍一口气，却感到心不甘愿，尤其受到委屈、冤枉的时候，就觉得非要与你抗争不可。

其实，忍辱，不是一般说的忍饥寒饱饿、忍笑骂讽刺，或怯弱让步、吃亏受气；佛陀所提出的忍，是一种力量；面对外境的称、讥、毁、誉、利、衰、苦、乐，你能担当多少，就看你忍的力量有多大。

忍，也是一种承担的智慧，一种宽容的慈悲。你能忍，必定对这件事情知道它的来龙去脉、因缘果报，故能看得开、想得破，所谓"忍一口气，风平浪静；退一步想，海阔天空。"

对于忍，大家可以深思一个问题：忍，究竟是吃亏？还是讨便宜呢？

一般的人说，忍耐是在吃亏。实际上，忍者是讨便宜，不能忍的人才是吃亏的。因为能忍，我们就有修养，就有力量，就有智慧。对方是半斤，我不能八两，因为我能忍，我就超越他的修养、超越他的作为。所以，在各部大乘经典中，都不断地倡导修习菩萨道的过程，必须重视忍辱波罗蜜。

确实，我们要知道忍的重要。一个家庭里面，若是人我不和，亲如父母兄弟姐妹，彼此相互对立，这个家庭还有什么幸福快乐可言呢？我们在社会上，斤斤计较，跟人比较、执着，没有忍耐、没有修养，还能做人处事吗？

今天，世界到处斗争、战争，凶杀案件频发，法院里的诉讼告状堆叠如山……都是因为大家不能忍一口气。到最后，有的不能胜过别人，自己就心灰意冷；有的就是胜过别人，却让人受苦、受难、受委屈，难道这就是我们想要的快乐吗？这样的快乐能持久吗？

古德说："唯忍能安。"世界的和平，人民的安乐，更需要大家鼓吹人我互易、彼此忍耐的观念。能够忍耐一点委屈误会、忍耐一点荣辱毁誉，那就天下无事了。

无生法忍　一切法尔如是

《阿含经》里面提到，忍，有生忍、法忍、无生法忍，意思是说，我们要生存、要生活在这一个世间上，唯一的智慧力量，就是忍耐。

所谓生忍，就是为了生存，要有智慧认识这个世间的善恶好坏。忍，也是一种接受，不论遇到嬉笑谩骂、功名富贵、好坏对错，你都要能接受，要能担负责任，要能可以化解。忍者，要有勇气去担当苦难，给予别人安乐。

生忍，是为了生存而在人间所酝酿的耐力、勇气，并从生活、人际关系的历练里自我提升，从中淬炼出面对困难的智慧与力量。因此，人生遇到许多不平等的对待，能不能接受，能不能进步，端看你的智慧，你的力量。

法忍，即所谓的"八风不动"：生活上的一切，世间上的一切诸法，忧悲苦恼、功名利禄、人情冷暖等，不但不为所动，而且要能真正地认知、处理、化解、消除，进而转化、升华。所以，在人间唯有忍，才能认识、才能接受、才能担当、才能解决。

无生法忍，是更高的不生不灭的境界了；也就是了知一切法本来不生不灭、平等不二，故能达到忍而不忍的最高境界。若能随处随缘地觉悟无生之理，则无所谓忍或不忍，一切都是法尔如是。

所以，忍，究竟是吃亏呢？还是讨便宜呢？在我近八十年出家的生活中，我深知忍的妙用、忍的力量，忍的功力有多少，成就的事业就有多高。

（四）精进：在菩萨道里面，不但要修行布施、持戒、忍辱，精进也是一项重要的行持，世间有所谓"勤有功，戏无益"之说，而佛陀则以四种精进，即"未生之恶令不生、已生之恶令断除、未生之善令生起、已生之善令增长"，教我们：没有做的善事，要赶快去做；已犯的恶行，要赶快断除；没有犯的恶事，要勇敢地克制，不要让它爆发；想要犯的恶行，如贪瞋、忌妒、侵略别人的心念，一定要克制自己。总之，对于断恶修善之事，必须要精进、勤劳地去做，不能有懈怠放逸之心。

我们看世间有许多百万富翁享受荣华富贵，这固然是他的福德因缘，但大多数也都是凭自己的努力辛勤而争取得来的成果。普天之下，没有一个人闲坐家中，天上就会掉下财富、地上就会长出金银财宝任其享用。俗语说："黄金随着潮水流下来，你也要起早把它捞上来。"读书的人，精进努力，当然会金榜题名；乡村以农业为生的人勤于工作，秋收冬藏，还怕人生没有春天吗？你说，精进究竟是辛苦呢？是快乐呢？

例如衣服脏了不洗，永远都是脏的；洗过了以后，穿在身上多舒服；地面肮脏了，不打扫干净，家里凌乱，不予以整理，你生活在其中，还有什么快乐呢？举世的父母培养儿女、老师教育子女，都是教大家：想要学业进步，事业有成，就得精进不懈。所以精进是辛苦？还是快乐呢？你要想快乐，一定先要勤劳，而后才能得到成果。葡萄园里面，没有殷勤的锄草、施肥，哪里会有葡萄累累的丰收呢？

过去从农业的时代进入工业的时代，现在到了高度工业化的时代，虽然靠机器人来帮我们工作，但是再好的电脑，还是要人脑去设计、操作；再高超的机器人，还是要靠人去给予它动力。

一个家庭里，父母儿女要互相精进合作，才能共同创造美满的家庭；一个团体机关，也是靠大家协力打拼，才能让事业发展。如果今天普世的人民都能加一把劲，将一点快乐给人；人人都能有此想法，世界还不安乐美妙吗？

六度万行　人生圆满自在

（五）禅定：在六度万行里面，固然要懂得这许多做人处事的方法，在菩萨道自度度人的方法中，禅定的修行也是非常的重要。因为我们心里的不安，主要是受到烦恼的鼓动。心中充满了贪瞋愚痴、忿恨忌妒，哪里肯对人做一些利益福乐的事情呢？假如妄想贪念不除，自己的身心都无法安住，如何能帮助别人、服务大众呢？所以，禅定，是安心立命的修行，是一切六度的动力。

佛陀当初在灵山会上拈花一笑，可以说，笑出了世界宇宙的火花，笑出了人生无限的真理，笑出了中华文化禅学里那许多美丽的语录篇章。我们问一句，禅是活泼的呢？还是呆板的呢？禅，应该是活泼的，不是呆板的。一般人以为坐禅要眼观鼻，鼻观心，要像"老僧入定"般如如不动，否则不容易得道。实际上，打坐只是过程和方法，用来帮助我们生定发慧。禅的真义应该是活活泼泼的，所谓搬柴运水是禅，喝茶吃饭是禅，行住坐卧是禅，语默动静、扬眉瞬目都是禅。禅，是用一种行云流水、潇洒自在的态度来应对万事万物，好比两岸经过了六十多年的疏离，经过领导人习近平、马英九在新加坡会面，一握手之间，促进了彼此的和平，可以说是中华儿女禅心的表现！

（六）般若：一般而言，布施、持戒、忍辱、精进、禅定五度是世间法，有了般若波罗蜜，才能成为出世间法，其境界也就不一样了。所谓"五度如盲，般若为导"，例如布施、持戒，一般人的布施、持戒执相而求，是属于世间法，有了般若，所有的布施、持戒等，就能离相、离执着、离人我对待、离比较计较，成为出世间法，是一种人生更高的圆满解脱。

所以我们也要问一句：般若是向内求呢？还是向外求呢？你向外求得科学、哲

法海寺善财童子像
明正统八年（1443），壁画，北京石景山

学等知识，总是世智辩聪，不若向内悟得般若。般若是向内自证的功夫，是透过"正见缘起，了悟诸法空性"所获得的"内外圆成"的智慧。人生有了般若，就能泯除人我对待，跳脱无明烦恼，达到随缘自在、任性逍遥的境界。因此，六度万行字面上看似简单，其蕴含的意义却是很高深的。

在人间佛教的修行里，每一位信者要想做人健全，就必须提升自己，要求自我能比别人、比过去更好更高。人间佛教的六度万行等菩萨道都是我们行为的准则。例如在《维摩诘经》里，就分别依眷属、朋友、饮食、衣服、居住、交通、教育、娱乐、资用、修行十个项目，描绘出人间佛教蓝图的具体内容，即：

智度菩萨母，方便以为父，一切众导师，无不由是生。

法喜以为妻，慈悲心为女，善心诚实男，毕竟空寂舍。

弟子众尘劳，随意之所转，道品善知识，由是成正觉。

就是在中国，天台宗的基本经典《法华经》，也宣扬菩萨行是最究竟的一乘法，并有"内秘菩萨行，外现是声闻"的说法，鼓励人们要普度众生、利益人间；其中化城等七喻提到的自心法门、修身法门，勉励行者不要怀珠做丐，不要藏宝还穷，自己的本性、真如（真如自性），值得我们不时去体会、去发挥。

除了《法华经》外，被敕为"清凉国师"的澄观大师是七位皇帝的国师，他也勉励佛子要到处参学，学习《华严经》中的善财童子五十三参。而善财童子所参访的对象遍布了各个行业、阶层，如语言学家弥伽、聚沙为戏的数学家自在主童子、严刑酷罚的无餍足王、航海家婆施罗、法官无上胜……

我个人也认为，一个青年学子一生没有亲近五十位到一百位大善知识，没有听过他们几句立身处事的教示，是不容易成功的。你说，真正的孤家寡人哪里能做皇帝呢？你要想地位很高，你必须要有干部、必须要有群众、必须要有合作的团队。所以，在《华严经》里面提到事法界，理法界，到理事无碍法界、事事无碍法界，其实就是要我们在做人处世、应事接物中，了悟法界圆融的真理，享有欢喜自在的人生。

三、人间佛教的神圣真理

当然，人间佛教也不是说一下子就可以完成自己；以我的生命体验所见，公修公得，婆修婆得，一日修行一日功，日日修行日日功。你能通达佛教所谓般若、中道、缘起……这许多"人我一如"的大乘真理，就是我们信仰的神圣性，也是人间佛教与佛相应的神圣真理。

因此，你说在人间佛教里面，能有一碗饭吃，不神圣吗？在人间佛教里，能获得生命的成长，得到欢喜，得到因缘、助缘，不神圣吗？人家给我们一个微笑、一个握手、一个点头，那不是神圣吗？我肯给人布施，肯给人信心、给人欢喜、给人希望、给人方便，这不是神圣吗？

甚至于现在提倡的"三好运动"，就是让我们的身、口、意三业，能可以做到"身做好事、口说好话、心存好念"，这还不够神圣吗？信仰就是神圣，修行就是神圣，自己从凡夫慢慢地净化，到成圣、成贤，就是神圣的信仰之功。

依此看来，人间佛教就是佛教。其实，佛教是佛陀在人间对人说的，当然是人间佛教。当初，印度很多外道的修行方式稀奇古怪，背离人间的常理，与道相违。佛陀基于悲悯，为了降伏九十六种外道，不辞辛苦度众弘法，虽然成果丰硕，但终因众生的思想、习性不同，难以统一。尤其像提婆达多逆师叛教，企图借标榜苦行来称雄做主，但最后都是失败的。

佛教不主张乐行，因为太过的人间欲乐，热烘烘的，会迷失自己；但也不标榜太冷淡的苦行，即使因此而赢得别人的崇仰，这种冷冰冰的苦行人生，对于社会大众又有什么利益呢？真正的人间佛教应提倡缘起中道，如佛陀之所说、所行。

所以，今后佛教的出路，应真正依止佛陀的人间佛教教示。所谓"人成即佛成"，把人做好，人人能开悟，还怕不能成佛吗？

另外，佛陀教我们度众生要用"四摄法"，要发"四弘誓愿"，要我们重视在生活里面衣食住行、行住坐卧的修行，并且要能将这许多超越的、高远的、深长的义理，运用在日用之中，让自己在人间的生活，获得安宁，获得自在，获得洒脱。

如来的一代时教，要我们对国家忠心，对父母孝顺，对人类平等……儒家的仁道、道家的出世，虽然也有类似佛教的道理，但他们却都是片断的，唯有佛陀的教法是彻底的圆融，所以能在人类文化历史的长河中，独树一帜，历久不衰。

平等尊重　即能了生脱死

平等也是佛教足以睥睨天下的教义。说到平等，在维摩丈室里，舍利弗受女青年的教化开示，可见得有志不在年高，即使是大阿罗汉也要听女性菩萨的开示，这不就是平等吗？又如《华严经》中提到的伊舍那（休舍）优婆夷、自在优婆夷、贤胜优婆夷、慈行童女、有德童女、师子嚬呻比丘尼、婆须蜜多女、夜天女神等，由于她们对佛法皆有独到的体证，故能引导善财童子进入法界之境。

所以，我们当代的比丘法师们，你们平时对观世音菩萨礼拜赞叹，观世音菩萨不是经常示现女相吗？可见得你们对女性的尊重。

可是为什么在生活上，在做事时，却有了男女不平等的看法，这不是自相矛盾吗？这是因为对佛陀的平等真理完全不了解的缘故啊。

当然，不只是男女要平等，僧信也要平等，古今也要平等，甚至事理都要平等，可以说，真理本来就是平等的。因此，我题写佛光四句偈："慈悲喜舍遍法界，惜福结缘利人天，禅净戒行平等忍，惭愧感恩大愿心。"实际上，这四句偈里，最重要的就是"平等"和"忍"，才是真正佛法的精神、佛法高深的意义。

像佛教发展到今天，不少人修学佛法，开口闭口都是为了要了生脱死。但什么叫了生脱死？我们又看到谁了生脱死吗？

真正的了生，应该是对生不要执着，不要计较，不要贪恋；对死亡不要惧怕，不要认为死就是毁灭。其实，死亡如乔迁、如移民、如换车、如更衣，也是可喜的事情。再说，人会死是因为有生；如果不生，不就不会有死了吗？所以生的时候，就注定有一天

水月观音菩萨像

高丽忠肃王十年（1323），徐九方，绢本设色，高165.5厘米，宽101.5厘米，日本京都左京，泉屋博古馆藏

会死,生死不二,何必认定生就是可喜,死就是可悲的呢?你对生死能用平常心、平等心看待,那不就是了生脱死了吗?

当今的佛教徒除了不应抱持自修自了的心态,也不要事事求佛、拜佛、念佛,一味祈求佛陀的赐予,因为这些都还是建立在贪求上。淡泊、清净,都是佛陀教化我们的。真正的信仰,是发扬人间的佛教信仰精神,要能牺牲、奉献、服务,实践弘扬佛法、普度众生的菩萨道。人间佛教就是要发菩提心,能发菩提心才是人间佛教;所以要行佛,不要光是求佛、拜佛,行菩萨道才是真正佛陀人间佛教的精神。

四、遍满虚空的人间佛陀

上述所说是依据佛陀的本怀,将原始佛教与大乘佛教融而为一的道理。当今的佛教应该要不舍一法。你要入山修行,人间佛教不排斥你;你要修学、要创办普利人间的事业,人间佛教也不会说不能,这就是秉持佛陀的本怀,容纳空,容纳万有,大家共同存在,彼此尊重。所以,我现在写"一笔字"的时候,常写共生共有、共生共荣、共生共存,就是希望能把佛陀的本怀说得让人了解,让人们能在生活中奉行。

我自己在佛门里面近八十年的出家生活,慢慢体会到"空"的重要,即所谓的"心空及第归",若心中的肚量如虚空,你还不能容纳宇宙所有的佛说的"世界是我们心里的世界,众生是我们心里的众生,万物是我心中的万物"吗?既然一切都是在我心中,我又何必要去排斥他们?所以空即是有,你为什么不能从"空"中去体现万有呢?所谓"宰相肚里能撑船",我的肚量如虚空,我还不能成为世界的主人吗?

人间佛教回归佛陀本怀

莫高窟第 158 窟佛涅槃像
中唐（766—835），泥，甘肃敦煌

《华严经》云："若人欲识佛境界，当净其意如虚空。"说明虚空是不生不灭的，你能体会虚空的这种特性，就能了解生命也是不生不死的。如佛陀讲生命时就说道，人从这个色身修持而能到达法身。所谓法身者，就是遍满虚空、充塞法界，无处不在、无处不有的本来面目，那便是修道的目标。

今天假如有人问：佛陀在哪里？现在以我个人的体悟告诉大家：佛陀在我们的心里，佛陀在我们的虚空里，佛陀在我们的信仰里。

虚空法界　皆是佛陀真身

佛陀在我们的心里，这个不用说，因为佛教的传播都会提到"人人有佛性""佛在我心里""我是佛"。但是，普世的人当中没有阐提吗？佛陀会在阐提的心中吗？一些恐怖分子心中有佛吗？所以，"佛在每一个人的心中"，这句话是对的，但不是究竟的。

那么，佛陀究竟在哪里呢？以我近几十多年的佛教生活里所体会的佛陀，应该是在虚空法界里。经典也说，"如来法身遍满虚空，充塞法界"。在虚空里，哪里没有佛呢？

例如：你对一张画像礼拜，你自己认为那是佛陀，不是一张纸；所有的金、银、铜、铁、水泥、木材制造的佛像，你对他礼拜，你就不会问是金、银、铜、铁、木材，还是水泥，你认为那就是佛陀。可见得世间万物，我们都可以把它看成佛陀。所谓"溪声尽是广长舌，山色无非清净身"，青山秀水，日月星辰，哪一样不是佛陀的示现呢？如此看来，虚空法界应该就是佛陀的真身。

禅门里"丹霞烧佛""婆子烧庵"的公案，你说，谁能认识真

▶ 丹霞烧佛图
元代（1271—1368），因陀罗，纸本水墨，高32厘米，宽36.7厘米，日本福冈久留米，石桥美术馆藏

正的佛陀呢？有一位弘讲的法师，在一次讲经大座上宣说佛陀的法身遍满虚空，充塞法界，在座闻法的信众也感觉到伟大的佛陀真是无所不在。

这时有一位禅者，忽然对佛像咳嗽，吐了一口痰。在座大众非常惊讶，这位弘法的讲师尤其生气，怒斥道："你怎么可以亵渎佛陀，你什么地方不可以吐痰，怎么把痰吐在佛像上面呢？"禅者又再咳嗽二声，就问："法师，我现在还要吐痰，请告诉我，现在虚空中哪里没有佛？我要吐痰。"

这说明了，讲者是解义，行者是行道，如果解行不能合一，便难以契入佛法的深义。当然，充满虚空、遍满法界的佛陀真身，就更不是那么容易认识、体证的了。

其实，我们假如要说得更浅白一点，佛陀在哪里？就在我们的信仰里。信仰是有层次的，佛陀的样子也是有层次的，等于达摩祖师对弟子说："道副得到他的皮，总持（比丘尼）得到他的肉，道育得到他的骨，慧可得到他的髓……"我的信仰到什么程度，佛陀就跟着我的信仰到达什么程度。我也祈愿我们的佛教徒们不要把信仰缩小，执着与偏见是不能认知佛陀的，佛陀会和我们距离愈来愈远。因为你要看到佛陀究竟是什么样子，那不是一个知识分别的世界，而是信仰的层次。你解行到了最究竟的地方，你就体会到你活在佛陀的法身之中，佛陀的法身也在你的心中，这正是所谓的"心包太虚，量周沙界"。佛陀他不是地方性的神明，也不是三十三天里哪一天的天主，佛陀是觉者，是真理的体现者，你唯有用至高的信仰实践，你才能体会佛陀在哪里。

人间佛教　还原佛教面目

这许多依据"三法印"——诸行无常、诸法无我、涅槃寂静所阐述的根本佛法，我们也只能简单地点到为止，其实佛陀广大无边的证境泯言绝虑，非心思意想所能到达，甚至于结集的《阿含经》等经典、各种有形的语言学说，又哪里能说尽佛陀无相、无住、无念、无边的境界呢？唯有你心中能有这种境界，佛陀才确实会在你的心中。今日讲人间佛教，我们应该从人到佛，应该依着佛陀的这种次第，慢慢地扩大自己。

所谓扩大自己，就是自他一体，物我两忘，古今同体。有人说："古人不见今时月，今月曾经照古人。"你不愿意做日月星辰吗？你不把生命比作日月星辰吗？有人说，"长江后浪推前浪，世上新人赶旧人。"新人从哪里来的？不也是我们的生命体在循环吗？你为什么不见你过去的自己，不见所谓"父母未生我之前"的本来面目呢？等于一江春水向东流，春水流到哪里去了？不是还会再流回来吗？这种生命不死、法界流转的思想，就是普世得救的希望。你说，我们人间佛教的信仰，不建立在这种至高无上的据点，我们在信仰里又如何落脚呢？

所以，人间佛教和传统佛教不是有分别的，只是个人依照自己的分别境界，硬是用自己的程度把佛教给分裂了；等于唯识家讲"一水四见"，天人见水是琉璃，人类见水就是江湖河海，鱼虾见水认为是它们的宫殿，假如是饿鬼道的众生，他见水就是浓血。

我们可以了解到佛法僧三宝的真义，究竟什么是本来面目呢？我们透过信仰，不管是人间佛教也好、传统佛教也好，南北东西的佛教都好，其实，我们应体认到，一切在真理上都是没有分别的，只是大家在那里自我执着、自我饶舌而已。

当今的社会，人人都欢喜有积极的人生，有幸福的人生，有希望的人生，有未来的人生，人间佛教还不值得我们大家一致来宣扬、发挥，回归佛陀的本怀吗？倡导人间佛教，这才是佛教未来的前途，这才是人间世界的一道光明。不要沉湎于过去传统的、消极的、偏差的、曲解的佛教，今天我们倡导人间佛教，就是要把佛教还给它原来真实的面目：一个积极的佛教、超越的佛教、自我圆满的佛教。

总说，佛陀的教义，重视简单、重视和平、重视天下人我一体，给人间带来欢乐幸福、自在解脱。只要有益净化人心，和谐社会，都是佛法。如，佛告憍尸迦："世间真实善语、微妙好语，皆出我法中。"（《大智度论》）让人人从烦恼中净化自己，从凡俗中升华世界，从有相里超越到无量、无相、无边的法界，那就是我们每一个人和佛同具的法性真如，那就是大圆镜智的法身同体。

行笔至此，我们只是希望当代大家见闻觉知的佛教，能够把事理看成一体的关系，把人我看成没有分别的境界，把男女和万物同样平等地尊重。让我们像人间的佛陀一样，我在众中，众中有我。我们就是悟道成佛，不能离开人间，也不能离开虚空啊。

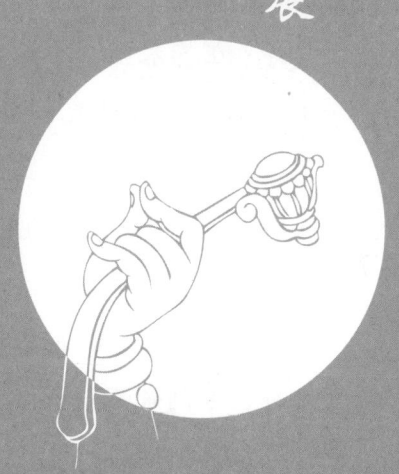

第四章 佛教东传中国后的发展

提要

佛教发源于印度，光大于中国。经过中国僧人前往西方取经，或西域僧人东土弘法，佛教历经数百年的岁月，与中国文化、风俗、生活融和为一体，成为中华文化不可或缺的重要精髓。而佛教三大体系汉语系、藏语系、巴利语系，其中两大语系都在中国，可见佛教在中国的发展影响。

佛教在中国产生了哪些影响？在生活中，扩及食衣住行；在公益上，设立义学、植树造林、设佛图户、长生库等；在艺术上，中国文化在建筑、雕刻、绘画、书法上，无不受到佛教影响；在文字上，因为译经，丰富中国人平常遣词用语、文学创作的词汇。而历代以来的文人雅士，如陶渊明、谢灵运、王维等人，莫不与人间佛教有深厚因缘。

本章也指出佛教在中国没落的十种原因，如本土宗教排挤、专制帝王毁佛、经忏密教鼎盛、道德信仰堕落等值得大家深思的问题。

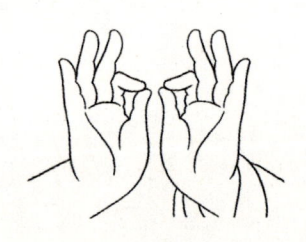

佛教东传中国后的发展

所谓"人间佛教",不是哪个地区、哪个个人的佛教。前文所述,人间佛教就是佛陀的教法,是佛陀为人说法的宗教。佛陀降诞在人间,成佛在人间,弘法利生在人间,三藏十二部经典等,都是为人而说;就是大乘佛法的净土观,所谓娑婆即净土,烦恼即菩提,心净国土净……这些都是告诉我们佛陀的教示,以人为本,不离开人间,成道也必须在人间完成。正如禅宗六祖慧能大师所说:"佛法在世间,不离世间觉",一切法无非真理,一切法都是人间佛教。

佛陀灭度后,弟子们将佛法弘传各地,成为亚洲世界的共通文化,到了现今21世纪,已经成为全球最大的宗教之一。

佛教东传中国,到东汉明帝永平七年(64),正式派遣博士弟子蔡愔等人前往西域求法,将月氏国迦叶摩腾、竺法兰两位沙门请回洛阳白马寺,于此,从皇帝由上而下,佛教就正式在中国传扬开来。

从东汉到现在,佛教在中国历经两千多年的流传,从传入、融和到本土化过程中,对中国政治、经济、文学、语言、艺术、音乐、建筑等的影响深远,并且进一步弘扬至韩国、日本、越南等国家,成为东亚文明的基石。

之所以能产生如此恢弘的效应,实因中国佛教继承原始、大乘、小乘佛法的人间性格与积极入世的精神,并予以发扬光大,所以上自帝王公卿、下至庶民百姓,无不生活在佛教深厚的文化内涵当中。

人间佛教回归佛陀本怀

虽然历朝佛教时有兴衰更替，但僧信二众秉持人间佛陀示教利喜的本怀，注重利生的事业，拥护国家政治的领导，关怀社会大众，福利群生，建设中华文化。从历代高僧大德身上，处处可以看见人间佛陀的示现、人间佛教精神的发扬。他们有的担任国师辅佐皇帝，有的西行取经从事翻译、文化交流的工作，有的创建丛林、订立清规，或开凿石窟、植树造林、开设碾米场、施设无尽藏、修桥铺路、提供避难所、从事僧侣救护、施诊医疗、教育讲学、传戒住持正法等等，无一不是人间佛教的阐扬。今天，我们要继往开来，也必须本此精神，所以本章就历史面向作一纵览，期能收到以古鉴今之效。

灵岩寺罗汉像

北宋治平三年（1066），泥，通高约155厘米，山东济南

一、人间佛教的生活行仪

衣食住行在日常生活中是不可或缺的，即使成了觉者的佛陀，也不能离开衣食住行的人间生活。在五乘佛法中，从人天乘入世

生活的需要，到声闻乘的出世思想，在大乘菩萨道之下，把人天、声闻、缘觉融合起来，就叫作菩萨道的菩提心。菩提心就是人间佛教。

这里就从衣食住行等生活行仪，讲述佛教东传中国后发展的概况。

食

所谓"民以食为天"，吃，是人生重要的大事。从现今中国人的饮食文化里，可以看见佛教带来的深远影响。好比我们常吃的蔬果当中，有一半以上都是伴随佛教东传，从西域丝路引进的外来品种。例如大麦、荞麦、扁豆、豌豆、茄子、哈密瓜、葡萄、西瓜、石榴、番茄、胡瓜、胡桃、胡萝卜、菠菜、菠萝蜜等，成为中国人日常生活的主要食物。假如没有这许多蔬食，中国这么多人口，在生活上，你说又要增加多少不便呢？

除了蔬菜，中国人早斋吃粥的习惯也与佛门文化有关。经典记载吃粥有消食、除饥、益寿等多种益处，逐渐成为百姓早斋的饮食之一。甚至为了纪念佛陀成道，每年农历十二月初八，寺庙道场就会烹煮腊八粥分送给社会大众。延续至今，腊八节已经成为中华文化，也是全球华人重要的节庆之一。像佛光山海内外道场，每年这一天分送的腊八粥，就不止百万碗以上。

禅茶一味　喝茶融入仪轨

再者，中国人吃茶也与古代丛林茶文化的推动有关。像客堂奉茶是待客之道，一般僧众集合饮茶叫"普茶"。特别是，禅僧打坐最怕昏沉疲倦，茶具有提神醒脑的作用，成为僧侣合适的饮品。更

唐招提寺鉴真和尚像

奈良时代（710—794），夹纻，高 80.1 厘米，日本奈良

进一步的，喝茶被融入禅堂的仪规、生活中，好比禅堂清规中的仪节、职务等。像禅宗"赵州茶"等脍炙人口的公案，可以看出茶对中华文化的影响，透过禅者的点拨，提升到不同的境界，可谓贡献甚大。

今日，享誉世界的名茶，许多也都与僧人有所因缘。例如：江苏洞庭山"碧螺春茶"，福建武夷岩茶的"大红袍"，杭州玉泉寺的"龙井茶"，还有西双版纳的"普洱茶"等，最初都是出自佛门的茶种。

像西藏人士他们多以牛羊肉食为主，没有普洱茶来帮忙消化，生活也难以生存。全国种茶的地方，大多靠近寺院的名山大川，供应全国人的饮茶，"禅茶一味"，就这样跟文化结合在一起。

乃至唐朝鉴真大师把茶带至日本，成为日本茶文化的始祖。宋代时，日本荣西禅师到中国留学，回到日本极力宣扬饮茶等等；也可以说，透过佛教，日本吸收了中国文化并且发展了自己的"茶道文化"。佛门僧侣对茶文化的发扬与中华文化的传播，实在有着非常大的影响。

此外，佛教对世界最大的贡献之一，是素食文化的实践与推广。最早，佛世时为顺应当时社会习俗，僧众托钵乞食，除了不拣精粗，也随顺信徒供养的方便而食用，并没有荤素的分别。

及至佛法东传中国，由于托钵乞食在地理、气候及文化上不适宜，安居一处弘法利生成为常态，寺院于是设置库房、厨房，自炊自食。中国佛教倡导素食，是为了实践慈悲的精神，再加上儒家的"见其生，不忍见其死；闻其声，不忍食其肉"思想影响，素食于是成为中国佛教日常习惯和修行生活的特色。佛儒的文化结合，成为现在世界素食的良好生活习惯、人间佛教尊重生命的重要理论。

佛教虽然没有反对肉食，但主张不杀害生命，充分体现慈悲平等、生命一体的精神，与现代提倡环保、护生的理念相呼应。

衣

食文化说过之后，我们再说衣的文化。

中国服饰在魏晋南北朝以后，受到佛教与中亚文化的影响很大，不论是衣服样式或色彩选用上，都有很大的突破与改革。从代表中华文化的唐朝时期妇女的装扮，就可以看到佛教与中华文化融合的成果。

好比唐朝妇女喜爱穿着来自西域的大红石榴裙，发式喜爱如佛

人间佛教回归佛陀本怀

◀ 华严寺下寺菩萨像

辽重熙七年（1038），泥，高约365厘米，山西大同

教飞天图像的"飞天髻",以及由释迦牟尼佛的发髻演变而来的"螺髻",都是当时宫廷妇女喜爱的发式之一。此外,璎珞原本是佛菩萨颈项上的装饰,也随佛教传入中国,成为妇女与乐伎喜爱的配件。还有在服装的花样上,开发出来自印度的"忍冬纹""莲花纹"以及"八吉祥纹"等,也都是来自佛教的纹样。

特别是一直到现在,中国僧侣穿着的长衫、大袍(海青),甚至偏袒右肩的袈裟,都来自印度,成为汉服的代表,可谓现代僧侣保持了传统的中华文化。

住

再说到住。佛教崇尚自然,修行人大多淡泊物欲,喜爱与自然为伍。佛世时,因为印度天气炎热,弟子们日中一食,树下一宿,有的比丘在山间结集而居,便能安度终生。但中国有些地方天寒地冻,在大雪飘飘的天气里,哪里能到处去居住呢?因此就有了寺院的建设。

中国最早的寺院是东汉永平年间的鸿胪寺(白马寺),本来是官方接待贵宾的官署,但因为印度的迦叶摩腾、竺法兰二位僧人驻锡很久,后来国家的宾馆"寺",就成为中国僧侣居住修行的道场。

不但"寺",后来中国佛教在建筑上又有增加,如"院"、"庵"、"讲堂"等多种名称,都是佛教的居处。甚至佛教的寺院建筑的巍峨庄严,成为中华文化建筑的特色,影响皇宫的建设也参照了佛教宫殿的样式,乃至中国农村许多排列式的房屋,也是受佛教僧侣群居一地的影响。

后来,中国寺院有所谓"马祖创丛林,百丈立清规",中国佛教就有了典章制度,历代的皇朝受佛教规范的影响,对于居住规章也有许多的改良。

这许多寺院,除了有集民间大众的力量兴建而成,也有由皇朝敕建,例如金山江天禅寺、南京的栖霞古寺等,因为敕建的殊荣,成为国立的寺院,大多规模弘大,气势不凡。另外,在断崖山壁开凿而成的洞窟寺院,遍于中国西部、北部,为边陲地区的民众,带来心灵的慰藉,这也是中华文物的宝库。

总之,佛教发展至今,寺院建筑已产生多元风貌,为人间增加了许多彩色;凡此适应时代需求而作的改变,都可以看出人间佛教的弘传轨迹。

行

说到行,更是佛教重视的文化。因为早在佛世时代,如印度僧侣次第乞食,比丘们走路,眼看前方,心不外驰,双臂放平自然摆动,步伐稳重均匀,徐徐而行。

在中国,佛教讲"三千威仪,八万细行",就是注重行、住、坐、卧都要合乎威仪。所谓"行如风、坐如钟、立如松、卧如弓",来展现一位修道者由内而外,行仪上的庄严正派。

尤其,佛门特别注重排班的行仪,寺院僧团举凡早晚课诵、殿堂进出都要排班。除了重视走路威仪,也特别讲究要队形的整齐划一。经由这种排班训练,培养对空间、时间的敏锐度,不必争先恐后,这也是人间佛教必要的修行。

说来,现在更应该恢复这种排班的文化,特别是现在社会常有推挤、不排队、公共场合大声讲话,甚至喧哗喊叫等。如果能倡导这种中国佛教的轻声慢语,行走威仪,排班的次第,讲究生活教育,加上中国传统士大夫的温文儒雅,我们社会就会更祥和有序。

河南洛阳白马寺山门

中国佛教自禅宗一花开五叶，五家七宗之后，宗派多了，规矩也多了，钟板号令行仪也就更讲究，晨钟暮鼓，各家也都有一定规矩。比丘们出外参学，从这个寺院到那个寺院挂单，彼此寺院拜访问候，以及各个寺院的种种纪念日，诸山寺院也都依丛林规矩行仪，互相往来而不失礼。

生活即修行　佛门礼仪尽现

人间佛教对于生活即修行的重视，完全表现在五堂功课与三餐饮食，佛弟子们行仪如礼的节度中，也因此能获得信徒的恭敬尊重。所谓"举佛音声慢水流，诵经行道雁行游，合掌当胸如捧水，立身顶上似安油"，这许多良好的生活习惯，都渊源于佛陀的行仪教化所致。好比宋代大儒程颐在目睹定林寺众僧入堂，威仪济济的行止，发出"三代礼乐，尽在斯矣"的赞言，则是佛门礼仪受到肯定的最好明证。可以说，中国人的衣食住行生活，受佛教的许多影响。所以，中华文化、人间佛教都与佛陀遥相呼应。当今的教界，特别是佛教的僧侣，对于人间佛教这种至关重要的生活修行，不能不认识它。

所谓人间佛教，就是人所需要的，衣食住行都是人的生活所需，人间佛教也要顾念人的需要，有很多的规章、格式、纪律等，这些对于中华文化的影响，可以说已经水乳交融不容分割。所以，我们更要重视中华文化人间佛教的发展，应该让它回归到佛陀的怀抱，这是当今佛教徒所应该努力从事的工作。

二、人间佛教的社会慈善公益

接下来我们要说到人间佛教的公益慈善救济。

佛教之所以能从印度弘传到中国及世界各地，并让当地人间社会普遍接受，其中最重要的原因，在于佛教注重资生的贡献与利众的事业，协助解决人间生活的问题。

当初佛陀为示教利喜降诞于世，所做的就是利益众生的公益事业。他是世界上最伟大的慈善家，也是人类的义工；他没有放过假、从未拿过薪酬，说来现代的义工应以佛陀为祖师爷。

后来的佛弟子依着佛陀教化而行，弘法利生，自利利他。如佛世时的优波离尊者、差摩比丘探视病者，供给医药；给孤独长者、毗舍佉夫人广行布施；频婆娑罗王鼓励全国七千名里长皈依佛陀；乃至后世的阿育王，设立无遮大会、药藏库、福德舍，供给旅人及贫病者药品、食物等。这些都是佛教社会公益慈善事业的先驱。

佛教东传中国后，古来的高僧大德、历代的佛教徒，也依循佛陀教化修行慈善、服务社会。如：设立义学、植树造林、垦荒辟田、凿井施水、修桥铺路、兴建水利、施粥施棺、经营碾硙、急难救助、设佛图户、长生库、无尽藏院、悲田养病坊等；所谓"弘法是家务，利生为事业"，举凡一切能利益众生的教法，都是佛弟子应做的本分，是菩萨道的实践，也把人间佛教推动到社会大众之中。

以下试列举说明。

设立义学

佛陀建立僧团教育弟子，是佛教第一个义学。他行化各处时，随机开示教导民众，就是佛教社区教育的开端。中国过去的僧侣学识丰富，被认为是社会的老师，许多文人学生经常前来请教释疑；寺院也开办义学、私塾、学堂，礼请名师大德讲学，甚至殿堂就是学生的教室，藏经楼相当于图书馆，供应十方学人、社会文人士子读书环境，丛林寺院成了思想智慧的场所。

历代以来，有不少状元进士就是在寺院寄读完成学业。例如：唐朝贤相狄仁杰，进士杨祯、李端、王播，宰相李绅、徐商、韦昭度等，以及"茶圣"陆羽自幼在寺中成长，后来撰述了名传千古的《茶经》。

又如宋朝大臣王安石、范仲淹、胡瑗、吕蒙正，年轻时曾在寺院挂单苦读有成，乃至当代蒋中正先生也在浙江雪窦寺读过书，梁漱溟投考北大落第，住在寺院苦读研究佛学及印度哲学，被北大校长蔡元培欣赏，破格取得北大教职与荣誉。

此外，书院的创立也受佛教丛林的影响，如著名的岳麓书院，最早就是由智璿等两位法师所设，南宋理学大师朱熹曾在这里讲学，元朝以后的书院成为乡学，也是人才培养的地方。这些都是受到佛教义学之风的影响，而有助于社会教育的发展。

保育造林

佛教自古以来就注重环保生态，对于山坡地的保育、森林的保护功不可没，语云："天下名山僧占多"，这不就是一个实例吗？历代出家人披荆斩棘，开山建寺之后，就重视植树造林，涵养水源，不仅美化环境，尤其加强水土保持，防治自然灾害，同时生态也获得保护。

这许多僧侣：如宋朝的衡山福严禅院省桥长老，率领徒众环院百里种杉十万棵；无准师范于住持的径山寺，植松杉数百万株，以及知名的临济禅师栽松，不仅庄严山门，也留予后人典范。又如明远大师种植松杉楠桧一万株，消除泗州水患；明僖禅院希问禅师，捐衣钵募款，植松柏数千，以煞水势。至今许多千年古寺像北京的潭柘寺、戒台寺等，古木参天，令人发思古之幽情，所谓"前人种树，后人乘凉"，这些都成为珍贵的自然遗产。

垦荒辟田

佛教东传，中国禅宗有谓："马祖创丛林，百丈立清规"，寺院有了垦荒辟田、自耕自食的农禅生活。其垦荒辟田，多以山田和海涂田为主；如象山永净法师曾开垦山田三百亩；佛日普光禅师开辟良田千亩，岁收增加千斛；道楷禅师废湖为田，增加农作；浙江天童寺开垦海涂田，增加岁入三千斛……这许多寺院，不但自给自足，也带动了地方建设。

碾硙制油

中国以农立国，人民以米食为主。过去农村靠人力舂米，费时费力，唐宋时期，寺院开始设立磨坊、碾米场等。例如明州天童寺、麦积山胜仙寺、崇果院，都设置了水碓硙；台州惠安院、楞伽院，也都各有设置，不但嘉惠了当地民众，也方便了寺院本身。甚至也有寺院设立制油厂，帮助了寺院的收入，也增加了农业经济价值。

救贫赈济

过去天灾、战祸、人为等因素频发，百姓普遍贫穷。佛教除了扮演精神上的导师，更是生活救济的依靠。佛教寺院对于济贫事业

印度比哈尔邦 那烂陀寺遗址舍利弗塔

更不遗余力。

像隋朝昙延和尚施米,贫民聚集寺院,甚至皇帝出面解决米粮问题;唐朝僧人智聪在栖霞寺,募集米社,救济百姓;此外有德美、慧震、法云、灵润等法师成立悲田基金与施食道场。

佛教的济贫事业,像北魏时期,昙曜创立"僧祇户",用缴交的谷子"僧祇粟",大家共同储蓄,作为解决饥荒时期赈济饥民之用。此外,还有寺库、解典库等,都是为救济贫民灾户设立的福利制度。

甚至到了隋朝三阶教信行禅师,创设的"无尽藏院",举凡金钱、稻米、粮食、灯油、衣服等都可以无息借贷,乃至后代设立"磨坊"等,都是类似的概念,与现代的农会、合作社,甚至当铺等相近,都受到广大人民的肯定,带动社会各阶层布施供养,利于济贫。

像"长生库"的设立,也可以说是佛教为了便民利国的金融事业,称佛教为当铺祖师亦不为过。只是佛教创典当的制度,不同于

浙江宁波 天童寺佛殿

今日一般高利放贷，赚取利息。佛教本着取之于十方、用之于十方的精神，把社会的净财做一个集中，再一次发挥其整体的力量，回馈于社会，解决人间问题，这才是人间佛教的根本精神。

救病医疗

佛陀是人间的大医王，僧侣就是人民的护士与依怙。过去，有许多高僧对医学多有研究，从事行医救人，如佛图澄、竺法调、竺法旷、昙衍、昙鸾等等，都有许多贡献。此外，南北朝时期，寺院设有福德舍、六疾馆、孤独园，到了唐朝设悲田养病坊、疗养所等，宋代也有福田院等，这许多都是为广大的贫病穷者所作的善行。

凿井施水

佛教徒经常自发地在路旁施茶、点灯，让行路的人得以解渴，获得指引。除此之外，过去因为取水不便，寺院也经常修筑泉井，提供民众汲水饮用、洗涤。像吴越时期的德韶禅师在杭州吴山凿井，解除旱渴；唐朝慧斌法师在汶水开凿义井报答亲恩，澄观法师在江宁普慧寺凿井供众……这些都是嘉惠民众的利行。

兴建水利

除了凿井，与水有关的公益善行就是兴建水利。像宋朝福州维溪法师在长乐县绵亭洋，以九年时间，截了十二脉小溪，筑堤八一〇丈，灌溉四十顷的农田；师振法师发起劝募，筑堤九百余丈，经

人间佛教回归佛陀本怀

莫高窟第 302 窟福田经变相之施医药，隋代（581—618），壁画，甘肃敦煌

福田经

过十一年，灌溉二十多顷农田。此外，宋代衡岳寺纯粹长老率僧众开凿石渠，引水灌溉，解除了旱象；甚至今日西湖景区，佛教徒白居易、苏东坡担任太守时，陆续修筑"白堤""苏堤"，不仅改善水利，"苏堤春晓"也成为闻名美景。这些公共建设都与佛教有所因缘。

筑桥铺路

而历史以来，佛教对地方建设最具代表性的善行义举就是筑桥铺路。像宋朝，光是福建厦门、泉州一带，由僧侣募造的桥梁不止数百座以上。如：道询法师一生造桥就有二百多座，普足法师、了性法师、守性法师等造的桥不计其数，再加上其他地区僧侣所建造的，总说应有万座以上。

其他像明庆法师砌筑街道，觉先法师修筑街面；思齐法师、蕴常法师修筑石路；道琛法师、文达法师率僧俗担泥负土铺修道路；

甚至道遇法师策划开凿洛阳龙门潭，以利水上运输等，都大大方便了行旅，并且促进地方繁荣。

利济行旅

古代公共设施不便利，交通不发达，佛教经常在路旁野外，或搭建凉亭供人避雨休息，或施舍茶水解除饥渴，或点挂灯火给予照明。特别是寺院提供住宿，让往来的商旅、进京赶考的书生有个歇脚休息的地方，如唐朝宝寿寺、五台山普通院等，这些都给予行旅路人很大的方便。

此外，出家人参学行脚、游化他乡、传播佛法的同时，也把很多的民情风俗、习惯文化传播出去。像过去，许多学子相继从江西马祖道一禅师到湖南石头希迁禅师处参访寻道，而有"走江湖"之称；像明代隐元禅师到日本弘法，带去中国的扁豆和茶道，现在日本人吃扁豆都叫"隐元豆"，同时他也成为日本"煎茶道"的始祖。

讲到出家行脚四方，历史学家唐德刚教授曾告诉我，在更早东晋时期，就有僧人慧深法师到达美洲墨西哥传教，比哥伦布发现新大陆的时间还要早，相关事迹可以在《梁书》卷五四、《南史》卷七九中看到。他说，至今墨西哥还有一城镇（Acapulco）大部分的居民信仰佛教，说是从祖先开始就承袭下来。而现在旧金山博物馆收藏的一个"石锚"，据闻也是慧深法师所遗留下来的。

美洲大陆本来没有佛教，在慧深行旅传教之后，有了佛法、经像的流通，并且也有了出家人。相隔着太平洋万里波涛，中、墨两个伟大文明古国，就这样通过佛教僧侣的传播，沟通了东西方的文化。

急难救助

每当国家遭逢战争,兵荒马乱之际,寺院往往成为军队驻扎的场所,难民栖止的避风港。1937年抗日战争期中,太虚大师为了国际宣传,抗拒日本侵略主义,远赴印度宣扬佛教和平教义,提倡世界和平;乐观法师组织僧侣救护队救难服务;南京栖霞寺寂然、志开上人等,收容难民达二十万人。曾任新六军军长的廖耀湘,就是当时避难栖霞寺的难民之一,受到人间佛教的救护。

人间佛教解决了许多士兵、难民的生活问题,安抚了动荡不安的民心。人间佛教慈悲包容,使得许多遭受刀兵劫难的人,免于颠沛流离的生活,对于保民养息的利行,确实发挥了极大的功能。

过去,在北魏时"佛图户"的设立,让犯人到寺院从事耕种、开拓河道的劳动服务;另外浴池、义诊、养老、寒冬送暖等这些慈善公益福利社会的事业,都是佛教徒以慈悯众生的心,为国家社会

▼ 福田经

莫高窟第302窟福田经变相之施医药,隋代(581—618),壁画,甘肃敦煌

尽一分义务，也使需要帮助的人获得心灵上的安顿。此外，还有寺院设立放生池、放生园，佛教不但慈悲照顾人民，而且扩及一些动物，甚至森林、花草、树木等，可以说都是佛教对国家社会的帮助。

当初国家还没有警察公安的设立，寺庙对社会的排难解纷也做了很多的帮助。例如普陀山的客堂就像派出所，民间有了一些纠纷，就能在这里获得解决。现在许多台湾民众信仰的妈祖，假如她没有虔诚信仰观世音菩萨，她怎么救苦救难呢？

台湾人民崇拜的清水祖师（普足禅师），为干旱祈雨，泽及万民，所以受到社会的尊重。

以上总说，人间佛教对于每个时代的苦难，每个时代社会的需要、人民的救急，寺院除了自我生产，农禅生活以外，也多所布施协助，不断地救灾恤贫，人间佛教对人民的贡献，真是举不胜数。我们不能不知道这许多历史上的往事。只要有佛教的地方，就有慈悲的法水为人抚慰伤痛，涤除悲苦。我们希望今后的从政者、学者专家、社会工作者，能多参与人间佛教的历史，对人间佛教为社会的这许多苦劳服务的慈悲精神，能够有所了解。

现在对于人间佛教的发展，追根究底，都是佛陀设教的成果，因此，我们倡导人间佛教，不能不感谢人间佛陀的慈悲恩惠，希望中华民族在倡导文化的同时，不要忘记人间佛教的贡献。

三、人间佛教艺术的成就

说起佛教艺术，在印度，以阿姜达石窟群最为代表，成为世界的瑰宝，之后光大于中国。在中国艺术中，不论是建筑、雕刻、绘画、书法等，凡具有高度代表性的艺术作品，无不与佛教有关。例如，当今列入世界文化遗产的敦煌石窟、云冈石窟、龙门石窟等，

人间佛教回归佛陀本怀

称得上集建筑、雕刻、绘画等于一身的东方美术馆。

过去的寺院很少宣扬佛教艺术，但是讲到生活观、人生观、宇宙观时，都会不自觉地透露丰富的艺术内涵。例如：《华严经》谈论到宇宙三千大千世界的诸佛菩萨，因而有千佛洞的壮观佛群；《佛所行赞》以优美的诗偈写下的佛陀行化事迹，成为中国梵呗音乐的起源；《维摩诘经》中天女与维摩居士及舍利弗的巧妙对话，创造了"天女散花"的经典戏剧，并为舞蹈的开端。《阿弥陀经》里极乐世界的清净殊胜，绘成庄严的经变图；像现代自然的美景、都市的建设等，那不就是极乐世界吗？融汇中印西域文化特色的敦煌石窟里，创造出名扬世界的敦煌舞蹈……这些都是古代高僧大德化导世间的善巧，也是佛法人间化的重要价值。

这些伟大的艺术创作，让世界各国人士看到中华文化与佛教的关系。古德先贤把他们的一生奉献给佛教，创造了中华文化的精华与对佛教的传播，因此怎能不感恩及重视佛教艺术的发扬呢？

一个国家的强弱，不一定看它的武力，而是看它的文化、艺术；等于人一样，气质与内涵最为重要。我们现在旅行在各地，到大英帝国博物馆，到巴黎的卢浮宫，到美利坚的芝加哥博物馆，不但看到西方的艺术文化，更看到中国的艺术文化在那里放光。有时候想想不免可惜，中国的宝藏怎么会跑到外国去呢？不过，留在我

▶ 童子礼佛图

轴，明代（1368—1644），陈洪绶（1598—1652），绢本设色，高149.5厘米，宽67.5厘米，北京东城，故宫博物院藏

第四章　佛教东传中国后的发展

国，在安全上也是堪虑，连年炮火，造成对文物的破坏，更为遗憾。有这许多国家为我们收藏，为我们展出，让中华文化在世界上光芒四射，也是一件好事。

石刻与绘画

先说佛教艺术在中国的发展。早期以来，佛教对艺术的贡献甚大，影响中华文化源远流长。我们说敦煌洞窟，其留下的佛像、绘画，收藏的各种经典、佛书，甚至比秦始皇的兵马俑还要惊动世界，在一些大学里还把"敦煌学"列为显学，作为专业研究的课程。

一千多年来，历朝的王公大臣、信徒民众，一代一代地把敦煌建设得在世界上可以傲视全球，就连印度阿姜达石窟，在敦煌石窟的相比之下也稍显逊色。想到先民们把佛像雕塑得那样栩栩如生，那许多壁画具有超凡入圣之美，那许多刻经都被收藏保存；好在，敦煌地处偏远的甘肃，历代的炮火不容易波及，所以能存留至今。现在的敦煌博物院有数百人负责保护、修缮、管理，可以说，这应该不只是佛教独有，它已经成为中华儿女、甚至是世界人士共有的文化艺术宝藏。

▶ 六祖像

镰仓时代（1185—1333），纸本水墨，高83.7厘米，宽34.7厘米，日本大阪泉北　正木美术馆藏

121

除了敦煌之外，从 5 世纪起，由北魏昙曜发起建设的大同云冈石窟，其石刻之美，可以说天下无双。我们经常在世界各处的报章杂志上，见到那一尊"释迦牟尼佛"的庄严圣像，全世界的艺术家都推崇它有极高的艺术价值。走到云冈，因为地处黄土高原，加上时代久远，看到风化侵蚀的痕迹，希望国家出面全力来把它保存下来，避免毁坏剥落。也期盼对复兴中华文化有心的人士，把云冈列为世界重点文物保护项目外，也能对它加以重视发扬。

从大同云冈石窟再到河南龙门石窟。那雕刻佛菩萨像的姿态，仿佛让我们走回了唐朝时期。因为唐代的人士重视人体的健壮、丰美，好比唐朝第一美人杨贵妃、第一位女皇武则天等，都是体态丰盈的女士。那个时期，雕刻的艺工们把这许多佛像人间化，都表现出人间佛教的时代精神。

其他如麦积山石窟的佛菩萨像，线条之秀美、姿态之优雅，也是让人叹为观止。四川大足石刻，宝顶山上那一尊三十一公尺的佛涅槃像，宁静庄严；到了北山石刻，一个个的洞窟，走进去，真是

云冈石窟第 20 窟佛坐像

北魏（386—534），石，高 13.7 厘米，山西大同

不忍离开，让人想要投身进去，也充当他们的一员。

　　此外，在丝路、新疆那一带，佛教的洞窟也是相当丰富，可以看出早期佛教在那里发展的情况，投注多少人的心血、信心。到现在，许多佛教的山洞石刻壁画，还在一一地被发现中。

　　这些石刻绘画的艺术，由于北方天气干燥，土石坚厚，较能完整保存。到了南方，因为江南烟雨绵绵，并不适合这种壁画艺术的发展；虽然如此，南京栖霞山上的千佛岭，庄严俊美，所谓"六朝圣地，千古名蓝"，让佛教的石窟艺术南北双美，这是海内外中华儿女要引以为荣的艺术瑰宝。

书法与画作

　　再有，佛教的内涵，对中华文化的书法影响深远，其价值不只有王羲之的《兰亭集序》，甚至怀素的《金刚经》草书，到现在都已经成为稀世之宝。历代的高僧大德，有的不靠田地收成或经忏为生，而是以绘画、书法获得世人的欣赏，作为他们既能修道，又能生存的资粮。

　　我在七十年前负笈焦山读书的时候，焦山除了主殿定慧寺之外，在它的周围有数十座中小型的寺院，每一间里都有画室、展览场所。你到焦山，只要欣赏哪一幅画作之美、书法之精，都可以便宜地请购回家，增添家里的艺术气氛。

　　所以，在中国的书画中，不只是吴道子的观音之作为人称道，在佛教里，八大山人、石涛、石溪、弘仁等那许多的书画僧，他们的作品，都展现绘画之清美、文字之雅典，大家在清修生活之余，有时间以练字习画作为修行，可以说，让佛教的书画比宫廷画师们的作品又更上一层楼。此外，我们看到的《清明上河图》《富春山居图》等，里面融入了寺庙、僧人，可见佛门与人间的生活息息相关。

这许多呈现人间佛教样貌的作品，有的虽然随着时代慢慢消逝，也有许多精品流传在各个博物馆中被列为珍品。像近代张大千先生，他曾在敦煌临摹有二三年之久，而溥心畬先生，他们的佛教相关作品，如今已价值连城。

佛光山曾获张大千先生赠送《墨荷》一幅，在为了办大学举办的义卖会上，为远东集团徐家收藏，所得就作为办学之用了。另外张大千的一幅《观世音菩萨》，有人甚至出资五千万想要请购，我们舍不得割让，现在还保存在佛光山可以展出的数十种文物之中，成为佛光山镇山之宝。

◀ 观音菩萨像

轴，一九四四年，张大千（1899—1983），纸本设色，高111厘米，宽49.5厘米，台湾高雄，佛光山寺藏

梵音与说唱

佛教的艺术也不只是从硬件上表现，对于软件的呈现也相当重视。像渔山的梵呗、唐代的说唱传教，都是中华文化里的一绝。

渔山梵呗，相传为三国曹子建在渔山这个地方，听到海潮的声音可以与天人的歌唱比美，爱好音乐的曹子建，便把这许多海潮音、天乐结合的声音记录下来，成为佛教现在的梵呗。

梵呗有所谓四大祝延、八大香赞，六句的短唱，像《炉香赞》；八句的吟唱，像《三宝赞》等，那许多赞咏的各种腔调，让人听了感到荡气回肠，意境美不胜收。可惜，在太平天国后，又经历各种劫难，让这许多音乐，在逃难的生活中流离失所，几乎成为绝响。幸而，几位善于唱诵的人士来到台湾，我把它们录制成唱片、录音带，而保留下来。后来我们又把它带回内地；现在，这许多梵呗歌唱已经在很多地方响彻云霄。

不过，这许多梵唱，还是因为没有乐谱的记录，而完全用口耳相传保留下来，而且也没有乐器，只有单音像引磬"叮"、木鱼"笃"，靠着勤奋练习，记住所谓的"三弯九转，一板三眼"。假如现在有人研究这些传统梵呗音乐，应该会赞美它"此音只应天上有，人间哪得几回闻？"

这许多音乐，在晨钟暮鼓中悠扬回荡，几年前，由佛光山主办的"中华佛教音乐展演团"，结合两岸佛教四大教派，共同在世界上巡回演唱，获得听众一致的赞美。

当然，说唱的布教，在敦煌石窟里，被保存在八相成道、天女散花、目连救母等经变俗讲的篇章中；不过，现代的佛教随着时代发展，逐渐用歌声代替了说唱。像佛光山在台北国父纪念馆弘法布教，连续30年不断；在香港体育馆，也有20多年的弘讲，都留下这许多说唱的内容。说唱的人间佛教，把佛法普及社会各界，有很大的效应，应该要继续发扬。

雕刻与建筑

除了上述内容,佛教建筑与雕刻之美,也是艺术的典型代表。可惜,现代大陆有关单位多把佛教的古刹丛林作为观光景区,并且收取门票,让佛教与商业挂钩。假如让这许多媲美宫殿之美的庄严宝殿、精舍、高塔、亭台楼阁等,回归佛教寺院教化的功能,会更显得超然净化。尤其佛教园林艺术,寺院的层层叠叠、雕梁画栋,更呈现群体建筑之美。

最近在佛光山有所谓"三宝山",代表"佛宝"的佛陀纪念馆,除了一〇八公尺的铜铸佛像,还有八塔相伴,以及本馆里有十几个艺术展场。配合各种树木花草装点,吸引前来观赏者一年有千万人之多。

尤其代表"僧宝"的佛光山,早期虽然建筑经费困难,大雄宝殿、丛林学院、宝塔、庭园逐渐完成,也显得美不胜收。最近代表"法宝"的藏经楼即将完成,前来观赏的人都叹为稀有。佛法僧三宝的建设,这也算佛光山的僧信二众对人间佛教的一大贡献了。

榆林窟第 25 窟观无量寿经变相之舞乐 中唐(766—835),壁画,甘肃瓜州县

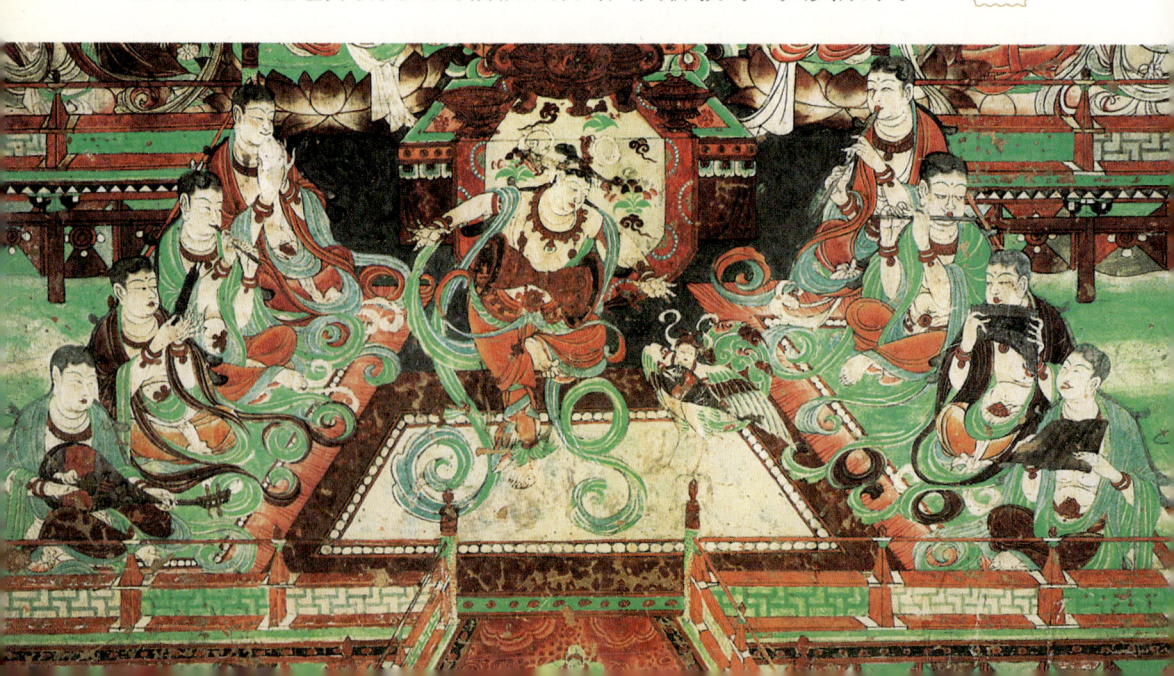

戏剧与舞蹈

再谈到中国的戏剧,其中以"昆曲"最为有名。它发源于元末苏州昆山,后来发展出各地的戏剧,如京剧、豫剧、粤剧等,而有"百戏之母"的称号。其实,昆曲来自明代智达法师写的《归元镜》,这些与佛教都有着密切的关系。

这许多戏剧,多反映现实生活与理想,发挥了教忠教孝的精神。可以说,除了正规的学校教育之外,戏剧成为民间社会教化很好的体裁。所谓人间佛教,秉持着佛陀教化的理念,借着不同的形式,发挥净化人心社会的功能。像一部《释迦传》,就以歌剧、电影、小说、广播、舞台剧等流传全世界;还有许多忠孝节义的典故,也随着佛教的戏剧、舞蹈、音乐不断传播,启迪人心。

在佛光山,除了佛教歌咏队在世界上有几十处分别传唱之外,最近,在维也纳,我们也有"佛光青年爱乐团"的编曲、演奏和演唱;特别是菲律宾光明大学艺术学院演出的《悉达多》音乐剧,震动了新、马;马来西亚有八千名青年联合演唱《佛教靠我》等佛教音乐。这佛教青年的歌声,多么动人心弦。

此外,光是在台湾,就有二十六支敦煌舞蹈团经常演出,可见敦煌舞在世界上的影响。最近,大陆残疾人艺术团的聋哑人士演出《千手观音》,可以说到处轰动。不仅是他们的荣耀,甚至让中国人以他们为荣,其优美精彩的表演,整齐划一,动作典雅,无不令观众赞叹不已。

武功与行道

谈到武功,自然会想到少林寺,相传少林拳术为达摩祖师所创,开启了武术在中国的地位,并且影响中国武术的发展。它也不只是表现力道,尤其精神、姿态,和所谓"一指禅功"、"般若神掌"等那许多动作,都呈现内在修养、道行的表达,有其让人尊敬的领域。过去,少林寺的僧人行侠仗义,主持公道,保家卫国,为世人所称道信赖;我们希望少林寺秉持过去先贤大德的武德,再做人民的护法长城。

综上所说,人间佛教的艺术成就对国家社会的贡献、人性的开展、教育的提升,乃至中华文化的传播,在世界上可以说无不受人尊重。以上所述人间佛教艺术的成就,挂一漏万,只能表达点滴的意见,希望在复兴中华文化的现在,要知道佛教艺术之美,是中华文化里取之不尽的宝藏,应该好好地发扬光大,这是我们最大的希望。

四、人间佛教与文人的往来

自古以来中国的文人学者一向备受礼遇,在社会上享有极高的地位与尊崇,因为他们的发言往往具有举足轻重的舆论力量,尤其文人的一支笔可以横扫千军万马,因此不管对当代乃至后世,都能在无形中发挥一定的影响力。

就拿佛教在中国的弘传来讲,之所以能与儒家思想融和,成为中华文化的主流,此中一个重要的因素不容忽视,那就是历代有许多文人,他们感于佛教深富人生哲理,佛教在人间的流传与现实

双林寺十一面观音菩萨像 明代（1368—1644）泥 高174厘米

人生有很密切而重要的关系。例如，佛教讲因缘果报、无常苦空、三世轮回等，这些阐明宇宙人生实相的微妙义理，不但可以解开人们对生命的迷惑，满足他们对真理的追求，并且开阔了他们的思想领域与创作空间，所以历来不少文人受到佛教博大精深的教义影响，写下名垂千古的不朽著作。

最为大家熟知的，如干宝的《搜神记》、吴承恩的《西游记》、曹雪芹的《红楼梦》、刘鹗的《老残游记》等，都可以看出当中的佛教思想浓厚。这些家喻户晓的旷古之作，不但为中国文学增添光彩，同时也间接地帮助人间佛教在民间的传播。甚至可以说，佛法丰富了文人的生命，开拓了文学的新面貌，而文人学佛则助长了佛法的宣扬。

最有名的如唐宋八大家中的韩愈与欧阳修，他们曾经反佛激烈，分别在亲近大颠禅师与明教禅师之后，省悟以往之不是，忏悔罪愆，在佛法里找

虎溪三笑图

轴，一九四五年，傅抱石（1904—1965），纸本设色，高136.5厘米，宽36.4厘米，江苏，南京博物馆藏

到安身的依靠。其他如陶渊明、谢灵运、王维、柳宗元、白居易、王安石、苏轼、黄庭坚等，都与人间佛教结下深厚的因缘。其中王维、白居易、苏轼、黄庭坚更是皈依了佛教。可以说，佛教与文人的关系密切，古今皆然。以下列举一些文人与人间佛教的因缘，以资佐证。

佛教教条　建立文章体例

首先，中国古代最具文才的终身太子萧统（昭明太子），他是南朝梁武帝的长子，从小秉性仁善，聪慧过人。深受父亲影响而学佛，不但受持菩萨戒，持戒严谨，且遍览众经，深究教旨。曾撰《解二谛义》，论著佛法，《金刚经》的"三十二分则"就是由他所作。

可惜昭明太子英年早逝，未即位就在31岁时去世。不过同一时期的文学评论家刘勰，当过昭明太子的东宫通事舍人，太子死后便依止在大学僧僧祐座下，十余年间协助僧祐编定《出三藏记集》十五卷，这是中国佛典目录的名著。他撰著《文心雕龙》十卷，与钟嵘《诗品》并称为中国文学批评典籍的双璧。书中多取佛教的教条，以建立文章的体例，至今仍为学界所看重。晚年出家，法号慧地。

其次，东晋陶渊明，因不为五斗米折腰而辞官归隐田园。他的诗篇清新自然，具有文学的意境之美，同时蕴藏浓厚的佛教思想，如"皎皎云间月，灼灼叶中花。岂无一时好，不久当如何？"诗中充满了无常的感慨，可见佛教对他的影响匪浅。据说他时常到庐山东林寺拜访慧远大师；有一次，又与道士陆修静相约造访，归途中三人谈笑而行，送客的慧远大师不自觉间险些跨越自我禁足的虎

◀ 布袋和尚图

轴，明弘治十六年（1503），绢本设色，高169.8厘米，宽97.8厘米，美国麻州，波士顿美术馆藏

溪，留下"虎溪三笑"的美谈。

同样与慧远大师时相往来的南北朝诗人谢灵运，他笃信佛教，极得大师赏识，因此邀他撰写《佛影铭》。另外，他与道生大师也是交往密切，对道生主张的"顿悟说"极为服膺，因此撰著《辩宗论》以阐释顿悟之义。后来又因乌衣寺慧睿法师精通梵语，于是前往请益，因而会通众音异旨。

当时正值《大涅槃经》初传中土，由于品数疏简，文义艰异，初学者难以深入通晓，他便发心与东安慧严、道场慧观等人共同着手改订，是为三十六卷本的南本的《大涅槃经》，使得涅槃之学、顿悟之说得以弘布于当时。谢灵运一生对佛法的宣扬，可谓贡献良多。

禅师启迪　忏悔毁佛之罪

"文起八代之衰"的唐宋八大家之首韩愈，初时宣扬儒家思想，主张"文以载道"，反对佛教与道教。后来因谏迎佛骨，被贬到潮州任刺史，曾去拜访大颠禅师。定中的禅师如如不动，侍者在一旁说："先以定动，后以智拔。"韩愈闻言赞叹："我已于侍者口边得到消息。"后来经常参禅访道，受到佛教感召，忏悔过去所作所为，从此对佛教不再排斥，反而赞扬有加。

与韩愈同样曾经反佛的欧阳修，曾著《本论》毁谤佛法，获得多人响应。明教契嵩禅师于是针对时势，倡导释、道、儒三教思想一贯，著《辅教编》加以辨正。欧阳修看到此书之后，赞叹道："不意僧中有此龙象。"于是整装拜见明教禅师，请求开示，一改对佛教的偏执观念。后来又经祖印禅师的启迪，深体佛法的奥妙，于是忏悔往昔毁佛之罪，从此信仰佛教，时常行文劝善，并与佛门高僧往来甚欢,成为当时文坛的佳话。

和韩愈同为古文运动领导者的柳宗元,自幼信佛,不但以诗文宣扬佛法,并作《东海若》阐释净土法门。当时南方许多高僧大德的碑铭之文,多为其所作,如六祖惠能大师碑,就是出自其手。

被誉为"苏门三学士"的苏洵、苏轼、苏辙,父子三人同时名列唐宋八大家,而且全家都信佛。父亲苏洵虽以儒学为宗,但不仅不排斥佛教,甚至结交名僧圆通居讷和宝月大师惟简。苏轼本身更是才华纵横,但仕途坎坷,曾多次被贬,因此他的诗文经常流露出对佛法的体悟。他跟佛印禅师往来留下"八风吹不动,一屁打过江"的公案,流传千古。

他访庐山东林寺常总禅师,对谈中有悟,赠诗偈一首:"溪声尽是广长舌,山色岂非清净身;夜来八万四千偈,他日如何举似人。"颇具禅境,至今仍脍炙人口。佛门诵念的《瑜伽焰口》中的召请文,相传也是苏东坡所写。文中他对六道众生的慈悲,对生命的平等关爱,充分显现佛心体察众生疾苦的人间菩萨性格。

写作赋诗　表达学佛心境

同样是唐宋八大家,且被欧阳修赞为"翰林风月三千首,吏部文章二百年;老去自怜心尚在,后来谁与子争先"的王安石,早年皈依三宝,与蒋山觉海禅师交情深厚。他以宰相的尊位,时常向士大夫们宣扬佛理。尤其受到佛教思想影响,他认为"没有一定的权威与不变的教条,但要对现实有正确的评估",因此在神宗时实行变法维新运动。他提倡"均输法"与"青苗法",都是在解决人民税捐及农民被剥削放高利贷的问题。可惜当时积弊太深,他虽有人

鸟窠与白居易

台湾高雄，佛光山寺藏

间佛教福国利民的思想，却不为时人所接受。晚年辞官归隐，专心于写作赋诗，创作出许多名留千古的诗偈，又读《楞严经》有所开悟，后舍家宅为寺，茹素修行终其一生。

在唐宋八大家之中，几乎个个都曾历经贬官之祸，饱尝人生的颠沛流离之苦。其实"宦海浮沉"，自古皆然，只是人在仕途得意时，往往危不自知。唐朝大文豪白居易，任杭州太守时，有次去拜访鸟窠道林禅师，见禅师以树为居，于是说："禅师住在树上，太危险了！"

禅师回道："太守！你的处境才非常危险呢！"

白居易听了不以为然地说："下官是在朝为官，有什么危险呢？"

禅师说："薪火相交，纵性不停，怎能说不危险呢？"

白居易言下若有所悟，便转个话题又问道："如何是佛法大义？"

135

禅师回答道:"诸恶莫作,众善奉行,自净其意,是诸佛教。"

白居易听了感到很失望,就说:"这是三岁孩儿也知道的道理呀!"

禅师说:"三岁孩儿虽道得,八十老翁行不得。"

一句话点醒梦中人,白居易从此皈依在道林禅师座下。他曾发愿以今生世俗文笔之因,翻为来世赞佛乘、转法轮之缘。晚年尤其醉心于念佛,尝作《念佛偈》云:"余年近七十,不复事吟哦,看经费眼力,作福畏奔波。何以度心眼?一声阿弥陀。行也阿弥陀,坐也阿弥陀,纵然忙似箭,不废阿弥陀……普劝法界众,同念阿弥陀。"学佛有得的心境表达无遗。

梁武帝像

轴,绢本设色,高 76.8 厘米,宽 56.4 厘米,台湾,台北故宫博物院藏

坚定信仰　即珍贵传家宝

北宋时代，文人吕蒙正与范仲淹都同样曾经寄住于寺院。吕蒙正是北宋第一位状元，曾在宋太宗、真宗时三次出任宰相，有"贤相"之誉。当他未得志时寄住寺院，二十年后拜相显达，他不忘寺院之恩，回到当年的寺院，并于每晨起来礼佛祈愿："不信三宝者，愿勿生我家。愿子孙世世食禄，护持佛法。"吕蒙正这种蒙恩不忘报的精神，以及对三宝的坚定信仰，正是人间佛教最珍贵的美德与传家宝。

范仲淹曾说过"不为良相，便为良医"，并以"先天下之忧而忧，后天下之乐而乐"的千古名言闻名后世。他在年少时曾在寺院寄读，出仕后，亲近承古、圆悟等禅门高僧，也曾问道于琅琊慧觉禅师，言下有悟，道业日进，并且得法。范仲淹一生尊崇三宝，每到一地则造寺度僧，尝舍宅为寺，寺名天平，并且创置"义田"，泽被族人。

盛唐素有"诗佛"之称的大诗人王维，平生奉佛，长年茹素，并以"摩诘"为号。此乃取典于《维摩诘经》，可见他崇佛虔诚。曾皈依菏泽神会学禅，并曾师事道光、普寂、义福等禅师。他的诗精致巧妙，颇具禅味，像《鹿柴》的"空山不见人，但闻人语响。返景入深林，复照青苔上"。诗中"返景""空山"即是透过鹿柴深林傍晚的景色，表现佛教寂灭无常的心境。

王维的母亲崔氏，笃信佛教，往生后，王维为纪念母亲舍宅为寺。自己晚年信佛更加专诚，每日鱼磬为伴，经书为侣，过着无异于出家人的修道生活。临命终时，预知时至，并作书遍寄知友。

文以载道　教化世道人心

宋代文学大家黄庭坚与佛教也有一段特殊的因缘。

他善于诗词文章，好作艳词，为时人所传诵。一日，黄庭坚拜谒圆通法秀禅师，禅师正色地告诉他："你的文章辞藻华美，文约义丰，难道只甘于做这种惑人耳目的文章吗？"

当时，有一位画师李伯时擅长画马，禅师曾告诫他，如果每天念念于揣摩马态，只怕他日要投生马胎为畜生。李伯时一听，从此收拾画笔，不再画马。黄庭坚知道这件事，因此笑着对禅师说："难道你也要告诫我，他日恐会投胎马腹之中吗？"

法秀禅师说："你以绮语拨动天下人的淫心，只怕将来要堕入地狱泥犁中，而不只是投生牛胎马腹而已呢！"黄庭坚一听，幡然悔悟，立即忏悔谢罪。

后来又经灵源惟清禅

◀ 玄奘三藏像

镰仓时代（1185—1333），绢本设色，高135.1厘米，宽59.9厘米，日本东京，东京国立博物馆藏师等善知识的激励，尽摒旧习，锐志学佛。曾作诗一首："我肉众生肉，名殊体不殊。原同一种性，只是别形躯。苦恼从他受，甘肥为我须。莫教阎老断，自揣应如何。"充满护生的思想。

晚年黄庭坚筑精舍于涪滨，专修净土法门。他所作的诗文，流行于日本足利时代的五山僧侣之间，对日本汉文学史的影响颇巨。文学无国界，诚不虚言。

文学是人类感情、思想的发抒，一篇好的文学作品，除了要有美丽动人的文采与扣人心弦的情节以外，更要在思想、理念的传达上，发挥教化世道人心、陶冶人格性情，导人向真、向善、向美的功能，所谓"文以载道"，正说明文人负有以文字教化人心的使命。

佛法之所以能够超越时空，利益人心，历久弥新，毫无疑问的，文人的妙笔应该是传播佛法的重要媒介之一。

五、人间佛教与政治的关系

佛教传入中国后，受到历代帝王的推动、护持，佛教得以在中国生根发展。从东汉明帝、吴国孙权、南朝梁武帝、北魏孝文帝、隋文帝、唐太宗、武则天、宋太祖、清朝的康熙帝、雍正帝、乾隆皇帝等等，都对佛教在中国的弘传有着重大贡献，尤其在隋、唐两代，开展出中国佛教史上最兴盛的一页。

这当中，也有皇帝舍弃王位出家为僧，如梁武帝、唐宣宗、清顺治皇帝等。又如在云南的大理，从南诏时期，隆舜王把佛教尊为"国教"，到大理国时代，二十二位皇帝中就有十位出家，上至国王下至庶民都以出家为荣，全民笃信佛教。乃至慈禧太后也欢喜人家喊他"老佛爷"，可见大家都以在佛教里有一个名号为殊荣。这许多帝王以佛法治国，推动人间的政治，推行人间的佛教。

人间佛教回归佛陀本怀

龙门石窟第 1280 窟奉先寺毗舍那佛像 唐上元二年（675），石，河南洛阳

而历代高僧大德，虽不像帝王将相直接掌政，但爱护国家之心是一样的。他们心系国家社稷的安危，关心庶民百姓的忧悲苦乐；或以国师身辅佐皇帝，或现宰官身为国献策参谋。如南朝刘宋"黑衣宰相"慧琳法师，受文帝信任入京问政，为出家人在朝为相辅佐国事的先例；北魏道人统法果法师，受北魏太祖、太宗倚重，时常请为咨询国事；宝志禅师为梁武帝国师，唐朝慧忠国师受三朝皇帝礼遇，综观历代担任国师者不只百位以上。他们以出世的心做入世的事业，辅佐仁王治国，让君王感到安心，更能为国家社稷奉献心力。

道安大师说："不依国主，则法事难立"，提倡"政教合一"的思想，即政治需要佛法的指导，佛教需要政治的护持。正派的佛教从来没有反对过政治，国家富强、政治清明，佛教才能兴盛，两者息息相关。从历史长流来看，凡是人间佛教兴盛的时代，国运就愈昌隆。以下就佛教与国家政治的关系，依年代作进一步叙述。

国师护民　致力经典翻译

第一位对中国佛教影响深远的皇帝是东汉明帝（即汉光武帝刘秀的儿子），他派遣使者，迎请佛教到中国来，敕令建寺、尊重佛教，正式开启佛教在中国流传的历史。

五胡十六国时期，佛教于北方发展兴盛，以佛图澄、道安、鸠摩罗什大师等，受到胡人君主护持、推崇，让佛教普及、弘法布教贡献最大。如：佛图澄以神异行持感化嗜好杀人的石虎、石勒，被尊为国师，为国家军事献策，救了多少生灵。石勒更将宫里的幼童送到佛寺学佛，每逢四月八日佛诞节，亲自到寺院浴佛祈福，全民信奉佛教。

道安大师劝谏苻坚休战，受苻坚礼请回长安，致力经典翻译、注疏，并制定僧团规矩；韩国、日本有佛法，也是从苻坚赠送佛像、佛经开始。

后秦君主姚兴礼鸠摩罗什为国师，设立中国第一个国家译场，罗什流畅典雅的翻译，为佛教义理的传播带来空前的贡献；姚兴敕命罗什的弟子任僧正、僧录（等于今日佛教会的领导人）等职务，这是中国佛教僧官制度的开始。

说到"僧官"的设置，主要因应国家政治、社会发展，由国家任命德高望重的高僧，给予官职、俸给，从事纠察违戒失职的僧众，协助国家推展人间佛教。后秦称"僧正"，意思是须先自正然后才可以正人；南北朝以后，历代承袭制度，名称有所变更，如从唐朝以后，有僧正、僧录司、大僧正、左僧录司、右僧录司等不同官名，他们的地位相当高。

到了南北朝时期，素有"皇帝菩萨"之称的南朝梁武帝，是中国第一位以转轮王理念治国的皇帝,他撰写《断酒肉文》,为中国佛教僧侣素食戒律的开始;受持菩萨戒时,有四万八千人跟随受戒,也是第一位出家的皇帝,通达佛教教理,常为四众讲经,著有《涅槃经》《净名经》等义疏百卷,今天我们常礼诵的《梁皇宝忏》及《水陆仪轨》,都与梁武帝有关。

复兴佛教　开凿云冈石窟

北朝时期历经二次毁佛事件,伤害佛教相当大,后由魏文成帝、献文帝、孝文帝、宣武帝等复兴佛教事业。其中,文成帝命昙曜担任"沙门统",执行开凿云冈石窟,为中国历史上第一个伟大的佛教艺术石窟,2001年入选"世界文化遗产",成为海内外中华儿女的骄傲。献文帝虽在位仅有五年,但他在平城建寺、造佛塔,在城中呈现了"佛教都市"的景观。

孝文帝迁都洛阳,也在龙门大规模的开窟造像,中国佛教石刻艺术达到登峰造极。加上敦煌、麦积山、大足等石窟,可以说在中华文化当中,佛教文化占了一席之地。记得五十年前,我访问印度尼赫鲁总理时,他说:"印度和中国都被称为是世界上的文化古国,假如没有佛教,印度有什么资格能被世界人士称为文化国家?"由此可知,一个国家要能在文化的领域上领先,必定要有一些丰富的内容。

这让我想到位于北京的潭柘寺、戒坛寺(戒台寺),建筑时间比北京城还早,所谓"先有潭柘后有北京"。过去恢弘堂皇的原始风貌,虽然至今无人修复,但雄姿还伫立在北京城的郊区,可见得当时人民对佛教的信仰虔诚,以及佛教与国家建设的相互关系。未来假如能复兴起来,在全世界的文化里,可以说是"文化宝库"。意思是假如把它庄严起来,全世界的人都会来朝拜。

第四章 佛教东传中国后的发展

进入隋唐，中国佛教达到最兴盛成熟的时代。隋文帝人称"佛教皇帝"，兴佛治国，造寺抄经，启建舍利塔八十三处之多，为中国佛教史上的巨擘。他自幼在般若寺成长，抚养他的师父智仙比丘尼圆寂后，还为其筑宝塔，并作传纪念，此塔至今还伫立在南京栖霞山寺内。

隋文帝的儿子炀帝，虽然受到了历史评价不一，对佛教却相当尊重护持。他敬僧迎僧，建立道场，弘扬佛教，在未登基前，礼天台宗智𫖮大师受菩萨戒，法号"总持菩萨"，后颁赠他"智者大师"尊号。

玄奘三藏绘卷第十卷译经（局部）

镰仓时代（1185—1333），高阶隆兼，纸本设色，高 40.3 厘米，长 1746 厘米，日本大阪都岛，藤田美术馆藏

武后护持　八宗弘扬天下

唐朝君王护持佛教，尤以唐太宗崇敬三宝、护持文教为历代罕见。他在弘福寺为玄奘大师设立第一个国家译经院；翻译出经典如《瑜伽师地论》《大般若经》《心经》等，为中国佛教带来空前的贡献与影响。玄奘大师译经之余，也随驾太宗左右，接受国事咨询。

唐太宗器度宏大，性格宽广包容，在位时期，度僧护法，高僧硕德辈出，诸宗并弘，是中国佛教的黄金时期。他本身也深入经藏，致力菩萨道的实践；亲赐《瑜伽师地论》序，并刻于石碑上（即大唐三藏圣教序碑文）。

唐高宗依玄琬法师受菩萨戒，造大慈恩寺，对玄奘大师译经事业也是全力护持，所有开支，皆由他供养；三次出巡，请玄奘大师随驾巡视，担任国家建设的顾问，可见当时政治重视佛教的情况。玄奘大师圆寂时，高宗三日不上朝，宣称"朕失去一件国宝"，其对国家的贡献可说史无前例。

玄奘大师也是中国佛教史上，第一位到外国求学的留学生，并且在国际舞台上为中华民族扬眉吐气的人。他到印度求法，将经过的国家地区民俗风情记载，撰写《大唐西域记》，与东晋法显的《佛国记》、唐朝义净的《南海寄归内法传》《大唐西域求法高僧传》，都为研究中亚、南亚史地和社会风俗以及中西交通史、文化关系史等，提供极宝贵的资料，具有高度价值。

历史上第一位女皇帝武则天，承继太宗、高宗时的护佛事业，提升佛教僧尼地位，以五戒教育世人。她所写《开经偈》"无上甚深微妙法……"传诵千古，至今为佛教徒诵经前必读。她创立第一个官办的"悲田养病坊"，礼请僧人主持管理；亲施脂粉钱二万贯，开凿著名的龙门石窟卢舍那佛。因武则天对佛教的护持，盛唐八宗大弘天下。

唐宣宗未登基前，一度出家为僧；即位后，即刻恢复遭"会昌法难"期间被毁的寺院，并于全国各州设立方等戒坛，让被迫还俗的僧尼重新受戒。他颁赐紫袈裟予悟达国师，并敕封其为"三教首座"，襄助复兴佛教，功绩炳然。

四事教导　掌政爱民之方

说到国师，禅宗神秀大师为武则天，及唐中宗、睿宗、玄宗等四朝国师；华严宗四祖清凉澄观受到代宗、德宗、顺宗、宪宗、穆宗、敬宗、文宗等皇帝的崇敬，被尊为"七帝之师"。玄琬法师受朝廷礼请为太子太傅，以行慈、减杀、顺气、奉斋四事教导太子未来掌政爱民之方。

顺此一提，唐朝末年，契丹族在东北建立政权，佛教受统治者的信奉。辽代圣宗即位后，临朝摄政的萧太后对佛教竭尽护持，在故乡锦州兴建皇家寺院奉国寺，殿内供奉的过去现在七佛，历经千年依然保存完整，是现存最古老的彩塑佛像，我曾数度前往参拜，堪称举世珍宝。

宋代皇帝护持佛教，从宋太祖开刻中国第一部大藏经《开宝藏》，树立后世大藏经刊刻范本；太宗时设立完备的译经院，让中断的译经事业再度复苏。到了南宋，高宗礼请法道禅师入朝共谋国事，在禅师的极力奔走下，劝募丰足的军粮，并且参与军旅，贡献计策，稳定国势。

在这个时候，佛教在中国经过历代高僧大德的翻译、弘扬、传播已日渐普及，经典需求量增加，带动印刷业的发展。北宋起，杭州的刻印居全国之首，高丽国曾委托商人到杭州代刻佛经，日本、高丽都陆续来到中国请回各种藏经，并且仿照中国雕版印刷技术，刊印再雕本。可以说当时中国兴盛的印刷业，傲视全世界，佛教扮有重要的角色。

元朝开国元勋刘秉忠（释子聪），受元世祖忽必烈礼请为军政幕僚，他上万言策，主张改革，建立百官爵禄、减赋税差役、劝农桑、兴学校等制度，对忽必烈采用"汉法"起了最大的推动作用。刘秉忠为官护持国政，减少外族人士对汉人的残杀。

明清时期，佛教虽不似隋唐辉煌，但不再被认为是外来宗教，此时人间佛教已深入人心，可谓"家家弥陀佛，户户观世音"，尤其因果报应、生死、业障、因缘等观念广为流传，普及社会。到了清朝顺治、康熙、雍正、乾隆四帝都对佛教相当尊重并大力提倡。

顺治皇帝曾撰《赞僧诗》，表达对出世修道的欣羡；他礼玉琳通琇为国师，经常问法；设立戒坛，拣选一千五百位僧众受菩萨戒。雍正皇帝下令刻印《龙藏》，乾隆皇帝完成并传世，为史上部帙最大的刻版典籍。乾隆皇帝命人将汉文《大藏经》译成满文，对藏经的刻印流传贡献卓著。

义理教化人心　普及社会

中国佛教在历朝帝王的护持下，在华夏土地上生根、开花、结果，并弘传至韩国、日本、越南等地，形成北传大乘佛教系统与东亚共同的文化。

孙中山先生曾说："佛教乃救世之仁，佛学是哲学之母，佛法可以补法律之不足。法律防患于已然，佛法防患于未然。"甚至梁启超先生曾说，他之所以信仰佛教，因为佛教的道理有六点让他心仪之处：（一）佛教之信仰，乃智信而非迷信；（二）佛教之信仰，乃兼善而非独善；（三）佛教之信仰，乃应世而非出世；（四）佛教之信仰，乃无量而非有限；（五）佛教之信仰，乃平等而非差别；（六）佛教之信仰，乃自力而非他力。佛教不但有和谐政治的功能，其正信、智慧，可帮助政治化导社会，发挥慈悲教化的功效。

上述说来，政治、佛教并不排斥，佛陀就出身于政治世家。他本来就是一位王子，成道后在印度弘化，对当时一些国家的政事也指示很多。在我们中国，历代以来，政治人物与佛教的关系，僧伽与政治人物的关系，也都是很融和。所以，佛教在世间，主要的是要建设仁王的佛教、人间的佛教。如果说仁王的佛教、人间的佛教完成了，你说，这国家还不兴隆吗？

六、人间佛教的语言文字

　　佛教自印度东传中土后，逐渐形成各种本土化的发展，其中的一大特色，就是语言文字的汉化，尤其今日更应该提倡语言文字的人间化。

　　语言是人与人沟通的重要工具，借由语言文字，得以表达思想、沟通意见。虽然语言并不能究竟传达心声，所以禅宗主张不立语言文字，但，语言文字也是进入佛法核心的桥梁，是进入最后的修证阶段才能不立文字。

　　所谓"一言以兴邦，一言以丧邦"。一句话，给人欢喜；一句话，给人怨恨。你说，语言文字又怎么不重要呢？所以，佛教的弘传，还是需要靠语言文字。如《金刚经》说的，对三千大千世界七宝布施，不若受持四句偈，而为他人说法，可见佛法对语言文字的推崇。

　　像唐玄奘大师到印度求法，不带回来那么多的经典，怎么能丰富中华文化的内涵？历代《大藏经》的印行，如果没有那许多智慧的经典语句，又怎么能表达真理呢？

　　假如没有语言，人与人之间讲话、沟通，就没有那么顺利，那么美好；如果没有文字，那许多文学、哲学的内容，又怎么能丰富起来呢？所以人间佛教的发展，光是在语言文字上，对中华文化的贡献，可以说无与伦比；假如没有佛教的词句，中国人的讲话，必定不够表情达意；如果没有佛教的语言文字，中国的文史哲学，就没有办法形容得那么淋漓尽致。所以胡适之推崇中国禅门的语录，视为近代白话文的滥觞，白话文运动亦受到禅宗语

▲ 鸠摩罗什寺

罗什寺塔,甘肃武威凉州

录的影响。

佛教东传以来，把佛陀对人间佛教各种真理的解释表达很多，例如：要我们明白四圣谛、十二因缘，要我们遵循八正道的行持，当然要用许多的语言文字来阐述。后来经过历代的高僧大德弘扬，特别是禅门祖师对于诸多文字的发展，影响很大，约略来估计，成语就不止千百条之上，名词、造句也不止千百条，还有生活之中的谚语、词汇等等，也是难以估计。

佛教语句　丰富中华文化

一般说来，如果能认识一千条成语，这个人可以算是一个读书人了；假如能运用文字传道，有几百个名词来应用，也已经足够；但是相关佛教的成语、名词，不止千百条之上，对中国文字和语言的影响可谓至大至广。

梁启超先生在《佛学研究十八篇》里提到：自从佛教传入中国以后，由于佛经的翻译，至少为中国增加了三万五千个词汇。这些新增的词语，不仅丰富了中国文学的内涵，而且扩大了原有的意境，所以中国的文学很美，甚至连平时的口语都很优美，正是因为有很多来自佛经的美妙语汇，无怪乎连外国人都认为中国的文字很高明。其实人间佛教的语言文字，常常在我们生活里运用讲说，只是大家不知道是从佛教中来，不知道是禅宗用语。

假如说，没有了人间佛教的这许多语言文字，我们还能文雅讲话吗？假如没有了佛教睿智的语言文字，我们的沟通，可以说非常的困难。像我们说的普通字词，如"佛光普照""法水长流"，在英文里，翻译起来都很困难；像佛教的"四大皆空""五蕴非有"，简单的八个字，用英文来说明，就是一长串的文字，也不容易深入翻译。所以中国的文字语言，不但意义深广，尤其词汇之华美，世界各国的语言文字，都难以与中国文字并肩。

因为佛教的弘扬，依靠语言文字传播，尤其佛经与那许多禅门的成语都有很多解释，甚至用各国的文字来翻译，也一样不容易。如"不二法门""真如自性""八识田中""无住生心"……这许多词语，不但充实了中华文化的哲学思想、语言文字内涵，说来可以傲视今日全世界国家的语言文字之上。归根究底，有四种因缘。

（一）译经与整合

这一切都要归功于当初的佛弟子，他们在佛陀入灭后不久，便着手把佛陀的言教、语录结集起来；因为有经典的结集，才有三藏十二部经的法宝流传，才能让正法得以永久住世。

甚至佛教初传中国之际，也要感谢有迦叶摩腾、竺法兰、安世高、支娄迦谶、支谦、康僧会等来自西域的高僧。他们陆续把佛经翻译成汉文，乃至鸠摩罗什、真谛，以及后期的玄奘、不空、义净等五大译经家，随着他们翻译的经卷愈来愈多，佛法的义理思想也愈臻完备，因此才有后来"八宗并起"的隋唐佛教盛世，也才发展出属于中国大乘佛教的特色。经典的翻译，既传达了佛陀奥妙的教理，也形成中国佛教发展的义谛。

这当中值得一提的是，鸠摩罗什与玄奘大师当初受到姚兴与唐太宗的护持，分别于长安逍遥园与玉华寺设立译场，在国家的大力支持下，潜心翻译佛经。他们当时主持的译经院，参与的人数都在千人以上，规模比起当今的"国立编译馆"，都要来得盛大。

鸠摩罗什翻译的经典，一般称为"旧译"。由于他崇尚意译，译笔简洁流畅，尤其门下四大弟子道生、僧肇、道融、僧叡等，都

《华严经》卷第三十一卷首图

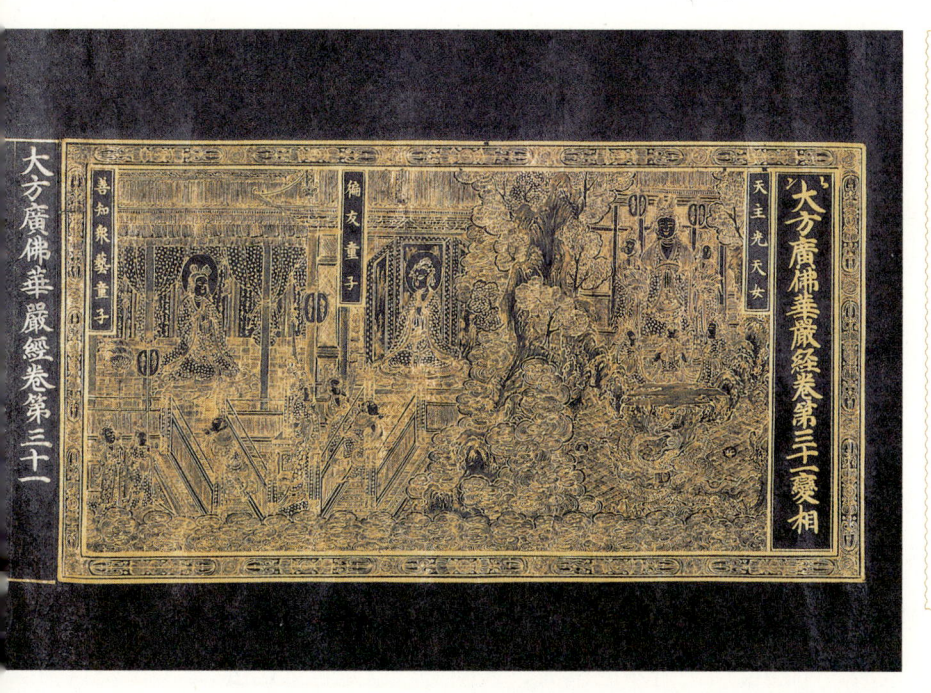

高丽忠肃王六年（1337），瓷青纸金泥，高20厘米，宽36.5厘米，韩国京畿道龙仁，湖岩美术馆藏

是十分优秀的语言文字俊杰。因有他们参与其中，使罗什大师翻译的《法华经》《金刚经》《维摩诘经》《阿弥陀经》等，在中国流传广远，这是因为他的文字通顺、畅达，所以合乎中国人的喜好，能深入教界。

相对的，玄奘大师主张直译，他为了要符合经文原意，文字就有一点拗口，读诵起来就感觉比较困难。所以经典能否广泛流通，与文字的流畅与否，还是有唇齿相依的关系。其中，玄奘大师也订立"五种不翻"的原则，即秘密、含多义、此无、顺古、生善，而以音译代替意译。后代的译经家，每每就以玄奘所制定的这些原则为法式，称以前所翻译的为"旧译"，以后译的为"新译"，这就是当初古德们对于语言文字的讲究。

所以，人间佛教对语言文字不要泥古，不要那么执着，可以适当地口语化，可以流利通顺地翻新，因为它的传承转化，都有时代的意义。如中国佛教、日本佛教、韩国佛教，以及汉传佛教、南传佛教、藏传佛教等，都各有其语法特色，显示了地理、历史的关系。假如没有"中国"两个字，怎么表达华夏佛学丰富的历史意义？藏传佛教没有"藏传"两个字，能表达佛教在西藏弘传的教法吗？又好比小乘佛教、大乘佛教、原始佛教、部派佛教等，不但表示了内容的分门别类，也各有其修持精神。

今日，我们统整这许多的佛教都是"人间佛教"，这不仅是千百年佛教词汇的整合，而且也彰显了佛陀的本怀，希望全世界佛教能以"人间佛教"为佛教统一的大义。特别是现今提倡的"人间佛教"，已是当今时势所趋、社会人心需要的一种教法，众流汇合，壮大为共识，以导正家国社会风气，大家不要再画蛇添足，生出多少繁复的枝叶，反而让人无所适从。我们朝向"人间佛教"这个美好的方向去发展，不违反历史进步的潮流，人间佛教就是世人需要的佛教，人都可以成佛，这有什么不好呢？

（二）经藏的传播

在中国佛教两千年的发展历史中，也由于有历朝历代的许多高僧大德们艰苦卓绝、努力不懈于经典的翻译，才有今日各种版本的汉文大藏经，如：《开宝藏》《契丹藏》《毗卢藏》《碛砂藏》《高丽藏》《嘉兴藏》《龙藏》《频伽藏》《铁眼藏》《卍字正藏》《卍字续藏》《大正藏》等等相继问世。

这许多藏经，都包含了文学之美、哲学之奥，得到世界各国对中华文化的尊重、羡慕。就如《莎士比亚》吧，除了情爱的故事以外，对于人间社会的人心深度、生活细节，它也无法超越佛教的文学内容。

也可以说，就如胡适之在《白话文学史》里所提，《华严经·入法界品》就是一部长篇小说；而《维摩诘经》则是世界上最长的白话诗，兼具哲学的意境和文学的美妙。虽然这样的说法，在佛教徒看起来，有亵渎佛法的尊严，但事实上，我们要歌颂赞叹佛学之美、词句之多，也只有用文学上、哲学上的角度来比拟了。

这些艰巨而伟大的成就，固然得力于中国印刷术的发明；然而相对的，由于佛教的传播日渐普及，经典的需要量日渐增加，因此也带动印刷业的蓬勃发展。甚至可以说，由于佛经的流传，促进了印刷术的不断进步；另一方面，因为印刷术的日新又新，无形中也助长了佛教文化事业的兴盛。

现今各寺院道场，甚至一般信徒家中，不但可以见到各种版本的《大藏经》，乃至各种佛教的书籍、杂志，俯拾皆是，可以说藏经、佛书十分普及，充实了大众的心灵，开拓了思想，促进了人间佛教的传布。

（三）宗派的共生

佛法，经过历代大德的阐扬，再加上禅门一花五叶、五宗七派的发展，许多禅师直指人心、见性成佛，对真理开辟了另一种语言文字的捷径。尤其，祖师大德们把经典真理传播到人间社会，让百姓安心接受，老人能体会，孩童能听懂，也就更加的难能可贵了。

像智者大师，他在天台山发扬《法华经》，他的宗派就称为"天台宗"，又作"法华宗"；《华严经》由于贤首大师的大力弘扬，故"华严宗"又称为"贤首宗"等，佛教因此发展出以地名、经名、人名为宗派，各有各的特色。

又好比"净土宗"成为"莲宗""净宗""念佛宗"等，每一个宗派都有很多的称呼；又如一个"三论宗"，有"空宗""法性宗"等说法；像"法相宗"又名"唯识宗"等等不一而足，也没有互相

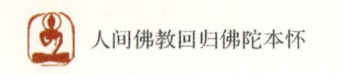

排斥。

就等于佛教为了表达我们的本性，说出"如来藏""真如""自性""实相"等等名相，为的就是要把真理阐明。因此，佛教从来没有对许多名词有过异议，计较高下。

这许多名相的不同，使大家可以从各种方面来认识自性，所以名称虽多，其意义则一。好比一个佛陀有十个名词的称号，这又有什么不好呢？就如过去一个文人雅士，有学名，有字、号、笔名、自号等等，就是一般人也会有别名、小名，其实都是同一个人。

因此，当今"人间佛教"的推行，是需要全世界佛弟子一起来，要知道：这是回归佛陀的本怀。接受"人间佛教"这一句话，对未来佛教在人间推动有无比的力量，千万不可以认为"人间佛教"有所不当，而残忍地摧残佛教的传承命脉。

（四）词语的普及

有人说，世界上最聪明的人就是中国人！在我们想，中国人的聪明，多多少少可能是靠了佛教经典语言的帮助。现在中国人习惯于使用的语言、文字，出自于佛教的不知凡几，在生活中一切都习以为常，连自己说的语词，也不知道是出自佛教的经典书刊了，可能其他的宗教徒说着佛教的语言，他自己也不明白这是佛教词语。

中国的语言文字之华美，可以说冠盖世界。所以佛教的语言文字，在中华文化里面也起了很大的烘托作用。现在，请读者容许我们详细地把佛教的语句列举如下，也请各位读者不厌其烦慢慢地参阅，从中了解中华文化里佛教词汇的丰富多彩。

首先从四个字的词语说起。例如：

第四章 佛教东传中国后的发展

铁树开花、一切现成、不可思议、驴胎马腹、作茧自缚、洒洒落落、
饥不择食、辩才无碍、严土熟生、不即不离、识心达本、痴人说梦、
转女成男、直指人心、扬眉瞬目、掷地有声、龙头蛇尾、龟毛兔角、
随缘不变、随波逐浪、诸上善人、磨砖作镜、横遍十方、聚沙成塔、
针锋相对、拨云见日、一弹指顷、远尘离垢、蒸沙作饭、端心正意、
对机说法、对牛弹琴、尘尽光生、梦幻泡影、隔靴抓痒、电光石火、
叶落归根、万劫不复、当头棒喝、猿猴捉月、敬上慈下、感应道交、
顺水推舟、贵耳贱目、广结善缘、画饼充饥、无常迅速、焦芽败种、
晨钟暮鼓、智目行足、寂寂惺惺、单刀直入、善男信女、拨无因果、
逢场作戏、通身手眼、眼横鼻直、教外别传、羚羊挂角、常住真心、
密在汝边、宿世善根、宿世因缘、唯我独尊、装聋作哑、森罗万象、
动念即乖、动静一如、鬼哭神号、逆增上缘、羔羊跪乳、破颜微笑、
拈花微笑、留惑润生、修成正果、香火因缘、重重无尽、苦口婆心、
成佛作祖、恒河沙数、克期取证、刹那生灭、前世今生、金刚不坏、
虎啸生风、返璞归真、不二法门、泥牛入海、明心见性、抛砖引玉、
披星戴月、味同嚼蜡、卷舒自在、刻舟求剑、同登彼岸、慈航普度、
事与愿违、邪魔外道、事事无碍、身心脱落、见闻觉知、言语道断、
快马一鞭、坐久成劳、坐断十方、冷暖自知、洞然明白、自作自受、
行住坐卧、老婆心切、有情世间、安心立命、守株待兔、如影随形、
薄地凡夫、回光返照、因果报应、同床异梦、生生世世、本来面目、
半路出家、去粘解缚、心随境转、心猿意马、心生万法、心心相印、
天花乱坠、天衣无缝、天女散华、六时吉祥、五体投地、不增不减、
不生不灭、滴水穿石、一丝不挂、步步生莲、凡圣两忘、三灾八难、
三生有幸、饶益有情、有情众生、八面玲珑、八风不动、人身难得、
人天眼目、大死一番、如丧考妣、凡圣两忘、凡圣一如、三途八难、
一了百了、七上八下、七情六欲、七级浮屠、七零八落、七孔八窍、

155

一篑之功、一亲一疏、一网打尽、一箭双雕、一曝十寒、一叶知秋、
一尘不染、一超直入、一棒打杀、一得一失、一门深入、一知半解、
一念三千、一往一来、一言道断、一水四见、一心不乱、一刀两断、
龙蛇混杂、无缘一面、竖起脊梁、风调雨顺、人中狮子、浑身是口、
降龙伏虎、束装就道、众望所归、面面相觑、日上三竿、三姑六婆、
一笔勾销、和盘托出、一往无前、将心比心、冷若冰霜、再生父母、
大彻大悟、混世魔王、群魔乱舞、病魔缠身、妖魔鬼怪、顶礼膜拜、
沿门托钵、金刚怒目、道貌岸然、寸步难行、火眼金睛、见钱眼开、
摇头摆尾、狗急跳墙、笔底春风、梦中说梦、正法眼藏、开山祖师、
极乐世界、功德圆满、功德无量、乐善好施、大吹法螺、大吹大擂、
老僧入定、舌灿莲花、游戏三昧、四面八方、指东话西、不知好歹、
话不投机、落叶归根、敲骨吸髓、花花世界、头上安头、一念之差、
含血喷人、竹报平安、僧多粥少、药石之言、清规戒律、一相情愿、
石沉大海、防意如城、半信半疑、香花供养、心花怒放、细水长流、
灰飞烟灭、不知不觉、昙花一现、想入非非、国色天香、大慈大悲、
苦中作乐、恍然大悟、冤家债主、一心一意、掌上明珠、辩才无碍、
面授机宜、皆大欢喜、打草惊蛇、飞针走线、锦上添花、点石成金、
闭门造车、脚踏实地、庄严宝像、不可限量、痴心妄想、在劫难逃、
无明业火、人间地狱、无缘无故、大显神通、各显神通、现身说法、
自身难保、执迷不悟、凡夫肉眼、神通广大、独具慧眼、肉眼愚眉、
佛眼相看、河东狮吼、步步莲花、勇猛精进、香象渡河、愁眉苦脸、
劫后余生、空空如也、四大皆空、地水火风、救苦救难、五蕴皆空、
牛头马面、牛鬼蛇神、牛头阿旁、刀山剑树、刀山火海、报应不爽、
恍如隔世、指点迷津、一手遮天、火树银花、不拘小节、镜花水月、
少见多怪、自然而然、方便之门、如饮醍醐、丈六金身、哼哈二将、
遁入空门、世外桃源、超然物外、标新立异、凡夫俗子、冠绝一时、

第四章　佛教东传中国后的发展

画龙点睛、户限为穿、无遮大会、改邪归正、天下麒麟、重新做人、
得未曾有、无风起浪、认贼为子、鹦鹉学舌、千差万别、水涨船高、
事出有因、迷头认影、万家生佛、一瓣心香、二六时中、天龙八部、
如是我闻、吉祥如意、耳根清净、十字街头、茶禅一味、海阔天空、
随机应变、漆桶脱落、截断众流、横说竖说、应病与药、细嚼慢咽、
手忙脚乱、至理名言、语焉不详、不可收拾、深居简出、无与伦比、
沙里淘金、古井无波、万古晴空、今愁古恨、山光水色、孤云野鹤、
火伞高张、一落千丈、情同骨肉、虾兵蟹将、衣钵相传、骨瘦如柴、
十恶不赦、入海算沙、十方世界、天魔外道、超凡入圣、忍辱负重、
得其三昧、冤冤相报、刀头舐蜜、法力无边、前因后果、不请之友、
自由自在、口吐莲花、心领神会、水乳交融、单枪匹马、开花结果、
登三宝殿、做贼心虚、和光同尘、见兔放鹰、瓮中捉鳖、两刃相伤、
以毒攻毒、头重脚轻、鸦雀无声、雁过长空、有口皆碑、当面错过、
见怪不怪、春寒料峭、宝山空回、钻故纸堆、额手称庆、豁然开朗、
丰干饶舌、认贼为父、横三竖四、鲁鱼亥豕、扑火之蛾、游山玩水、
路远迢迢、贼去关门、街头巷尾、象牙之塔、换斗移星、时丰道泰、
洪炉点雪、非亲非故、急流勇退、拂袖而去、抛头露面、肉眼凡夫、
心如古井、千里迢迢、一箭之地、一波三折、一笑置之、包罗万象、
永生永世、摇头晃脑、天兵天将、身强力壮、弱肉强食、人穷志短、
忍俊不禁、千辛万苦、忍无可忍、忙里偷闲、雷大雨小、立雪求道、
冷言热语、含辛茹苦、成家立业、因果报应、胡言乱语、不可言宣、
七手八脚、寻行数墨、胡说八道、藏头露尾、花团锦簇、粗茶淡饭、
因风吹火、张三李四、方木圆孔、打破玄关、电光朝露、如梦如幻、
家贼难防、普同供养……

这些词语，除了源自经典，最多的就是出自禅宗的公案语录，不但深具

157

哲理，尤其祖师们的智慧幽默，都让现代人的话语更增添几许艺术美感。

除了四个字以外，三个字的用语还有很多，例如：

狮子吼、门外汉、善男子、善女人、善护念、无遮会、奈何桥、
无尽灯、无尽藏、参话头、走江湖、一刹那、莲花池、须弥山、
居士林、无上士、体相用、选佛场、阿修罗、鬼门关、日月星、
一切法、一切智、一味禅、观自在、一指禅、香水海、香云盖、
一食顷、一宿觉、一笔勾、一微尘、俱解脱、三宝佛、添油香、
一弹指、无所得、人中尊、口头禅、大无畏、种福田、来生缘、
大菩萨、大导师、大医王、不可得、不可说、无为舍、菩提路、
不共业、不自在、不思善、不思恶、不思议、般若门、解脱道、
不倒单、不退转、不动尊、慈悲心、优婆塞、甘露水、八福田、
优婆夷、比丘尼、沙弥尼、不诳语、弄猢狲、光明藏、金光明、
增上缘、真实义、不放逸、放生会、方便门、皈命礼、心花开、
善知识、因缘果、心解脱、度众生、三界外、菩萨心、盂兰盆、
贪瞋痴、清净心、水上泡、水中月、觉有情、观世音、妙吉祥、
香积厨、三昧火、一大劫、微尘劫、金刚身、普贤王、地藏王、
造口业、无明火、禅和子、二六时、欢喜地、清凉月、吃十方、
作么生、活泼泼、臭皮囊、做功德、人我相、众生相、海潮音、
现世报、无门关、无量寿、无量光、开眼界、烧头香、撞头钟、
欢喜佛、弥勒佛、万佛殿、紫竹林、普陀山、藏经楼、腊八粥、
露马脚、钻故纸、六和敬、七觉支、八正道、九品莲、开山门、
吃早斋、三六九、不妄语、打禅七、念佛七、接引佛、西方船、
上大供、施无畏、大和尚、小沙弥、佛法僧、阿罗汉、摩诃萨、
摩诃衍、三摩地、戒定慧、闻思修、经律论、天地人、做好事、
说好话、存好心、消业障、免灾难、浴佛节、法同舍、天堂路、

地狱门、光明灯、如来佛、福田衣、波罗蜜、增福慧、金刚心、
报施恩、法如是、六斋日、放焰口、做法会、三皈依、受五戒、
菩萨戒、十法界、发大心、立大愿、不二门、天人师、正遍知、
明行足、世间解、大神通、普门品、普同塔、万寿园、多宝佛、
如意寮、如来殿、智慧海、一合相、好兆头、所知障、滴水恩、
朝山团、转法轮、阎罗王、帝释天、阿僧祇、难行道、易行道、
法依止、赵州茶、云门饼、三法印、心意识、共生缘、共命鸟、
如实知、安乐行、自性空、两足尊、明镜台、阿兰若、非思量、
信愿行、南无佛、柔软心、祖师会、茶饭禅、常不轻、莫妄想、
无学位、摩尼宝、标月指……

除了上述这许多词语以外，下面列出的，是我们常用的文字名词，也一并举出给大家了解，可以说是为数最多、最普及的。例如：

功德、如意、神通、安详、罪过、绝对、薰习、普遍、谛听、手续、
一切、一心、一匝、三昧、三宝、上人、小品、山门、中道、公案、
分别、天眼、方便、火宅、世界、世间、出家、出离、加持、布施、
平等、正宗、甘露、生灭、示现、合十、合掌、吉祥、同事、回向、
因果、因缘、地狱、如来、如实、妄想、成就、自在、自觉、行脚、
衣钵、伽蓝、住持、佛道、佛学、利行、劫数、弟子、忍辱、投胎、
投机、抖擞、束缚、沙门、沙弥、供养、依止、典座、初心、受持、
和尚、居士、彼岸、往生、往还、念佛、放下、放光、放香、法身、
法乳、法门、法界、法师、法喜、法轮、法器、法宝、知客、纠察、
纠缠、舍利、金刚、长养、信仰、刹那、客尘、持戒、施主、染污、
流通、流转、红尘、苦行、苦海、茉莉、降伏、首座、修行、差别、
恩爱、悦众、悟道、书记、根器、殊胜、浮图、涅槃、琉璃、真心、

159

真如、真谛、神明、素斋、般若、勘破、参学、问讯、云水、执着、
寂静、常住、挂单、净土、清净、现身、众生、罣碍、习气、庄严、
割爱、善恶、喜舍、围绕、报应、悲观、恶道、散乱、普门、普度、
智慧、朝山、朝暮、朝露、无住、无念、无明、无畏、无相、无常、
无量、无尽、无缘、发心、结缘、菩提、菩萨、虚无、钝根、开光、
开悟、云游、饭头、传法、圆寂、圆通、微妙、微尘、爱河、爱语、
感应、慈航、慈悲、会馆、业力、业报、业障、极乐、烦恼、狮吼、
当下、当家、禁语、经行、义工、圣凡、解脱、资粮、游行、游戏、
过去、道场、顿悟、僧伽、僧侣、尘劳、尘缘、实相、实际、对治、
惭愧、演说、福田、种子、称念、精舍、精进、维那、缁素、语录、
轻安、增长、弹指、慧命、摩顶、乐观、缘觉、莲社、调伏、轮回、
迁单、饿鬼、学人、导师、懈怠、烧香、积聚、醍醐、锡杖、阎浮、
随分、随喜、随缘、头陀、龙象、应化、戏论、檀那、禅心、禅坐、
禅味、禅定、禅师、禅悦、禅堂、总持、声闻、讲堂、丛林、归命、
礼佛、绕佛、翻案、旷劫、罗汉、药石、颠倒、忏悔、觉悟、警策、
阐提、饶舌、摄受、牺牲、缠缚、铛铃、魔障、欢喜、变易、灵感、
灵验、观音、观想、观照、观察、赞叹、系缚、缘分、机缘、现象、
有情、障碍、玄关、宗旨、现在、如是、单位、迷信、相对、上乘、
有缘、化身、浩劫、宿命、相应、面壁、灌顶、棒喝、袈裟、胜利、
尊重、利益、一句、一生、一向、一劫、一言、一味、一念、一门、
一流、一面、一音、一家、一时、一期、一路、人天、人生、人身、
人师、人间、入定、入门、入室、入流、入灭、入道、八难、力士、
八苦、十方、三千、三世、三生、三劫、三灾、三思、三昧、三毒、
三界、三乘、三时、三从、三涂、三学、三礼、三藏、正命、戒香、
惜缘、止观、共生、安住、安忍、行禅、见道、和南、法忍、法味、
法舍、法炬、法乐、法缘、问道、梵呗、清贫、无愧、无忧、等持、

第四章 佛教东传中国后的发展

敬信、学愚、转身、证悟……

这些原本都是佛教的名相、名词，如今不但广泛地运用在日常生活中，在文学作品里更是经常出现，成为通俗语词。

此外，我们许多生活上的谚语，也可举例如下：

- 无风不起浪
- 一报还一报
- 空费草鞋钱
- 一即多，多即一
- 雷声大，雨点小
- 伸手不见五指
- 人要知道苦恼
- 求人不如求己
- 嗔拳不打笑面
- 死马当活马医
- 有佛法就有办法
- 羊毛出在羊身上
- 无事不登三宝殿
- 不看僧面看佛面
- 如入宝山空手回
- 铁打常住流水僧
- 心如将军能行令
- 千锤百炼才能成功
- 一佛出世，二佛涅槃
- 种瓜得瓜，种豆得豆

- 慧眼识英雄
- 人成即佛成
- 路遥知马力
- 上刀山，下火海
- 冤有头，债有主
- 人命在呼吸间
- 八字没有一撇
- 一动不如一静
- 前言不对后语
- 出污泥而不染
- 三个和尚没水喝
- 解铃还须系铃人
- 一口吸尽西江水
- 新妇骑驴阿家牵
- 螺蛳壳里做道场
- 打扰常住挂一单
- 心如猿猴难安住
- 大慈大悲，救苦救难
- 一粒米，藏大千世界
- 与人方便，自己方便

- 金刚不坏身
- 女大十八变
- 一不做，二不休
- 龙生龙，凤生凤
- 慈悲没有敌人
- 逃不出如来掌
- 送佛送到西天
- 一客不烦二主
- 牛头不对马面
- 远亲不如近邻
- 冤家宜解不宜结
- 心病还须心药医
- 不是冤家不聚头
- 众生好度人难度
- 只重衣衫不重人
- 看破世间吓坏胆
- 应无所住而生其心
- 灵山再现，祇园重光
- 佛要金装，人要衣装
- 发菩提心，成就佛道

161

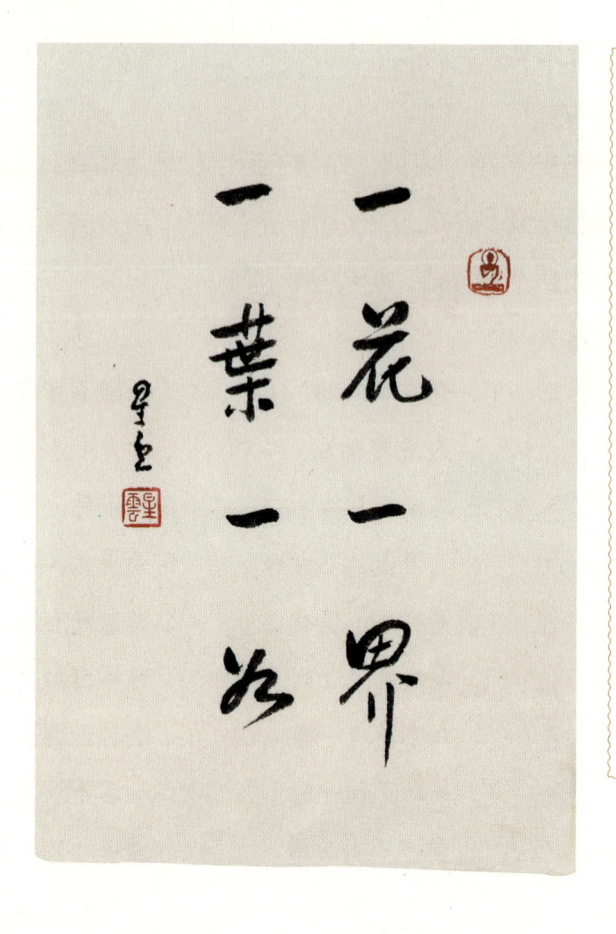

一花一界一叶一如

二〇〇〇年,星云大师(1927—),行书,纸本墨迹,高47.5厘米,宽32厘米,台湾高雄,佛光山寺藏

- 君子一言,快马加鞭
- 不即不离,若即若离
- 放下屠刀,立地成佛
- 百尺竿头,更进一步
- 落花有意,流水无情
- 人生难得,大道难闻
- 跑了和尚,跑不了庙
- 菩萨畏因,众生畏果
- 金刚怒目,菩萨低眉
- 来也匆匆,去也匆匆

- 一言既出,驷马难追
- 善有善报,恶有恶报
- 苦海无边,回头是岸
- 道高一尺,魔高一丈
- 一日不作,一日不食
- 早知今日,悔不当初
- 慈悲为本,方便为门
- 阎王好见,小鬼难缠
- 上天无路,入地无门
- 死了会生,生了会死

- 不经一事,不长一智
- 如人饮水,冷暖自知
- 一人吃斋,十人念佛
- 一把钥匙,开一把锁
- 一佛出世,千佛护持
- 见怪不怪,其怪自败
- 骑牛觅牛,骑驴觅驴
- 路见不平,拔刀相助
- 生生死死,死死生生
- 色即是空,空即是色

第四章　佛教东传中国后的发展

- 重重无尽，无量无边
- 因缘果报，丝毫不爽
- 千生万死，万死千生
- 佛在哪里，佛在心里
- 大肚包容，欢喜自在
- 天外有天，人外有人
- 三千威仪，八万细行
- 上无片瓦，下无立锥
- 杀子成担，愚不可及
- 惭愧之服，无上庄严
- 五眼六通，好不自在
- 路见不平，拔刀相助
- 八功德水，九品莲华

- 地狱不空，誓不成佛
- 山川异域，日月同天
- 心包太虚，量周沙界
- 因果业报，丝毫不爽
- 生不带来，死不带去
- 诸恶莫作，众善奉行
- 站有站相，坐有坐相
- 人会负我，我不负人
- 自寻烦恼，怨不得人
- 佛光普照，法水长流
- 水中捞月，空有欢喜
- 七上八下，心中难安
- 三界唯心，万法唯识……

- 天堂地狱，来来去去
- 大地众生，皆有佛性
- 竖穷三际，横遍十方
- 清者自清，浊者自浊
- 杨枝一滴，甘露法水
- 饭来张口，茶来伸手
- 一子出家，九族生天
- 生死轮回，永无休息
- 飞蛾投火，作茧自缚
- 六根清净，五体俱全
- 是日已过，命亦随减
- 空中楼阁，不切实际

还有很多丰富的词语，例如：

- 丈二金刚，摸不着头脑
- 做一日和尚，撞一日钟
- 佛观一粒米，大如须弥山
- 吃得苦中苦，方为人上人
- 平时不烧香，临时抱佛脚
- 八风吹不动，一屁打过江
- 冻不死的葱，饿不死的僧
- 药医不死病，佛度有缘人
- 万恶淫为首，百善孝为先
- 若知牢狱苦，便发菩提心

- 泥菩萨过江，自身难保
- 慈眼视众生，福聚海无量
- 佛观一钵水，八万四千虫
- 家家观世音，户户弥陀佛
- 一个不嫌少，万个不嫌多
- 人在家中坐，祸从天上来
- 既来佛会下，都是有缘人
- 爱河千尺浪，苦海万重波
- 花落春犹在，人死楼已空
- 好事不出门，坏事传千里

- 一朝被蛇咬，十年怕井绳
- 宁动江千水，不动道人心
- 来的给他来，去的让他去
- 上报四重恩，下济三途苦
- 须弥藏芥子，芥子纳须弥
- 坐得船头稳，不怕浪来颠
- 救人一命，胜造七级浮屠
- 天作孽犹可违，自作孽不可活
- 擒山中之贼易，捉心中之贼难
- 常乐柔和忍辱法，安住慈悲喜舍中
- 善恶到头终有报，只争来早与来迟
- 无恻隐之心非人，无慈悲之心非佛
- 人人都是真罗汉，个个都是活观音
- 佛在灵山莫远求，灵山就在汝心头
- 信为道源功德母，长养一切诸善根
- 愿将佛手双垂下，摸得人心一样平
- 安禅不须山水地，灭却心头火自凉
- 大地众生，皆有如来智慧德相
- 不要把遗憾带到棺材里
- 我不敢轻视汝等，汝等皆当作佛
- 无我相，无人相，无众生相，无寿者相
- 一花一木，都有来因；一沙一石，都是世界
- 一粥一饭，当思来处不易；半丝半缕，恒念物力维艰

- 人争一口气，佛要一炉香
- 超出三界外，不在五行中
- 一切有为法，如梦幻泡影
- 三界似火宅，娑婆如苦海
- 佛法在世间，不离世间觉
- 灭却心头火，提起佛前灯
- 一花一世界，一叶一如来
- 只要一人未度，切莫自己逃了
- 若人欲识佛境界，当净其意如虚空
- 平常不做亏心事，半夜敲门心不惊
- 若不与人行方便，念尽弥陀总是空
- 莫嫌佛门茶饭淡，僧情不比俗情浓
- 有缘千里来相会，无缘对面不相逢
- 放大肚皮吃素菜，立定脚跟做好人
- 儿孙自有儿孙福，莫为儿孙做马牛
- 阎王要你三更死，不会留你到五更
- 我观世界，如庵摩罗果
- 行如风，立如松，坐如钟，卧如弓

　　从这些与佛教有关的谚语、常用语词中，可以看出佛教的语言文字，在中国社会早已扎根民间，产生潜移默化、移风易俗的教化功能。

再来要举的是与佛教有关的一些字，有许多已经成为生活中的习惯用语。如：

"业"，是行为造作的意思，引申有善业、造业、业报、清净三业等。

"觉"，明白的意思，自觉、觉他、觉悟、正觉、觉醒等等。

"苦"，是一种身心苦恼的状态，佛教有三苦、八苦，人间苦海等。

"劫"，这原本是古代印度极大时限、时间单位。佛教沿用，后来用"浩劫"来形容很大的灾祸，以"在劫难逃"来形容难以幸免的灾祸，一旦幸运避开，就说是"逃过一劫"，在历经灾难之后所余留下来的，则称为"劫后余生"。

"缘"，是佛陀觉悟的甚深真理，"因缘果报"成为佛教最重要的主张，由此引申出来"广结善缘""宿世因缘"，甚至"有缘""无缘"、"随缘"等等，都是今天民间常用的词汇。特别是这个世界上，彼此都有相互因缘，不要破坏因缘才是佛教。一句"缘起性空"，你可以做各种解释，但不能否认它不是真理。

"空"，是佛教的真理，本指世间万物没有实在不变的自体；因为万法自性本"空"，所以才能缘生"有"，故说"真空生妙有"。关于"空"的名词，如所谓"梦里明明有六趣，觉后空空无大千""天也空、地也空、你也空、我也空"，但现今一般人都误以为"空"就是什么都没有了，才叫"空"，实在是对佛教莫大的误解。其实，不空怎么会有呢？这个"空"建设了人间万事、万物。

其他像幻、慧、参、缚、盖、根、禅、缠、法、梵、果、尘、瞋、痴、处、道、谛、定、恶、恩、惑、机、假、戒、界、魔、悟、刹……都是佛教字词；假如在日常生活、人们的对话、著书立说与思想观念等，没有了佛教这些词语意义，人们还能深入表

165

达吗？

又例如：

没有"清净"，家庭怎么能整洁；没有"清净"，心里怎么会干净？

不提起"烦恼"，你怎么知道它对我们的伤害，生活上的难堪？

没有"因果"，怎么知道这世间真理的原则、真相？

没有"惭愧"，不知羞耻，如何成为人伦？

没有"慈悲"，难道要到处树立敌人吗？

甚至《水浒传》《红楼梦》《西游记》《儒林外史》等等，没有了佛教这许多观念、文字，如何成为伟大的作品，成为才子书呢？

其实像《法华经》《金刚经》，读来朗朗上口，文字如诗歌颂读般，但意义之深奥，就不容易了解了。因此，佛教词句之多、含义之深，好比前面提出的，光是这个"缘"字，人们常讲的"有缘来相会"，其实就不是表面所说而已。说来，佛教弘扬或许有些困难，也是因为语言文字太多太广泛。

又例如"劫数""因果"，每个人都知道，但实际上，其意义能了解吗？再深奥一些的，如："涅槃""静虑""般若""真空"……假如没有经过讲解，甚至没有修行、没有体验，又怎么能了解包藏的内涵、意义呢？一般社会民众都会运用，但可能不知道这许多名词源头深义在哪里。

乃至历代以来文人的作品里，受佛教影响，充满了对人间佛教真理的描写，像：

- 《古诗十九首》里的"人生不满百，常怀千岁忧"。
- 谢灵运的"望岭眷灵鹫，延心念净土，若乘四等观，永拔三界苦"。（《登石室饭诗》）
- 王维的"行到水穷处，坐看云起时"。（《终南别业》）

- 李白的"暗与山僧别，低头礼白云"。(《秋浦歌其十七》)
- 白居易的"自从苦学空门法，销尽平生种种心"。(《闲吟》)
- 贾岛的"鸟宿池边树，僧敲月下门"，到底是僧"推"好？是僧"敲"好？引出一段与韩愈之间"推敲"的文学美谈。(《题李凝幽居》)
- 张继的"月落乌啼霜满天，江枫渔火对愁眠；姑苏城外寒山寺，夜半钟声到客船"，是古今传诵的诗句。(《枫桥夜泊》)
- 苏东坡悟道的三阶段："横看成岭侧成峰，远近高低各不同；不识庐山真面目，只缘身在此山中""庐山烟雨浙江潮，未到

莫高窟第 98 窟于阗国王供养像

五代（907—960），壁画，高 2.82 厘米，长 1036 厘米，日本京都北区，上品莲台寺藏

千般恨不消；到得还来无别事，庐山烟雨浙江潮""溪声尽是广长舌，山色无非清净身；夜来八万四千偈，他日如何举似人"，皆寓含许多人生妙理。

其他，如"将军战马今犹在，野草闲花满地愁""长夜漫漫何日晓，幽关隐隐不知春""红尘白浪两茫茫，忍辱柔和是妙方"……都引发了读者对人生无限的哲思。

像近代许多大文豪，如鲁迅、巴金等，他们也坦言自己作品里带有许多佛教的思想；甚至像获得二〇一二年诺贝尔文学奖的莫言先生来佛光山访问时，也直言说到，他的小说《生死疲劳》，定名就是出自佛教《八大人觉经》。

总说这上面的语汇，我们细想，如果没有它们，我们讲话能表达那样美好的内容吗？假如没有它们，我们的文史书籍里，思想能表达得那样称心满意吗？所以，现在讲复兴中华文化的时候，对于佛教的语言文字，给予人间社会、各阶层的人士的帮助，可以说是不可限量的。中国人管你士农工商、管你哪一种职业，人间佛教都帮助你讲话，帮助你表达情意，帮助你表达思想，这样的佛教，对你还没有功劳吗？人间怎么能没有佛教呢？今日人间佛教的流传，光是名词，如梁启超所说，就增加了三万四千个词汇，假如没有这许多语句，大家讲话能方便吗？

这些都说明了人间佛教确实已经走入社会、融入生活，甚至可以说，这是人间佛教长期以来，坚持以文化弘扬佛教，重视以文字传播佛教的一大成就。

俗语说："世间好语佛说尽。"在这个注重交流的时代，如果我们能够多多运用佛教美好的词汇来与人沟通，所谓"面上无瞋是供养，口里无瞋出妙香"，每日口出妙香，犹如春风拂面，这就是人间佛教最美的语言文字了。

七、中国佛教衰微的原因

佛教在中国经过两千多年的发展，从东汉明帝传入、魏晋南北朝时期的各家争鸣，到隋唐的人间佛教思想百花齐放。在历代祖师的辛勤播种耕耘，在家弟子热心护法下，使得佛教关怀现实人生的教义普遍宣传，将佛陀重视民间疾苦的善行发扬光大。但法久则生弊，在历史的长河里，难免有一些贤愚不等、龙蛇混杂的现象。综观中国佛教兴衰不定的原因，今列举如下。

（一）本土宗教排挤，专制帝王毁佛

佛教初传中国便和本土的宗教、文化产生了激烈的冲突，或者来自儒家的非难，或者来自道教的排挤，最终酿成中国佛教史上严重的教难，从古代到近代，始终不断。历史上有名的"三武一宗"教难，指的是北魏太武帝、北周武帝、唐武宗、后周世宗的毁佛行动。其实，何止于此，还有太平天国、庙产兴学等，都是佛教的劫难；但因佛教有纯正的信仰，以及佛法缘起真理的普及性、平等性、永恒性的特质，超越宗教、地域性，所以佛教虽经过这许多劫难，在当今的社会，人间佛教仍然为有缘人接受。

先从"三武一宗"教难说起。北魏太武帝听信道教徒宰相崔浩及道士寇谦之煽惑，下诏诛杀长安沙门，连太子的老师玄高法师也被赐死；焚烧破坏佛像，烧毁掠夺寺庙道场，命令僧尼还俗。太武帝毁灭性的打击，使得北朝佛教遭受重创。好在只有两年，之后皇朝灭亡，佛教又再复兴。

第二次毁佛是一百多年后的北周武帝，他受到道士张宾和卫元嵩的蛊惑，下令废佛，将四万余间的寺院充当王公宅第，被迫还俗

的僧尼有百万人之多；当时静蔼法师力劝武帝灭佛不当，后不被接受而殉难。第二年，北周武帝突然罹患急症而亡。

二百六十年后，唐武宗会昌五年，佛教遭遇第三次教难而几乎灭绝。武宗笃信道教，受道士赵归真煽动，极力排佛，下诏废寺四千六百余所，并将寺产全部没收，充当国用；强迫二十六万名僧尼还俗，铁铸佛像改造为农具，铜制佛像及佛具、法宝，改铸为通钱。后来，因果不爽，翌年武宗因服用道士金丹，中毒身亡，在位仅六年，皇朝就灭亡了。

第四次教难，是由后周世宗发起，他即位之后，就贯彻以儒家为主的统治政策，下诏毁佛，废寺三万余所，禁止民间铸造铜器铜像，一切钟磬法宝都被铸成通钱。

◀ 拉察席他拉姆寺佛传图之归乡说法（局部）

一七八二年至一八〇九年，壁画，泰国吞武里

比"三武一宗"法难，有过之而无不及的就是太平天国的排佛。洪秀全假天主名义，建立太平天国，自称"天王"，颁行天条书，压制民间信仰，焚毁佛像神像、孔孟百家经典。太平军所到之处，无庙不焚，无神不毁。素有"佛教花园"之称的江南一带，及云贵、两广等地佛寺，都受到严重摧残。

所幸，佛教劫后余生，才得以再次重建。

到了清末民初之际，知识分子、政府官员对佛教不了解，加上土豪劣绅觊觎庙产，假借兴学之名，行吞并寺产之实，使得寺庙财产被侵占、损毁，僧侣被迫还俗。

国民政府北伐前后，基督将军冯玉祥大力破坏佛教，驱逐僧侣，勒令还俗，强迫从军，寺产充公，寺院改为学校、救济院，或成为娱乐场所，对华北佛教而言又是一场灾难。

"文化大革命"毁灭佛教更为严重，所幸后来共产党的一些领导，扭转情势，废止"文革"，重新整顿。加上邓小平等人领导的政策开放，中国的文化、宗教，才能逐渐恢复过来。

（二）佛教蓬勃发展，引来皇朝不安

佛教初传时期，受到帝王、官员护持，竞相建立佛寺，有的设立"寺库""僧祇户"，有的成立"无尽藏"，有的朝代甚至供养寺院大片的田园土地，佛教的经济因此有了显著的发展。

隋唐三百余年间，可以说是中国佛教史上的黄金时代，佛教在学术上、思想上、讲说上都非常鼎盛；加之各宗派僧侣的慈心悲愿，创办了许多利生的事业，如植树造林、垦荒辟田、凿井施水、造桥铺路、兴建水利、施设浴室、兴建公厕、建立凉亭、设碾米工场、油坊当铺、急难救助、设佛图户、施诊医疗等，人间佛教注重资生与利众，对社会事业的奉献不遗余力，佛教的公益纾解了国家的经济状况，解决了社会民生的问题，人民生活与佛教之间，已是密不可分。

（三）佛教走入山林，消极脱离社会

沙弥出身的明太祖朱元璋，知道宗教对社会民间的影响力，下令出家人走入山林修道，严格禁止民众擅自进入寺院，禁止出家人和信众接触。尤其元、清两代，皇室多崇尚喇嘛教，对佛、道两教打压，清朝法律更明确规定妇女不可到寺院烧香供佛，出家人不可外出托钵。大多数的出家人也认为出家就是入山清修，是为了要了生脱死，因此佛教渐渐地脱离人间、远离人群。

还有一些僧侣，以出家人的戒条来要求在家信众，例如：教人不要营生赚钱，因为黄金是毒蛇，夫妻是冤家，儿女是讨债鬼……这许多偏执的说法，影响社会民众对佛教的观感，让人不敢信仰佛教。

过度宣传消极的苦、空、无常，让人民不敢接触佛教，没有把佛法积极的真义正确的宣扬给人民知道，社会误解佛教不能契合人民生活，而成为没有人间性的佛教。其实，佛陀人间佛教的本怀，是积极入世的，应该不至于受人这样重大的误会。可惜，佛教的修道人只忙着自了，甘愿做焦芽败种，也不肯发菩提心、行菩萨道，因此，佛教遭受到的打击和灾难不断地发生。

尤其，出家人消极避世的态度，忽略了世间资生的问题、人民生活的改善，也不做人心的净化辅导，不参与社会的建设，急于求证出世的解脱，动辄劝人要念佛往生极乐世界，和大众想建立现世安乐与追求幸福的生活严重脱节，使得佛教和世间显得格格不入。

佛教缺少对现实世间生活的指导，以及教人如何在人间安身

第四章　佛教东传中国后的发展

立命，因此，与人间生活有了隔阂，与整个社会人心需求倾向不相符合。出家人不能观机逗教，社会上有识之士就不会接受，那么人间佛教怎么能传播到一般百姓的家庭，深入到社会大众的心里呢？出家人因为不能契理契机，只把佛教从消极上作叙述，没有从积极菩萨道的精神方面勉励他人，因此，佛教也就不得不衰微了。

（四）弘讲谈玄说妙，不重人文关怀

过去有些法师讲经时，喜欢谈玄说妙，讲得太过抽象，都在哲学、哲理上，让人听不懂，表示自己很有学问，与人的生活有所脱离，其实佛法应该用来指导生活的。佛经里不也常说"诸供养中，法供养第一"。美好的佛法就是要让人人都可以接受，可以充实心灵，改善生活，如果信奉佛教而不能拥有佛法，这是非常可惜的。如同鸟窠禅师和大诗人白居易的对话，佛教的本意在净化人心，除了消极的不做坏事，更要积极地去做好事，行三好，实践四给，建

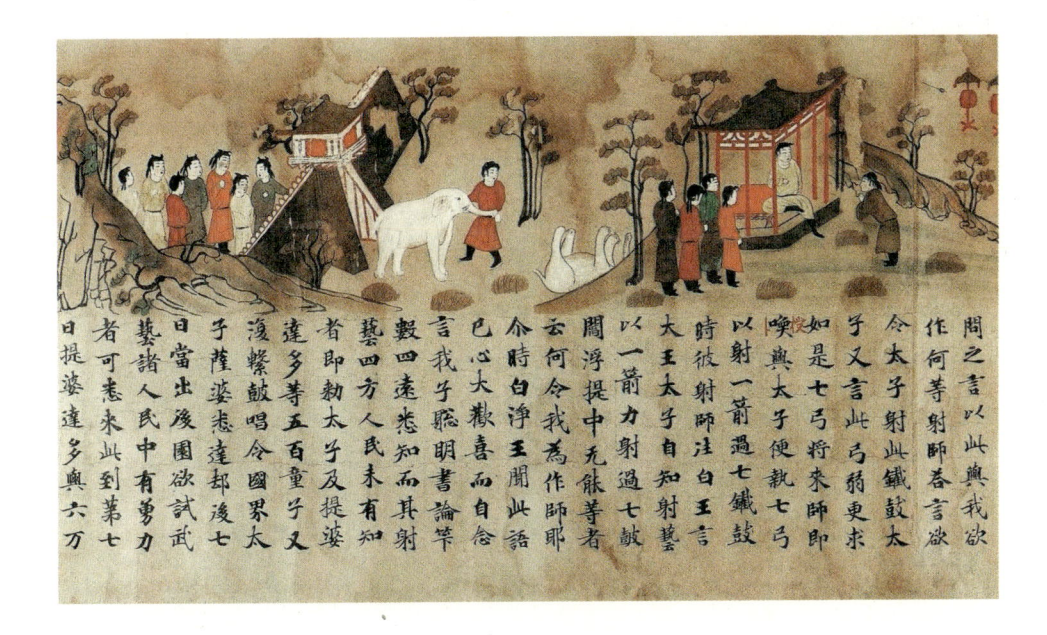

▽ 因果经绘卷第三卷（局部）
一七八二至一八〇九年，壁画，
泰国吞武里

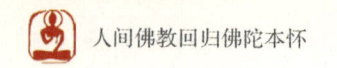

设五和的圆满人间。

佛陀当初创立佛教僧团，就是要把人心从繁复难懂的玄理思辨中解脱出来，甚至严禁用高深艰涩的语言来说法。佛教会衰微，在印度，除了自我的分裂，及在印度教与伊斯兰教斗争下，成了两教的牺牲品，另一个原因就是过度走向学术殿堂，少数人沉醉在学术的象牙塔中，致使佛法对人间的问题无法发挥净化的功能。尤其，只讲分宗立派，各立异说，致使佛教散漫无章，没有团结的力量，没有发挥团队的精神，佛教又怎能不衰败呢？

又例如，中国佛教天台宗创始者智𫖮大师讲说《妙法莲华经》，所谓"九旬谈妙"，一个"妙"字讲了九十天，建立天台宗庞大的思想体系，传统佛教界引以为盛事。但以现代人的观点来看，一个"妙"字需要九十天来诠释，那么一部经要几生几劫才说得完呢？谈玄说妙的结果，也许让佛教与群众愈离愈远。

以现代人凡事讲求速度、效率的风气，其他的学问都不需要研究了，其他的工作也不需要去做了。这种虚无缥缈的讲述方式，不能争取时效，和人间佛教生活又毫无相关，加上不切实际的言说，不能契合现代人的根器需要，势必为社会大众所舍弃。再好的学说、思想、文化、艺术一旦脱离了群众生活，必定走入死胡同。再经过教难等各种因缘，佛教就不得不走入衰微了。

（五）经忏密教鼎盛，道德信仰堕落

唐宋时期，有些寺院靠着田产收租来维持生计，有些寺院则接受信徒的净财布施来支撑经济。明清以后，佛教因为教难迫害，净财收入顿减，僧侣为了生活，奔走在檀信家中，赶经忏做佛事，等而下之，寺院渐渐沦为经忏道场，或者是香火鼎盛的庙堂。

其实，经忏不是不好，它是对人老病死生的一种服务，站在

宗教的立场，出家人为生者说法利众，固然重要；为亡者诵经超度，同样需要，所谓冥阳两利、生亡得度，这也是佛教对人间的贡献。

但是，经忏并不是商业买卖的行为，有一些僧人因为经忏容易得到供养，讲经弘法比较困难，没有人会给予供养，利之所趋，使得一些对信仰不提升的人，就难免堕落了。

俗谚说："会得香云盖，到处吃素菜。"意思是说只要会念经，生存就没有问题。会诵经唱念，比做一个弘法布教的宗教师容易多了，但在佛教里作为一位宗教师，有这么简单吗？除了要有深厚的佛学素养，如果对社会没有服务、没有贡献，大众会需要你吗？

另外，密教也不是不好，像藏传佛教有它的一套理论，日本东密也有它的传承规范，不像过去流通的密教那样漫无章法，不但要求供养，自抬身价，标榜与佛教相违背的神秘主义。尤其，在元明皇朝时期，王室不从心灵上去净化，宫廷密教成为纵欲享乐，只是发展欲望，上行下效，传播不能契理契机，适合人民的需要，在这样的情况下，佛教受到致命的打击，就逐渐衰微下来。

（六）提倡神鬼信仰，殃及人间佛教

中国是一个崇尚鬼神仙狐的民族，历代文学作品中，有不少以神话人物来反映现实或讽喻现实社会的创作，如《搜神记》《太平广记》《聊斋志异》等，这些典籍在民间流传甚广，同时也发挥了潜移默化的劝善功能，使得中国人几千年来根深蒂固地相信"举头三尺有神明"。

这原本对社会风气也有所约束作用，让人心生警惕，不敢造恶；但是过度强调，造成人们因为畏惧鬼神，为了求平安，或是有

南禅寺大殿 山西五台

所需求，而杀猪宰羊来祭拜诸路鬼神。尤有甚者，在信仰上过于偏重宣传作恶会堕地狱、受业报，大家听了心生恐惧，更不敢来亲近佛教。

所谓"不问苍生问鬼神"，主要是因为人民无法在生活上获得满足，或是自己力有未逮，不能解决现实生活中的问题，于是便希望借助另外的奇迹力量来化解困厄。

佛教承认民间神祇，但不以神祇作为信仰或皈依的对象。佛教是以人为本的宗教，教主释迦牟尼佛是人不是神。他所弘扬的佛法也是在人间，其开示教化我们的真理，如五戒十善、戒定慧三学、八正道等等，都是作为我们改善人生的准绳。

人间佛教重视生活的安乐，拥有净化的财富，享受正当的娱乐，胸怀慈悲地处事，彼此尊重包容……可惜这些都很少宣扬。知识分子乃至社会大众以为佛教很迷信，把民俗信仰的看相算命、求神卜卦的习俗加诸佛教，以为佛教也是怪力乱神。因此，当社会运动要"打倒迷信，破除四旧"时，佛教也遭到池鱼之殃了。

其实，佛教不但不迷信，更要破除迷信。佛教不观天文、不算时辰，主张日日是好日；佛教不看地理风水，身心安住，处处是福地。佛教要大众不被迷信控制，更不被邪信迷惑，实践伦理、道德，建立正信的人生。因此，僧侣所讲的佛法，如果与人间都背离，佛教必然会走向衰微，所有僧信二众都要以此为鉴。

（七）外道邪教猖獗，混淆佛教真相

佛门有句话说："狮子身上虫，还食狮子肉。"当初魔王波旬以各种手段来破坏佛教，佛陀都不以为意。后来波旬说："我要穿你出家人的衣服，行违背佛教戒律的恶行。"佛陀听了潸然泪下。所谓物必自腐而后虫腐之，内在的腐败、堕落比外来的暴力更具摧毁性。因此，我们当今的出家人，可以扪心自问，我们都是虔诚的佛子吗？我们对佛教都能正知正见吗？

佛教的发展，始终饱受附佛外道致命的伤害，例如佛教在印度的衰亡，最主要的原因是被印度教转化，佛教也吸收印度咒语、神秘的元素，因而失去了自己的立场。像明末清初的白莲教，以及早期的一贯道，台湾地区目前层出不穷的附佛外道，乃至日本、韩国的许多新兴宗教等等，都是混淆佛教真实教理的旁门左道。

他们打着佛教的旗帜，到处散播邪说歪理，挟信仰之名，行作乱之实；假宗教的名号，意图以敛财、图利、骗色、求名为目的。政府也无法依据来规范约束，任由他们披着"信教自由"的外衣，到处张扬违背正知正见的思想。他们卖弄神通，蛊惑人心，拨无因果，蒙骗世人耳目，偏离了健康社会的需要，让世人误解佛教，以为佛教迷惑人心。加上人心偏好功利、神异，贪求速成，对于附佛外道趋之若鹜，正信的佛教没有办法阻止邪教和附佛外道的发展，你说，佛教怎能不衰败呢？

（八）宋明理学兴起，代替佛教信仰

自从董仲舒建议汉武帝"罢黜百家，独尊儒术"之后，儒家成为中国政治乃至文化的主流。佛教传入中国之后，和儒家思想从矛盾对立到磨合交融，展开了漫长的消长接触，加上老庄思想，形成具有丰富内涵的中华文化。

唐代佛教空前的兴盛，发展成为八大宗派。到了宋代，各宗延续，尤其禅宗更为士大夫所喜好，几乎没有文人不援禅入儒。例如，以儒者自许的富弼、范仲淹、王安石、苏轼、苏辙等大政治家、大文学家，摄受于佛法融和出世、入世的思想，莫不多与出家人往来，儒家学者因而有儒家收拾不住人心的慨叹。

于是，以周敦颐、程颢、程颐兄弟为主，发展形成新儒学，也就是后来的宋明理学。不过，他们既吸收了禅宗思想，反过来又批判禅学乃至佛教。例如：一代硕儒欧阳修站在儒家的立场，写了一本《本论》反对佛法，蔚为当时风气。

宋朝理学家为什么出入佛教，而又排斥佛教呢？儒家认为，佛教为外来宗教，儒家才是中华文化的正统主流。从孟子开始，经韩愈至历代士大夫，都有捍卫儒家为正统的强烈使命感。他们对外来的佛教展开夷夏之辩，存在儒家优于一切的沙文主义。门户之见根深蒂固，视佛教为异端之学；加之偏于主观，以儒家立场解释佛教义理，甚至，仅以禅宗部分思想来评断和理解佛教，难免以管窥天，无法了解佛教的全貌。

例如，集理学之大成的朱熹，出入释氏之门，涉猎佛教经典，甚至被收录于《居士传灯录》。他吸收佛教的制度、禅门的清规，将之化为儒家书院的门规。因此，理学的发展，说好听一点，它也许是佛教的支流；说得不好听，它其实是反对佛教。

归究主因，是因为佛教没有提升人才，致使佛教凋零，自然比不过那许多研究理学的学者，让他们觉得不一定要相信佛教经书，从理学的诸多著作中，更能满足他们对宇宙人生的探讨。

（九）西方文化影响，佛教无力抗拒

清朝末年，西方以船坚炮利打开了中国的门户，以武力打通了与中国的商业交易，西方的基督教传教士也一批一批涌进了中国。洪秀全趁机而起，24岁自称得到天启，称自己是"上帝之子""天王大道君王全"，发动农民起义，因缘际会，成立了"太平天国"，是历史上运用宗教力量的大型农民起义事件。

咸丰元年（1851），洪秀全利用鸦片战争失败后，国人仇恨帝国主义的情绪，及一般人崇拜洋教的心理，制造了宗教战争。他们以基督教为号召，创上帝会，禁止耶稣基督以外的信仰，兵力所到之处，无论佛寺、道观，或是祖先祠堂、孔庙等，全都被焚毁，佛像经典也被破坏，不但中华文化遭到严重打击，不能崇拜偶像，连祖先都不能膜拜，破坏慎终追远、礼敬祖先的传统伦理习俗，而佛教受到的破坏更是惨重。

1853年太平天国占领南京之后，废除基督教以外的一切宗教，那时，清政府完全没有办法抵抗，而提倡慈悲、和平，没有武力的佛教就更不用说了。加之佛教人才不够，也没有一言九鼎的人士站出来捍卫佛教，原本式微的佛教，就更加衰弱了。

（十）藏经繁多深奥，读者望之却步

一般佛教给人的印象，不是老太婆念经往生西方的通俗宗教，就是三藏十二部经典浩瀚，名相繁多，道理深奥，不知如何入手。其实，佛教传入中国两千多年，和我们的日常生活息息相关，丰富了中华文化。

人间佛教回归佛陀本怀

◀ 佛立像

约5世纪上半叶,砂岩,高220厘米,印度北方邦秣菟罗杰马勒布尔出土,秣菟罗博物馆藏

我们的衣食住行，书法、绘画、音乐、舞蹈、艺术、建筑等等，都与佛教有深厚的因缘；甚至彼此讲话，都受到佛教语汇的影响。例如："你有烦恼吗？""你相信因果吗？""你知道善恶吗？""你懂得结缘吗？"乃至于"功德无量""动静一如""随缘""慈悲"等等，如果没有佛教，那么我们连讲话表达都很困难。

佛教东传以后，历代高僧大德为了让佛法在东土生根，积极翻译经典，到了宋、元、明、清，各种藏经版本陆续搜集编印，虽然保存了圣言经教，可是各版藏经内容浩繁，没有分段、标点，让人感到阅读困难。加上经义高深，经典种类繁多，让有心想要深入佛教的人，只能望经兴叹。

过去，佛教因为受帝王的护持，寺院昌盛没有经济之忧，但出家人若没有对外宣讲、弘化佛教，或者传播佛教的内容没有契合人间需要，渐渐的，就会与人间背道而驰。加之元明清以来，佛教没有帝王的保护和宣扬，当佛教失去外护的伞盖，一旦邪恶的势力对佛教打击、压迫，佛教就没有办法发展，当然衰微不振了。

综合以上，佛教在中国辉煌兴盛的原因，是因为提倡五戒十善的道德，倡导因果报应，奖善惩恶，可以说，佛教的戒律清规，维护了社会的秩序。比如说五戒与儒家的五常有相通之处，所谓不杀生曰仁，不偷盗曰义，不邪淫曰礼，不妄语曰信，不饮酒吸毒曰智。其实除了五戒外，佛教还有四摄、六度、八正道、四弘誓愿。

人间佛教从事很多服务社会的事业，利国利民，尤其许多高僧大德学问渊博、道德高超，受到历代帝王的尊重，发心护持佛教，人间佛教也契合人心，符合社会的需要，因此，佛教的发展就如日月光辉。

可惜，后来的佛教没有继续将这些美德发扬，甚至许多因为职场失败、爱情失意的人，纷纷进入佛教僧团，寄佛偷生，成为依赖

181

佛教"吃教"的出家人，龙蛇混杂，良莠不齐，佛教渐渐缺乏了人间性，不得不衰微下来。

此外，佛教太过强调宗派、地域观念，导致各宗各派相互排挤，致使思想复杂，认为自己的最好，批评对方，认为别人都不对，其实，这都是伤害佛教。像少数的一些学者研究佛教，研究来、研究去，都说佛教这里不好、那里不对，好像他们写论文的人才是佛教的主宰者。你说，有这种想法，佛教焉得不衰败呢？

行文至此，我不得不为佛教在中国两千多年来，兴盛衰败，衰败兴盛，有所感叹，在这个历史的长河里，潮起潮落，真是一言难尽，令人扼腕唏嘘。所幸，现在大陆普遍接受佛教，发扬人间佛教，未来中国佛教的发展，还是有生机的。

第五章 当代人间佛教的发展

提 要

佛弟子常常在佛前发愿："众生无边誓愿度，烦恼无尽誓愿断，法门无量誓愿学，佛道无上誓愿成"，或者倡导布施、持戒、忍辱、精进、禅定、般若的六度、四摄法门。然而，正如太虚大师所言："中国佛教是大乘的思想，小乘的作为。"佛教在人间的建设，一直未能具体有所作为。

本章指出，百年来的佛教，历经庙产兴学、战争等各种因素，致使佛教衰败不堪。有鉴于此，当代人间佛教的行者，力倡人生佛教、人间佛教，融合出世与入世、传统与现代，以文化、教育、弘法、慈善等各种方式，积极推动"从僧众到信众、从寺庙到社会、从自学到利他、从静态到动态、从弟子到教师、从本土到世界"，将人间佛教普及于各行各业，如今人间佛教在世界各地已经逐渐开花结果。

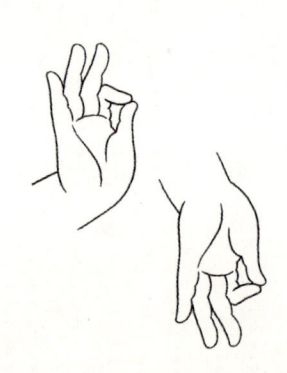

当代人间佛教的发展

佛教发源于印度，光大于中国。尤其近几十年来，随着人间佛教积极地推动，已从中国台湾地区弘传到世界五大洲；就如佛陀当年行化五印度一样，人间佛教已在各地陆续生根发芽。

回顾当初，有不少印度僧人、西域僧人，分别从陆上丝路及海上丝路，将佛教传来中国，带来了不少经典；但因初期传译的佛经，都从西域间接传来，为了求法，也促使许多中国的出家人，如朱士行、法显、玄奘、义净、昙无竭等百千人，西行印度的决心，并且带回搜集的经典，佛陀人间佛教的思想，就这样发展到了中国。

关于佛教在中国发展的过程，我在2001年《普门学报》创刊时，曾经发表过一篇《中国佛教阶段性的发展刍议》，把两千年来中国佛教的发展，分成六个阶段：一、东传译经时期（秦汉魏晋时期），二、八宗成立时期（隋陈李唐时期），三、禅净争主时期（五代赵宋时期），四、宫廷密教时期（元明皇朝时期），五、经忏香火时期（大清民国时期），六、人间佛教时期（20世纪以后），想要了解的读者可以参阅，在此我就不多加说明。

本章则针对人间佛教的推动，分成五个面向来叙述，让大家了解当代人间佛教的发展：一、文化出版；二、教育办学；三、弘法活动；四、慈善事业；五、国际弘法。

高丽《大藏经》经板
高丽高宗三十八年（1251），木，韩国庆尚南道陕川，海印寺圣宝博物馆藏

一、文化出版

佛陀时代，佛法的传播，都是靠口耳相传，后来透过经典结集、艺术、雕刻、绘画等不同方式流传，其中，以文字的弘传力量最为广大，受益人数最多。关于中国佛教传播的情况，在前面已略微叙述，现在就从清末民初的杨仁山居士开始复兴佛教文化说起。

有"中国佛教复兴之父"美誉的杨文会（号仁山）居士，在南京舍宅设金陵刻经处，流通、印刷佛经；其他各处如天津刻经处、北京刻经处、扬州天宁寺昆陵刻经处，也前后成立；此外，福州鼓山涌泉寺、杭州玛瑙寺等，也有刊刻经典流通。

此中，以金陵刻经处为翘楚。前中国佛教协会会长赵朴初曾跟我说，"文化大革命"时，周恩来总理下令要保护金陵刻经处，不能让它受到伤害，所以，延续至今，都还在从事印经工作。这许多刻经处，对于佛典的保存、校勘、刻印流通的发展功不可没。

其实，关于近代佛教文化出版，早在光绪年间，重建南京栖霞寺的宗仰上人，也曾在上海哈同花园印行《频伽大藏经》，可惜因为战乱而散失不全。继刻经之后，是善书的印赠，如：印光大师的《文钞菁华录》，弘一大师、丰子恺共同编著的《护生画集》，上海圆瑛法师的《圆瑛法汇》（即《圆瑛法师全集》），还有广东岑学吕编辑的《虚云和尚年谱》等等，对人间佛教的传播和贡献都很大。

随着西风东渐，各种文化的交流刺激，佛教开始发行各类刊物。在内地，最早的佛学刊物是1912年狄葆贤、濮一乘发行的《佛学丛报》，再有太虚大师创办的《佛教月报》《海潮音》杂志、《觉群》周报，欧阳竟无创办的支那内学院院刊《内学》，仁山法师的《法海波澜》《世界佛教居士林林刊》。在西北地区，康寄遥居士则编印了《佛化随刊》《大雄》月刊、《祈祷特刊》《太虚弘法专刊》等，在全国都有一定影响。其他像上海的《佛教日报》、北京的《觉世报》、汉口的《佛化报》等也相继出版流通。

另外，发行流通在东南亚一带的刊物，如：寄尘、通一法师在广东潮州开元寺创办《人海灯》月刊，慈航法师在南洋办《人间佛教》杂志，竺摩法师在澳门办《无尽灯》杂志，香港佛教联合会觉光法师办《香港佛教》杂志，及妙法师《内明》杂志等数百种的佛教刊物，对人间佛教的普及和传扬都发挥了很大的作用。

在当时，研究佛学风气非常兴盛，最有名的是南京"支那内学院"的欧阳竟无，和北京三时学会的韩清净，有"南欧北韩"之称。不少佛教相关辞典、书籍也相继出版，像丁福保的《佛学大辞典》，是中国佛教有史以来第一部大辞典，梁启超的《佛学研究十八篇》是以学术方法研究佛教的先河，蒋维乔的《中国佛教史》曾被选为

《菩提树》杂志、《人生》杂志

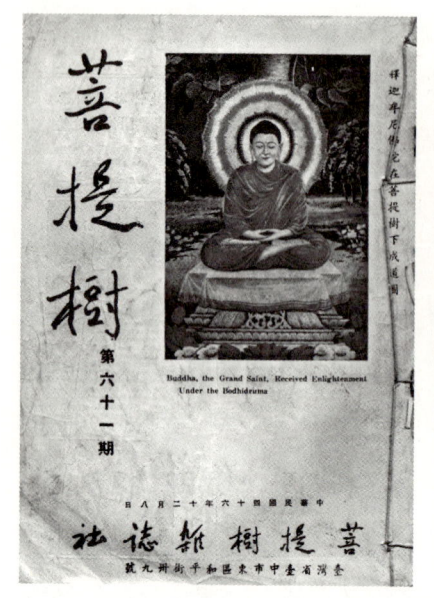

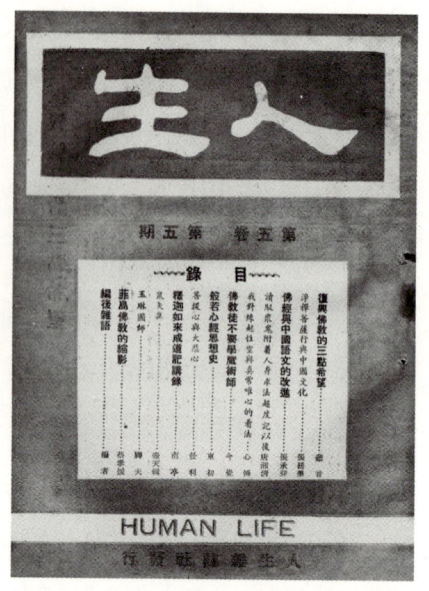

武昌佛学院教材,王季同的《佛法与科学之比较研究》,吕澂的《佛教研究法》,汤用彤的《汉魏两晋南北朝佛教史》,尢智表的《佛教科学观》《一个科学者研究佛经的报告》,都是佛教思想著作的重要代表。由于僧信的努力,人间佛教的思想学说,在全国各地就有了一番新气象。

后来发生"文化大革命",中华文化受到严重摧残。记得香港严宽祜居士告诉我,他在文咸西街四十二号三楼成立的"香港佛经印送处",就是在"文革"期间,从延烧的火堆中,把佛经抢救出来运到香港,并将不少珍贵的版本重新印刷出版。后来,印送处更名为"香港佛经流通处",在海内外流通佛教经书和法器,举凡教界的请托、代办,他都一概义务承揽。严老在佛教危急存亡之际,不计一切地保护佛教,是一位受人敬重的佛教大护法,可以说,与杨仁山居士前后媲美。

所幸,在当时的战争环境下,不少的高僧大德、知识分子,为了续佛慧命,纷纷前往台湾、香港地区,以及新加坡、马来西亚等地继续发展人间佛教，让佛教文化得以保存和流传。如 1948 年，最早从南洋到台湾的慈航法师；隔年，相继从大陆至台的大醒、南亭、东初、白圣等法师；接着，从香港陆续来台的有太沧、证莲、印顺、演培、道安、仁俊、续明、大本法师等人。

半卖半送　佛书推展各界

谈到台湾的佛教刊物，最早的定期刊物是《台湾佛教》，以及原由太虚大师创办的《海潮音》月刊和《觉群》周报。《海潮音》于 1948 年由大醒法师从上海迁移来台发行，后有李子宽居士继之。《觉群》周报则由大同法师带来台湾复刊，初期我曾参与编辑工作，之后由朱斐居士主编，因为理念因素，朱斐决定停办《觉群》，并新办《觉生》杂志，过后又交给林锦东（宗心法师）发行。东初法师办的《人生》杂志，我也曾受托付，担任主编达六年。

再有就是李炳南、朱斐于 1952 年发行的《菩提树》杂志，以及白圣法师的《中国佛教》、莲航法师的《佛教青年》等。而张少齐、张若虚父子创办的《觉世》旬刊，第一期由我做总编辑，后来他们就干脆交由我接手，总共办了 40 年，每期准时出刊，从未拖过一期。直到现在，《觉世》转型在《人间福报》上，每天都有一个版面与读者见面。

此外，广慈法师的《今日佛教》月刊、周宣德及郑振煌的《慧炬》、道安法师的《狮子吼》等杂志，也都相继出版，共同推动人间佛教的文化命脉在台湾的发展。

民国报人朱镜宙和周春熙居士等创办"台湾佛经流通处"，他们不以赚钱为目的，只想发展佛教文化，以半卖半送的形式，将经典、佛书推展到各界。另外有一些堪称文化人的居士大德，如许炎墩、董正之、周邦道、李恒钺、陈慧剑、刘国香、朱蒋元和朱其昌父子、李世杰、乐崇辉、李添春、曾普信等人对台湾早期出版界尽心尽力，共同顶下了人间佛教文化的半边天。他们有的编辑佛教杂志、著书立作、成立出版社，一起为佛教文化发声，算是让佛教也能有一丝生存的空间。如今，台湾的佛教杂志更多元，我也不得办法一一去叙述了。

环岛宣传　推广百部藏经

这时候黄奎等的基隆自由书局、许炎墩的台中瑞成书局、苏绍典的台南南一书局、李庆云的高雄庆芳书局，都是佛教文字流通的大本营；和佛教有深厚因缘的张少齐老居士，早年来台时，也曾创设建康书局，出版佛教书籍，影印《大藏经》流通。我在新竹"台湾佛教讲习会"教过的学生圣印法师，他在台中也成立"佛教文物供应社"；东初法师在北投成立"中华佛教文物馆"等等，这些都为佛教文化增添不少光彩。

而孙张清扬夫人、张少齐父子和我等人，创立的新文丰印刷公司，我们也是无条件交给刘修桥（高本钊）居士经营。新文丰出版佛教的大藏经、书籍数十年，对人间佛教的播撒起了很大的作用。

在台北，原本都是官场中的"大佬"，屈映光、赵恒惕、丁俊生、蔡念生、钟伯毅等人，都自许是佛教徒，发心组织"修订中华大藏经会"，倡印《碛砂藏》。由于人力、财力的资助来源有了困难，只是发行几本，就没有再继续了。

修藏事业的进行很不容易，他们在台北经常召开大藏经会议，我有缘参加了几次，和这些长者都有许多接触。有一次，我到台中探望蔡念生居士。他在堆满了杂物的日式小房子中，打着赤膊、穿个背心，在炎热的夏天里，汗流浃背地校勘《大藏经》。他们这许多的居士大德，为推动佛教文化的发心和努力，让我佩服不已。

说到《大藏经》，东初法师得到孙张清扬居士的支持，发起影印由叶公超从日本运回的《大正新修大藏经》，并且成立影印大藏经环岛宣传团，南亭法师担任团长，由我领队，和煮云、广慈法师，以及当时的宜兰青年慈惠、慈容、慈莲、慈范、林松年等人一起参与。我们环岛80天，推广了数百部《大藏经》。慈惠法师还撰写了《宣传影印大藏经弘法日记》记录当时的弘法盛况。

易懂书籍　佛教文化风行

我自己本身没有进过学校读书，也没有受过文字的训练，但受到胡适之先生的影响。他说："文章如讲话，话怎么讲，文章就怎么写。"就这样，我也觉得写文章如同讲话，没有困难。如佛言："依其义不用饰、取其法不以严。"其传经者令易晓，勿失厥义，是则为善。（《法句经》）因此，我也倡导平易近人、通俗易懂的文章，跟随胡适之一样，在佛教里推动着白话文运动。

20世纪50年代，我先后在台北三重埔和高雄中山一路成立"佛教文化服务处"，对人间佛教有了创新的发展，推出台湾首部出版《中英对照佛学丛书》经典部和教理部，佛教的艺文如《苏东坡传》《佛教童话集》《佛教故事大全》《佛教小说集》等。尤其，重新分段、标点的《每月一经》，每本流通价一元，都是成本以下，等于是广结善缘一样，与有缘的读者结法缘了。

这些通俗、白话、易懂的佛法书籍，很受大家的欢迎。一时，这许多佛教文化出版事业，就像过去的"家家弥陀佛，户户观世音"

一样，广为风行。

我刚来到台湾时，新竹有一位慧瑞法师是印善书的发起人，我翻译的《观世音菩萨普门品讲话》他帮忙推动不少。我写的《释迦牟尼佛传》是第一本佛教的精装书，在大陆、台湾地区，以及马来西亚、新加坡、日本、韩国、越南等国家，光是助印流通的，就已经超过百版以上了。

当时，我在宜兰培养的青年心平、慈庄、慈惠、慈容法师，就在这里为各界人士服务；国际上的，如巴西宋复庭，泰国曼谷的廖振祥，美国的沈家桢，以及香港严宽祜长者等，都和我们有往来。

佛光山开山之初，我也以"以文化弘扬佛法"作为推动人间佛教四大宗旨之一，继《觉世》《普门》杂志之后，二〇〇〇年时，我创办了《人间福报》这一份日报，天天把人间佛教的真善美思想带入社会，带进家庭，被喻为台湾的四大报之一。

台湾文化出版如火如荼地发展同时，大陆在"文革"十年之后，也开始出版一些佛教刊物。如和我交情甚笃的原中国佛教协会会长赵朴初居士，他办的一份《法音》杂志，就是志在推动佛陀的人间佛教。

而今大陆佛教文化的发展，也有了不同的气象，许多学术机构、寺院团体，听说每年都会举办学术会议，至少也有一二百场，出版发行许多的杂志和书籍。

我酝酿五十年编辑出版的《献给旅行者365日——中华文化佛教宝典》，在众多因缘具促下，交给人民出版社出版；我口述的十六册《百年佛缘》，也由上海三联书店出版。这套书出版后，有一次习近平总书记和我见面时，还对我说："你的书，我都看了。"接着，去年口述的《贫僧有话要说》，也交给中信出版集团出版。

顺应时代　合适方式传播

对中华佛教文化未来的前途和对中华文化发展，我们是有信心的。可以说，现在海峡两岸对推动人间佛教，都有了认同和默契。特别是，最近新上任的中国佛教协会会长学诚法师，他年轻有为，运用现代科技网络弘法，以十几种语言传播佛教文化。我想，未来人间佛教的弘扬，威力更加不可限量。

弘扬佛法的语言文字，应该重视给人懂、给人接受，才能落实于生活，对人有所助益，如："有二比丘，一名乌嗟罗，二名三摩跎，来到佛所，白言：诸比丘有种种性，种种国土人出家，用不正音坏佛经义，愿世尊听我用阐提之论，正佛经义。佛言：我法中不贵浮华之言语，虽质朴不失其义，令人受解为要。"（《毗尼母经》卷八）因此，人间佛教的文化出版，顺应每个时代的需求，经历译经、刻经，到现在杂志、报纸、电子报等出版品，以当代适合的方式进行传播。在书本的设计上，要求印刷精美、精装；在内容上，要文字流畅，白话易懂，有可读性、文艺性、生活性。人间佛教指导我们，增加我们在修行路上、在做人处世上的帮助。可以说，这些都是人间佛教回归佛陀的本怀"契理契机"的展现。

二、教育办学

清末民初，胡适、陈独秀、鲁迅、蔡元培等人发起"五四运动"，打倒孔家店，提出"以科学代替宗教""以美育代替宗教"等口号，所以，中华文化、孔子、佛教都受到了灾难。当时，佛教由

人间佛教回归佛陀本怀

栖霞山律学院 江苏南京

于人才不够普及，只有章太炎、梁启超、熊十力、吕澂、蒋维乔等这些少数的重要学者，没有政治、军事上有权力的人士保护，面对乱世的风雨，自然也没有办法去抵抗了。

这风雨飘摇中的佛教，幸好有苏州的印光大师主张"去除三滥"：一、不可以滥传戒法，二、不可以滥收徒众，三、不可以滥挂海单，来重整佛教僧伦。太虚大师也提出佛教"教产、教制、教理"三大革命，发表《整理僧伽制度论》革新僧制，尤其倡导"人生佛教"，致力于佛教改革运动。在这种情形之下，佛教徒忽然有了觉醒，佛教界的大德们，力倡要推动人间佛教回归佛陀本怀。因此，佛教兴学、培养人才的情况也就相继而来。

20世纪最早的佛学院是在1906年，设在我的家乡——江苏扬州天宁寺，由文希法师成立的僧学堂。之后，杨文会（仁山）居士偶然在书摊上，看到一本《楞严经》，他不禁发出"自从一读楞严后，不读人间糟糠书"，因为对佛教有这样的信心，于是舍宅设立金陵刻经处，创立祇洹精舍、佛学研究会，同时推动各项的文化、教育弘法，培养了太虚大师、欧阳竟无、仁山法师、梅光羲等杰出人才。

接着，陆续有上海哈同花园月霞法师办的华严大学、天台谛闲法师的观宗学社、支那内学院、武昌佛学院、闽南佛学院、柏林教理院、天台学院、重庆汉藏教理院、岭东佛学院、金陵佛学院、焦山佛学院、栖霞山律学院、毗卢佛学院、玉佛寺上海佛学院、法藏佛学院、上海静安寺佛学院、华南佛学院等数十所佛学院，在全国各地相继成立。一时，唯识、天台、华严、净土等宗派，及各处的丛林、禅堂等又再兴盛起来。

其中，又以武昌、闽南、"支那内学院"办学最有成绩，从这里毕业的优秀人才，有会觉、法舫、法尊、芝峰、大醒、慈航、苇舫，以及默如、印顺、巨赞等人。这些都是能说能写的法门战将。当时佛学院的师资，也都是一时之选的民国人物，如梁启超、梁漱溟、唐大圆、张化声、汤用彤、熊十力、蒋维乔、黄忏华等人，对振兴佛教都起了很大的作用。

那个时候，太虚大师为了促使佛教世界化，在武昌创办世界佛学苑，有梵文、汉文、巴利文、藏文四种语系的佛学研究，培养这许多不同系统的佛教人才，也分别派遣学僧赴藏地，以及日本、印度、锡兰（斯里兰卡）等国留学，造就的佛门龙象有法舫、法尊、芝峰、大醒、大勇法师等人。佛学教育风行而起，大家一心力图振兴人间佛教，回归佛陀的本怀。

民国以后　佛教办学兴盛

当时的佛教，遭遇1927年军阀割据，笃信基督教的冯玉祥在河南废寺逐僧，甚至发动全省毁佛运动。幸好，太虚大师和蒋介石先生的交谊甚笃,常有往来,蒋介石还曾经邀请太虚大师在国民政府讲说《心经》。

在佛教受庙产兴学的迫害时,蒋介石告示保护佛教:"一、真正依佛教行持的僧徒,可以保存。二、借教育以造就有知识的僧徒,可以保存。三、寺院须清净庄严,不可使非僧非俗人住持。且对于社会,要办有益的事业,可以保存。"正如东晋道安大师所言:"不依国主,法事难立。"也幸好当时还有一些国民党元老,如戴季陶、张继、邹鲁、居正、于右任、屈映光等佛教信徒,在大时代的动乱中,对护持佛教起了一点作用。

遗憾的是,蒋介石后来"英雄难过美人关",和宋美龄结婚的条件就是要他改信基督教,他与佛教的因缘也就改变了。在混乱的时局中,佛教就这样苟延残喘地延续慧命;不过,也要感谢基督教提倡"信教自由",这些西方传来的思想,也让大家给予佛教有了一点生存的空间,可以说,信教自由是世界共同的理念。

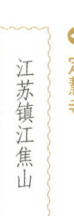

定慧寺 江苏镇江焦山

记得抗日战争胜利的号角刚刚吹起，日本无条件投降的那一年，我正在焦山佛学院读书，我们江苏和京沪一带的佛教徒，真是欢欣若狂。佛教居士热心护法，皈投佛教的人，渐渐多了起来，一片人间佛教兴隆的气象。

定慧寺住持雪烦和尚，忙着重整焦山佛教学院，当老师的忙着教书和出版《中流》月刊。这本杂志发挥很大的传播作用，我们学生每个月都会有一次去帮忙包装、寄送。每次完成工作之后，老师就送给我们一个人一本，大家欢喜得不得了，觉得这一天的作务很有价值。

那个时候，佛教在内地开办中学、小学的情况，也风起云涌起来。家师志开上人为了纪念宗仰上人，在栖霞山办宗仰中学；南京卧佛寺办有大雄中学；觉民法师在雨花台普德寺办普德中学；镇江还有超岸寺小学、福善堂小学，光是焦山办的义务小学就有三所。

我很幸运，离开焦山后，随师父返回宜兴祖庭大觉寺礼祖，在国家正规开办的白塔小学，担任过短期的校长。虽然我没有受过师范学校的训练，就在做中学里累积教育办学的经验，觉得对自己一生很有意义价值。那时候，整个中国大陆佛教义务办理的中小学，至少百所以上；在我想，佛教接下去办大学，是有可能的。可惜，因为战乱关系，也就没再继续下去。

还记得我行脚各处，常常都会在路旁遇到十多岁的小学生向我鞠躬，很恭敬地喊我"法师"。我问他们为什么要喊我，他们天真地回说："我们老师办学堂给我们读书，不要我们的钱，你看我们老师多好；我们的老师是和尚，所以我知道世界上的和尚，都是和我们老师一样的好。"可见民国以后，佛教办学兴盛的情形了。

可怜的老百姓，好不容易盼到和平，接着又遇到国共内战，加上太虚大师在 1947 年圆寂,顿时佛教群龙无首。"文化大革命"期间,大陆人间佛教的运动也就进入了空窗期。在这前后时间,有些高僧大德陆续到了香港和台湾,我也在 1949 年带领僧侣救护队来到台湾,那一年我 23 岁。

说到台湾的佛学院教育,先是 1948 年,中坜圆光寺妙果老和尚,请慈航法师从南洋来台办台湾佛学院。之后,台湾省佛教会在新竹青草湖灵隐寺,请大醒法师办台湾佛教讲习会,我和演培法师都担任过教务主任。

后来相继有:白圣法师也在台北办中国佛教三藏学院、圣印法师在台中办慈明佛学院、妙然法师在苗栗有法云佛学院、印顺法师办福严佛学院、南亭法师在台北有华严专宗学院等数十所佛学院。当时,《太虚大师全书》是佛教界青年学子阅读的重要资料。

可惜,许多佛学院中,有的因为招生不足,有的因师资、经费的缺乏,或者学生毕业后没有出路,也就停停办办,甚至最后难以持续了。

▼ 圆光寺山门 台湾桃园

宜兰落脚　接引青年学佛

因为我自许不要做一个"呷教"（吃教）的和尚，在笔耕、讲说之余，从1953年在宜兰落脚，就如火如荼地展开接引青年学佛。相继成立有弘法队、歌咏队、青年团、儿童班、星期学校等，心平、慈庄、慈惠、慈容、慈嘉、萧碧霞、林清志、陈修平、张肇、林文雄等，都是当时宜兰的佛教青年。

在那同时，也办了"光华文理补习班"，它是佛教第一所跟政府正式立案的教学单位，郑石岩教授就是当时补习班杰出的青年之一。成立的慈爱幼稚园，也是佛教所办的第一所幼稚园，慈惠、慈容法师都曾经担任过园长。现任佛光山常务副住持的慧传法师，就是当时就读的小朋友。没有提倡教育，哪里能有今天人间佛教的弘法人才呢？

接引青年，可以说是人间佛教发展最重要的工作之一。有了这样的觉醒，大家纷纷共同来办佛教教育。其中，佛光山丛林学院至今办学不辍，已经有五十多年的历史，前后毕业的学生就有五千多人，恐怕也是佛教历史上一个创纪录。现在，在嘉义的道观，台中的普晖、慧哲、真芳，头份的真悟，新竹的性滢、悟证，花莲的达莹等法师，都是当时培养的佛教青年。

复兴路途　培养佛缘人才

除了办佛学院，佛光山也举办大专佛学夏令营。如今，这许多青年都在世界各地为佛教、为社会、国家贡献。像被誉为世界"换肝之父"的高雄长庚医院荣誉院长陈肇隆医师，现任台北荣民总医院院长林芳郁，在美国开业的医师，如沈仁义、郑朝洋、李锦兴博士等，和在日本行医的福原信玄、日本东京佛光协会会长林宁峰医师。

还有，担任"中华总会"北区协会会长的赵翠慧；做过国民党云林地方党部主委的薛正直；在台大任教三十余年，退休后获聘为台大化工系名誉教授的吕维明；捐赠头山门弥勒佛的朱朝基以及创作佛光山大雄宝殿的三宝佛，后来做了高雄市议员的陈明吉；甚至，弘誓佛学院的昭慧法师、西来大学执行董事依空法师等，都是当时夏令营的学生。这些佛教提携的人才，播撒到全世界，还怕人间佛教的复兴没有人才吗？

除了佛学院的教育以外，关于佛教的社会教育，最早是在日据时代，如：台南的光华中学、台北的泰北中学。之后，有弥勒内院办的慈航中学，有悟一、南亭法师和我办的智光中学等。由于我们佛教没有人才，最后这些学校都回到了社会，随着时间久远，大家也不知道它们原来是佛教办的学校了。

推动人间佛教，必须积极地服务人群、重视教育，所以在1977年，佛光山在高雄办了普门中学，之后又办了南投均头中小学、台东均一中小学。感于大学教育的重要，1990年佛光山在美国办了西来大学，是中国佛教在西方国家成立的第一所高等学府。陆续又开办嘉义南华、宜兰佛光、澳洲南天、菲律宾光明等五所大学。

现今，佛教界兴办社会教育的还有晓云法师创办的华梵大学，"中国佛教会"办的玄奘大学，法鼓山圣严法师的法鼓文理学院，花莲有慈济大学等。另外，我知道在香港地区与新加坡，佛教界也办有小学、中学，甚至更早香港也有珠海学院、内明大学等，这些都是人间佛教回归佛陀本怀的具体行动。

第五章　当代人间佛教的发展

但是，只靠在香港、台湾地区，以及新加坡办学，这一点力量是不够的，如果内地能够开放接受佛教办大学，对国家、社会都会有提升和帮助。我们希望在人口资源众多的内地，也能有佛教筹办的学校，协助国家社会教育人才，培养护国爱教的宗教人士，那么对未来全世界的帮助会更大。

过去，为了纪念鉴真大师赴日本弘法，前中国佛教协会会长赵朴初，有意要在扬州大明寺兴办鉴真大学，佛光山还捐建了鉴真图书馆。后来，随着赵朴老去世，大学就没有再继续跟进，殊为遗憾。

走入人间弘扬佛教，是佛陀的心愿，在《杂阿含经》中说："尔时，世尊告诸比丘：我已解脱人天绳索，汝等亦复解脱人天绳索，汝等当行人间，多所过度，多所饶益，安乐人天，不须伴行，一一而去。我今亦往欝鞞罗住处人间游行。"佛陀不仅鼓励弟子要积极走入人间弘化，自己更是以身作则，终其一身都在人间传道、授

台湾宜兰　慈爱幼稚园

业,解脱众生的生死烦恼。

因此,关于中国佛教未来要走上复兴的路途,必须要积极走入人间,回归佛陀的本怀,热心造福社会,培养与佛教有缘的人才,兴办各级的大、中、小学,这才是佛教复兴的要道。

三、弘法活动

1912年,民国成立,以寄禅、太虚大师为首的改革派佛教,虽然有心振兴人间佛教回归佛陀的本怀,却是内忧外患,困难重重。内忧有江浙丛林的传统派,和一些权贵在家居士的把持势力;外患有军阀割据、寺院驻兵、地方恶霸的斗争以及庙产兴学的灾难。

为了有组织地进行佛教改革,并且抵抗外在的灾难,1912年太虚大师与在祇洹精舍的同窗好友仁山法师,在南京发起组织"佛教协进会",在金山寺成立筹备大会。由于仁山法师发表言论过于激烈,导致发生"大闹金山"事件,双方发生冲突流血,筹组佛教会的事情也就宣告失败了。

◁《鉴真和尚传记》绘卷第一卷第一段出家卷,镰仓永仁六年(1298),莲行,纸本设色,高37.3厘米,日本奈良,唐招提寺藏

同年，浙江天童寺敬安法师（即八指头陀寄禅）联络江浙诸山长老，与北京法源寺道阶法师，在上海静安寺发起组织"中华佛教总会"。1912年在上海留云寺举行成立大会，17省僧侣代表齐集，圆瑛、谛闲、太虚等百余人与会，公推敬安法师为总会会长，是我国近代史上第一个全国性的佛教团体。后来更名为"中国佛教会"，也就是现在中国佛教协会的前身，是全国佛教最高组织。各种佛教组织的社团，如佛学社、研究社、医学社相继成立，文化出版、教育办学，慈善济生等各种事业，将佛教带回人间。

随着"中国佛教会"成立的演变过程，也让人想起太虚大师和圆瑛法师一段金兰之交的因缘。然而，由于"中国佛教会"的成立，代表致力改革的太虚大师，和代表江浙丛林传统派的圆瑛法师，因为领导理念不同，加上两边的弟子、学生互相批评，如大醒法师在《口业集》所提，对旧僧严厉地指责，让两人从最早的"以心印心，亲同骨肉"的手足情谊，最后无奈分道扬镳。

那时，太虚大师和蒋介石交情甚笃，每次佛教遇到教难，例如中央大学邰爽秋两次提出的"庙产兴学"，威胁到佛教的生存，传统派便会邀请太虚大师共商对策，佛教界此时也显得格外团结。然而一旦灾难化除，就将太虚大师摈除在外。传统派为了巩固势力、财力，仍然反对太虚大师提出的"教理、教制、教产"的改革，障碍人间佛教的推动，不仅太虚大师新佛教一派的僧信不满的情绪高涨，就是国民政府也难以接受。

因此，1945年，抗日战争胜利后，蒋介石发布一个命令，请太虚大师重新组织"中国佛教会"，成立"中国佛教整理委员会"。委员有太虚、章嘉、虚云、圆瑛、昌圆、全朗、李子宽等人，并指定太虚、章嘉、李子宽为常务委员。整理委员会成立以后，隔年（1946）要在焦山佛学院办理"中国佛教会会务人员训练班"，

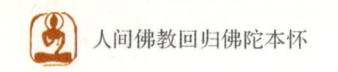

由我们的佛学导师芝峰法师负责，我也有幸参与其中。

为了佛教　尽形寿献身命

由于太虚大师的浙江口音和讲话声音很小，实在说，在培训期中，我也听不懂太虚大师讲话，不过他有一句话："我们要为了佛教！我们要为了佛教！"不断地在我耳际响起。

后来有一次走在路上，无意之间和太虚大师迎面而遇，我站下来立在一旁恭敬合掌，太虚大师忽然停下脚步，看着我，说："好，好，好。"虽然就只是这么简单的一面，但是这一个"好"字和"为了佛教"，对我一生推动人间佛教却发生了很大的力量。

可惜，太虚大师积劳成疾，1947年往生，享年58岁（一说59岁）。同年，"中国佛教会"在南京召开第一届全国会员代表大会，各省及蒙藏地区均派代表参加选举理、监事，选出章嘉大师为理事长领导"中国佛教会"。但随着国共战事，"中佛会"随政府迁台继续运作，展开另一个新的局面。

当时东初法师也把"中国佛教会"的招牌带来台湾。由于有孙张清扬女士以一千万旧台币和李子宽居士的五百万旧台币，两人合资买下台北善导寺，作为《海潮音》及"中国佛教会驻台办事处"会所。

到了第二届理事长与理监事的改选，选出章嘉大师为理事长，常务理事九人，名单如下：章嘉、白圣、悟明、孙心源、星云、张清扬、赵恒惕、吴仲行、罗桑益西等人。当时南亭、慈航、东初等诸位长老都一一落选，我自感年纪太轻，又与负责人理念不一，决定不受此职，于是写了辞职书。许多人批评我不识抬举，不知时务。

后来"中国佛教会"改选，属于圆瑛法师一派的白圣法师，因票数超过李子宽，故而出任理事长。之后，白圣法师主持"中国佛教"四十年，并不能普遍地容纳全体佛教徒，未能振兴、团结人间佛教，实在很可惜。

因此，台湾的佛教代表，也就各凭自己对人间佛教信仰的热诚弘扬佛法了。如：李炳南的居士派、白圣法师的传戒派、印顺法师的学者派、南亭法师的讲经派、慈航法师的青年僧派，在台湾推动青年学佛运动，电台、电视弘法，传戒以及念佛会等等弘法活动，人间佛教就这样逐步地回归佛陀的本怀。

（一）青年学佛运动

首先是在各大学成立佛学社团的周宣德。他对台湾佛教影响最大的，就是我请他参与佛教青年运动。因为我知道佛教需要青年，青年也需要佛教，所以在一九五三、五四年的时候，就想发起青年学佛运动。后来有了一个机缘，知道台湾大学等多所学校的青年，如王尚义、吴怡、张尚德等人，愿意来参与佛教的集会，于是我把20余位青年约在善导寺见面。

大家决议到台北县中和乡（今新北市中和区）圆通寺，郊游、参观寺院、举办活动等，人数以80人为限。会议商量过后，悟一法师就语带警告地对我说："你下次不要再把这许多青年人带到善导寺来，为了这许多青年人，就要花去多少费用，这我们可负担不起啊！"我一听，心里一急，想到："这怎么办？我在台北没有一个落脚处，总不能老是和青年人在路上会面啊！"

这个时候，我看到前来参与的周宣德先生，就说道："周居士，礼拜天在中和圆通寺和青年的会见，由于那天我有特殊的事情，恐怕不能参加，拜托你领导他们好吗？"周居士一听，非常欢喜，满口应承，他说："没问题，没问题！"后来，周宣德居士也就因此一手接办起大专青年的活动。

除此，台湾早期的大专青年学佛基金会，带动青年学佛，南亭法师也有功劳。他说动詹励吾先生把重庆南路的一栋四层楼的房子卖出，所有的收入都捐做大专青年奖学金，那就是后来的"慧炬杂志社"的前身——"慧炬学社"。

周宣德居士受到加拿大詹励吾居士资助，成立了"慧炬学社"，鼓励青年写作，结缘佛教书籍，如李恒钺居士的《向受过现代教育的人介绍佛教》等，印行了不止数十万册，分送给青年阅读，提供奖学金，鼓励撰写心得，借此带动青年学佛。从1957年起，他在各大学都成立佛学社团，如台湾大学的晨曦学社、师范大学的中道学社、政治大学的东方文化社、中兴大学的智海学社等，成就不少佛教的人才。说来，佛教社团在大学可以这样顺利地推动，不能不感谢在大学里任教的周邦道和李炳南、周宣德、詹励吾这些老居士的协助。

营队社团　带动青年学佛

那个时候还是戒严时期，可以举办青年活动的只有"救国团"，我当时认识了蒋经国最信任的"救国团"执行长宋时选先生。我跟他讲，我来办禅学夏令营，他说很好啊！所以，我就在1969年，在佛光山开办了"大专青年佛学夏令营"。

为了顺利举办夏令营，委请当时在高雄"救国团"服务的张培耕，借了几面"救国团"的旗子插在佛光山的门口，我们才得以豁免当局的干涉，使得活动顺利展开。当时，"救国团"是蒋经国先生所领导的团体，有了"蒋经国"三个字为背景靠山，还有什么不能做的呢？所以几支"救国团"的旗子往山门口一挂，就等于"姜太公在此"百无禁忌了。后来的佛教青年依空法师、昭慧法师、薛正直、古清美、尤惠贞等都是这一期的学员。

第二期再要举办时，本来只计划招收大专青年一百名，给予两星期的佛学教育，很意外的，报名青年竟有四十余所院校，总计六百多人，除了分成二梯次举办外，只好赶紧增加各项设备。尤其，当时正逢开山，经济拮据，也买不起寝具，张培耕就帮我向军方借了上千条毛毯；夏令营的课程中，需要外出旅行参观，没有交通工具，他又向军营借了三十辆军用卡车来搭载这许多学生，让我省下很多费用。营队结束时，已经有108位青年皈依三宝，成为正信的佛教徒。

可以说，早期台湾地区带动青年学佛的系统，除了周宣德的慧炬学社之外，就是佛光山的大专佛学夏令营、台中莲社李炳南老居士设立的明伦社，以及莲因寺忏云法师以苦行闻名的斋戒会。那个时候，大家虽然经济都不好，可是都很热情、很卖力地在弘扬佛法，一心一意要把人间佛教带给这些青年朋友。

（二）电台、电视传播

在1950年代，资讯、知识的吸收大部分来自广播电台，华严莲社的南亭法师，赵茂林居士对于推动电台广播弘法不遗余力，几十年从未间断。

当时，为了推动广播弘法，我也每天写《释迦牟尼佛传》，常常连夜加班写到天亮，分别在四个电台广播，如中广、民本、民生、云林正声广播电台，后来慈惠法师、慈容法师等人也在电台主持过节目。传播的力量，让回归佛陀本怀的人间佛教，在台湾逐步发声。

我记得，云林正声广播电台李玉小姐在做《释迦牟尼佛传》"佛教之声"）的节目时，有一个感人的故事。我有一个徒弟，是一位比丘尼，她很老了，已经出家几十年，见到我弘法，一定要拜我做她的师父。后来她患了癌症，面临死亡，问我怎么办？我说："做一个出家人，你好好努力，发心为佛教，生死不要管它。"她就真的发心为佛教的广播节目募集善款，每一次五块钱，集到一千块钱，就给云林正声广播电台做广播费。可以说，没有这个罹患癌症的比丘尼，李玉的广播电台就没有办法维持这么多年。后来，这位比丘尼也奇迹地不药而愈了。

有一句话："假如教室像电影院。"我觉得这是很有道理的，因为儿童在教室里，如果遇到不善教学的老师，上起课来枯燥无味，坐在那里就如在牢狱一样辛苦。这时若有电影看，可能进步会快一些。

所以，继广播电台的弘法之后，佛光山又推动电影、电视的弘法。先是《释迦牟尼佛》在金国戏院的演出。有一位姓梁的导演，一开始就安排耶输陀罗和悉达多有些缠绵的画面，还找我做顾问，我不同意这场戏的安排，他怪我不懂戏剧、太过落伍，因此我就退出不管了。演出之后，由于电影字幕上写着原著是我的名字，引起佛教界的反弹，还到我们位在三重的佛教文化服务处找麻烦。

1962年，台湾第一家电视台"台湾电视公司"成立，那时候，电视台每天播出的，多数都是基督教或天主教光启社制播的节目。可怜的佛教，一直在等待的煎熬里度过。到了1979年，才有一位信奉伊斯兰教的电视节目制作人白厚元先生，以每集要价十二万，问我是否愿意在"中华电视公司"制播每周半小时的佛教节目。对我而言，这实在是天价。

但是，为了佛教的弘法传播，我咬紧牙根，好不容易制作了

第五章　当代人间佛教的发展

韩国庆尚南道梁山通度寺大雄宝殿

二十四分钟的第一个电视节目《甘露》，并且兴致勃勃地在"中央日报"刊登广告说："1979年9月4日起，每周二晚间七时至七时三十分，将在'中华电视台'推出由佛教制作的节目《甘露》。"

报纸刊出后，蒋夫人（宋美龄）马上下令不准播出，我找郝柏村先生、蒋纬国先生帮忙，但是，他们也无法挽回情势。我气愤地向当时的"中华电视台"总经理梁孝煌先生表示抗议，他们反对的理由是，因为节目里面有我三分钟说话。我说："我不是在宣扬佛教，而是在宣导要正信的盂兰盆会，改良社会风气啊！"他说："和尚不能上电视！"我奇怪地问道："你们的电视连续剧里，不也都有和尚吗？"他竟说："那个是假和尚，可以。"实在不得办法，只有把我讲话的三分钟去除了。

又有一次，"中央日报"记者告诉我，慈航法师的肉身不坏的消息，蒋夫人如果在台湾，也不得发表，因为蒋夫人去了美国，所以记者就大胆地全版报道。由于蒋夫人的关系，所以当时"台视"、"中视"、"华视"等对于佛教上电视都很害怕，但是为了宣传教义，我也就无所畏惧地不断争取。

像这样一季三个月的游说各台播出佛教节目，实在说，这是很不容易。因为在那个时代，哪一台的明星或节目，是不能到其他电视台演出或播出。所以，像我这样游走三台，也算是非常特别。

最后，经由名制作人周志敏小姐从中协调，终于又促成佛教第二个弘法节目《信心门》，于1980年在"中视"播出。每次收看的观众都将近两百万人，普遍受到社会大众的欢迎。这是因为1975年蒋中正先生逝世，蒋宋美龄女士出国，我们佛教电视弘法的生命才得以延续。

后来佛光山的电视弘法，陆续就有台视的《星云禅话》《每日一偈》《星云说喻》，"中视"的《星云说》，"华视"的《星云法语》等节目，每录一集，电视台就给我六千元。所谓三十年的风水轮流转，过去我到电视台做节目，每一集要花十二万，现在换成电视台每一集给我六千元，可见大家对佛教的肯定和接受了。

此外，我写的长篇小说《玉琳国师》，没想到初试啼声，即蒙受读者欢迎。后来，多次改编成剧本，录制成广播剧在电台播放，拍摄成电影在剧院演出。其中，以二十年前由勾峰先生改编制作的电视连续剧《再世情缘》最为轰动，连海外地区都争相播放。

想起过去，台湾的电视台每天下午都会播出一小时的京剧节目，但我感到，京剧里的唱腔，光是两个字拉得那么长，一句话也要唱得那么久，实在引不起观众的兴趣。其实，我们也不懂唱腔、曲韵，总觉得京剧要改良，听戏的人才会更多。

说来，佛教也和戏剧的命运相同，假如不图改变，因为保守，没有通俗化、大众化，就没有人听，也没有人讲，没有人学佛，没有人信佛了。

（三）传戒

过去，日本统治下的"台湾"佛教，并没有出家戒律。所谓"戒住则僧住，僧住则法住"，僧住就要传戒。真正发起传戒，是在1952年台南关仔岭的大仙寺想要传授三坛大戒，白圣法师得到这个机会，就和政府交涉，由"中国佛教会"主导来传戒。

这一次传戒，由开参法师任得戒阿阇黎、智光法师任说戒和尚、太沧法师任羯摩和尚及道源法师任教授和尚，有证莲、南亭、慧峰、煮云等法师任尊证师。白圣法师任开堂、戒德法师任陪堂。由于南亭法师有事，临时不能前往，就由我代理，所以，在台湾佛教第一次传授三坛大戒的堂上十师当中，我也跻身其中，留下一张照片纪念。

当时"中国佛教会"规定，一寺一年传一戒，轮流举办。所以，狮头山元光寺、台北十普寺、基隆月眉山灵泉寺、台北观音山凌云寺、台中宝觉寺等都陆续举办。

早期台湾地区传戒的主权在"中国佛教会"，必须得到佛教会的同意才可以举办，戒牒也都必须由"中国佛教会"来发。我在1967年就登记要传戒，他们有的庙都传了二三次了，一直等到1977年，才轮到我。

那个时候，佛光山还没有得到高雄县政府的寺庙登记，原本想，就以佛光山派下有寺院登记的寺庙来传戒，例如宜兰的雷音寺或基隆的极乐寺。后来，陈泊汾帮我成功取得寺院登记，我就以佛光山寺的名义来办了。

为了平衡人事，我请来净心法师来做总开堂。当时，一张戒牒要500块台币，钱都付了，"中国佛教会"的净良法师也不给我戒牒。甚至传在家戒会，一张戒牒也是要付五百块。后来，我就索性不管他了。传戒是好事,对社会秩序的重整,道德的提升都有帮助,我传我的戒,他也奈何不了我。

1977年,佛光山首度传授三坛大戒,三个月的戒期仪规,都是依照大陆丛林传戒规矩进行。邀请授经阿阇黎升座开示、演礼、正授、为戒子上课等,等于是短期的佛学院。除了由我及真华法师、煮云法师担任三师外,也礼请海内外诸山长老,如月基、悟一、隆道、开证、竺摩、普净、镜庵、天恩法师等,担任尊证阿阇黎和授经阿阇黎。戒会的庄严殊胜、行事缜密,被誉为模范戒会。

三坛大戒　仪轨回传内地

佛光山此次的戒会,特别针对过去传戒没有二部僧受,直接从沙弥、比丘到菩萨戒坛,因此我交代负责戒会的慈惠法师,根据佛制,制定二部僧受(一僧一尼)的仪范,比丘由比丘传授,比丘尼由比丘尼传授,从此,三坛大戒的仪规才算完整。后来,担任"中国佛教会"理事长的净心法师主持传戒,也来跟佛光山拿这套仪规,如今也回传内地了。

过去,在内地三坛大戒中,男众比丘才能担任引礼法师,女众比丘尼只能称"引赞师",也就是协助、赞助的意思。但是,在佛光山的戒期,统统都称"引礼"。因为佛法讲究的是发心,不是男、女外相或在家、出家,只有践行平等思想,才能和佛心相应。

后来,在佛光山美国西来寺也举办过一次三坛大戒。西来寺从1978年起,历经十年的筹建,终于1988年11月26日落成,被誉为北美洲第一大佛寺,由慈庄法师出任首任住持。落成之际,同时传授万佛三坛大戒,共有来自十六国家,三百位僧众求受大戒。

1991年，佛光山再度举行为期三个月的"万佛三坛罗汉期戒会"。有来自美、韩、泰、尼泊尔、马来西亚、印度尼西亚、新加坡、越南等十一个国家和香港地区，五百多位戒子海会云来集，创下汉传佛教史上戒期最长、教学最殊胜的纪录。此次传戒，一切遵循佛门传统规矩，包括行脚托钵，亲身体验原始佛教的弘化生活。

　　过去，对于南传佛教没有菩萨戒，不能发菩提心走入人群弘法，我感到很可惜。所以，1997年在佛光山举行的"第四届国际佛教研习会"上，来自世界各地的南传、汉传、藏传佛教僧信代表一致联名签署，请佛光山寺前往佛教发源地印度传授比丘尼戒法。

　　因此，1998年2月，佛光山乃联合南传、藏传、汉传佛教界，共同圆满这次世界传戒大会。计有来自印尼、泰国、尼泊尔、非洲、日、韩、欧、美等国家地区150余位戒子参加，并有1500余位在家信众参加三皈五戒。此次胜会，使得自11世纪以来，在印度及南传国家中断的比丘尼教团得以重光，也为佛教历史写下新的一页。

　　对于在家众的戒律，过去传授五戒、菩萨戒，戒期都要七天；现在因应时代的需要，同时也感到受戒是一时，重要是恒常受持，因此改为二日一夜，给大家方便前来受戒。另外，把体育馆或活动中心等会场布置成佛堂，邀请三师授证，也不失为一种方便。

制定清规　　不离戒律精神

　　而对于欣羡出离的生活，但已经组织家庭，不能出家修行的在家居士，除了佛制一日一夜的八关斋戒，1988年佛光山首次举办短期出家修道会，共有八千人报名，录取千余名，分三梯次举行，这是佛教史上的创举。

在短期出家期间，必须受出家的沙弥十戒或沙弥尼十戒，过的是出家人出世的生活。也不观听歌舞、不坐卧高广大床、不着花鬘香油涂身……这样的出离生活就和世俗人完全不同，让人可以体会到一种"空无"精神的无限富有。

戒律也是一样，每个地区都有时间、空间、文化的差异，因此，佛陀在《摩诃僧祇律》叮咛阿难在他涅槃前，要记得提醒他戒律要因时制宜，不可僵化："复次佛告阿难：'我临般泥洹时当语我，我当为诸比丘舍细微戒。'而汝不白，越比尼罪。"所以，当时佛陀制戒有开、有遮，依照当地的条件因缘来调整。不管在家的、出家，只要能把四大根本戒律，不杀、不盗、不淫、不妄语持好，四威仪、四无量心都能做到，尤其四弘誓愿能如实学习、实践，这样大概就能成为一个了不起的佛教徒了。

佛陀的思想是很开明的，对于戒律、僧团规矩的制定，在《弥沙塞部和醯五分律》记载："虽是我所制，而于余方不以为清净者，皆不应用；虽非我所制，而于余方必应行者，皆不得不行。"说起来，中国的祖师大德很聪明，用清规代替了戒律。各家丛林像天宁寺、金山寺，他们的清规都各不同，但都不离戒律的精神。佛光

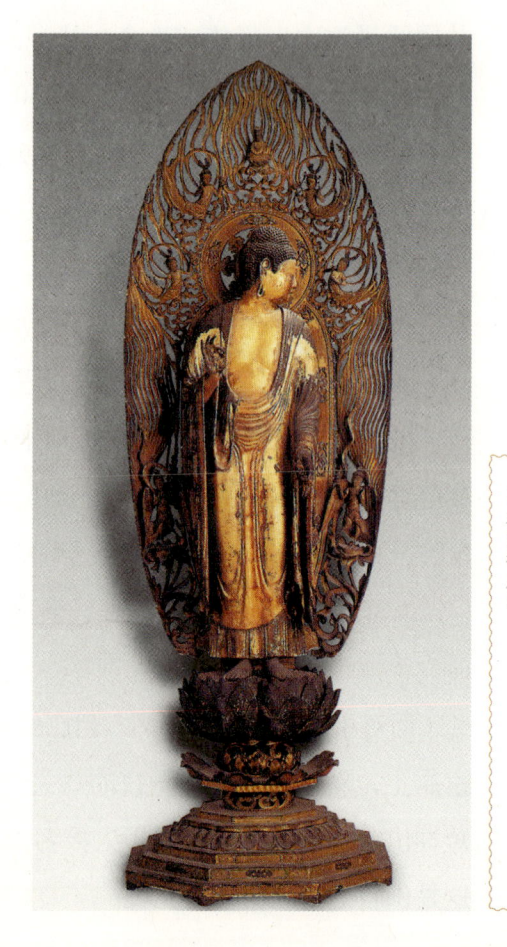

◀ 禅林寺阿弥陀佛立像
镰仓时代（1185—1333），木，高77.6厘米，日本京都左京

山也制定《佛光山清规手册》，作为大众共遵的规矩、制度。所谓"三千威仪、八万细行"，在平常为人处世、应对进退中，勤修戒定慧，息灭贪瞋痴，尊重、礼貌，给人接受，慈悲待人，降伏我们的烦恼习气，时时记得"饶益有情"，所谓"人成即佛成"，这就是佛陀在人间制戒的本怀了。

（四）念佛会

早期台湾可以说以念佛法门最为兴盛。如李炳南老居士的台中莲社、煮云法师在高雄有凤山佛教莲社，我在宜兰雷音寺成立念佛会等；另外，像埔里妙莲法师的灵岩山，更是以念佛为主要的弘法道场。这当中，以李炳南老居士的台中莲社为主要的带动者。

李炳南，号雪庐，早年于印光大师处皈依，一生致力弘扬净土。1950年与董正之、徐灶生、朱炎煌、张松柏等人筹组、成立台中佛教莲社，同时有几个念佛班，人数不等，每个星期定期念佛。台湾最初念佛风气之盛，绝大部分与炳老提倡净土有关。

炳老精通世学、佛学，基本上是儒佛兼弘，但实际上是儒为体，佛为用。他也创立菩提医院、慈光图书馆、乐队、口琴队、文艺班等，熔新旧于一炉，引导青年，避开僧团，以老师之称，收徒纳众，有别于佛教僧团，也为佛教开辟出另一番天地。

说到当年的台中佛教莲社，真是犹如古代慧远大师的东林寺，他们念佛共修，带动成就道业者众。如同在《念佛感应往生记》记载不少念佛感应的事迹，如李清源、林清江等居士往生净土，都有明证，甚至该书作者林看治居士，本身也如愿往生西方，火化后得数百颗舍利子（见《念佛感应见闻记》）。另外，近代台北念佛团的李济华团长，一生专修念佛法门，也是预知时至。像他们都是佛教莲社的居士，能够修行有成，炳老对当时念佛法门的推动，真可谓"古有慧远，今有雪庐"。

炳老对于净土的信心丝毫不能动摇，印顺法师曾著有《净土新论》，内容对于西方净土稍有批评，炳老的弟子在台中要焚毁《净土新论》，闹成很大的风波。不过，印顺法师做人也很随和，他知道自己初到台湾，不愿意和庞大的居士集团对立，所以在菲律宾弘法时，向当地信徒募集的净财，就捐献给炳老兴建"太虚纪念馆"来平息这起事件。

对于炳老，信仰他的人认为他一心弘扬净土，难能可贵；批评他的人认为他过于执着，佛法不是只有净土一宗，除净土之外，还有很多法门，他不应该独尊净土，排斥其他宗派。如今，在台湾的居士集团，以信仰为中心的，也只有炳老这一支了。可惜生前没有重视传人，又没有自己的寺院，常常商借台中灵山寺打佛七，所以炳老一去，台中佛教莲社失去领导。

净土洞窟　向往佛国美好

关于净土念佛法门，我自己也有一些体会，最初是1953年，我到宜兰雷音寺弘法，成立"宜兰念佛会"，来年开始打佛七。佛七的作息，是遵循丛林的规矩，早晨五点开始起香，中午过堂，晚间药石，晚上七点到九点半大板香；在这一支香里，是大家最认真、最精进的时刻。

此外，我也提倡每个星期六举办"禅净共修"。因为当时在台湾，要找到一个正式的禅堂很困难，要有一个真正的念佛堂也不容易，只有借用寺院里的佛殿，把禅净融和在一起，四分之一的时间诵经，四分之一的时间念佛，四分之一的时间绕佛，四分之一的时

第五章 当代人间佛教的发展

▲ 佛光寺净土洞窟罗汉群像
1981年，水泥彩绘，台湾高雄

间静坐，每支香大约两个小时。

由于念佛对一般的佛教徒而言，是最契机的法门，所以我又相继成立罗东念佛会、头城念佛会、台北念佛会、虎尾念佛会、龙岩念佛会等，可以说，禅净共修在当时的佛教界蔚为主流，也开展出台湾佛教的辉煌时期。

这一段期间，我还特地在佛光山兴建一座净土洞窟（1981年开放参观），让大家知道西方极乐世界的殊胜美好。有人问我："为什么不建十八层地狱，让人看了心生恐惧，从此不敢做恶事？"我却认为，能够让人感受到佛国净土的殊胜美好，使人心生向往，不是更积极吗？我认为，佛陀的人间佛教是在现世充满光明、希望和欢喜的信仰，不是给人恐惧的。

佛光山从开山以来到现在，全世界已有两百多个道场，我规定每个道场在每周六同一时间，全球佛光人同声念佛。假使我们有三百个大大小小的佛堂，一个佛堂平均能容纳五百人念佛共修，就

217

有十五万人同时念佛，二六时中，佛声不断，那么，极乐净土不就在眼前了吗？

总计，我一生的岁月，七十多年的出家生涯，至少有四分之一的时间奉献在禅净共修里；光是打佛七，就有近两万个时辰。我推动念佛，主要是希望让大家借由念佛，达到自我健全、自我清净、自我反省、自我进步，进而扩及家庭、社会、国家。所以，我不一定要求大家要念到一心不乱，反而让信徒很容易接受。

（五）佛教社团

早期许多佛教团体，大都不是在政府立案的佛教社团，但是，大家都各自努力，为佛教奋斗，在政府立案的，把持教会反而不做事。

从1986年蒋经国先生宣布"解严"以后，各种集会、结社、言论、出版、旅游等也跟着开放，于是佛教各种弘法社团也纷纷成立。目前台湾现有的佛教社团，有"中国佛教会"、"国际佛光会中华总会"、"中华佛教居士会"、"中华佛寺协会"、"佛教青年会"、"中华佛教比丘尼协进会"、"中华国际供佛斋僧功德会"、"慈济功德会"等。这许多的社团当中，最活跃的要算是国际佛光会了。

国际佛光会成立于1991年，先是在台北成立"中华佛光协会"，来年1992年在美国洛杉矶音乐中心举行"国际佛光会世界总会"成立大会，四千多位来自全球45个国家的佛光会代表参加，经过大家公推，由我担任创会总会长，吴伯雄、水谷幸正、严宽祜、游象卿、阿那鲁达法师当选为副会长，我以"欢喜与融和"为主题，力主人间佛教回归佛陀本怀："从僧众到信众、从寺庙到社会、从自学到利他、从静态到动态、从弟子到教师、从本土到世界。"由于国际佛光会的成立，让在家众加入弘法的行列，不仅实践佛陀人间佛教平等的精神，更扩大人间佛教的影响力。

如今，国际佛光会已在全球五大洲七十余个国家地区，成立一百七十多个协会，近两千个分会，拥有数百万名会员，以"提倡人间佛教，建设佛光净土，净化世道人心，实现世界和平"作为佛光会的发展目标。值得一提的是，2003年7月，联合国经济社会理事会更正式授证给"国际佛光会"成为非政府组织咨询顾问，这也是第一个进入NGO成员的佛教团体，这份荣耀是僧信共同合作、努力的成果。

继国际佛光会成立之后，1994年成立"国际佛光会世界青年总团"，由慧传法师担任总团长。在短短几年内，世界各地的佛光青年团和在"台湾大学"、"台湾清华大学"、成功大学等数十所大学成立香海社团，也发起"五戒青年'心'生活运动"，走上街头宣导"五戒青年'心'生活运动"，每年有上万名青年学子响应五戒"不杀生、不偷盗、不邪淫、不妄语、不酗酒乃至不吸毒"运动。

此外，每年还举办"公益旅行"，前往中国大陆，以及印度、马来西亚、菲律宾、巴西等地，从事卫教、教学、义诊等服务。同时培养出上百位的妙慧、善财讲师，经常到学校演讲，宣导"三好运动"。2015年"大马好"佛教青年音乐会，有八千名的青年朋友齐唱"佛教靠我"，佛教的传播有了这些生力军，让人欣慰又充满了希望。目前，全球近二百个佛光青年分团，也积极地走入校园、社团，发挥人间佛教净化人心的力量。

在我的理想里，在台湾地区，不仅僧信学佛、行佛，而是从小到老，从男到女，彼此互助互成，所以佛光会成立的构想，当然也就包含儿童教育在内。二〇〇〇年国际佛光会佛光童军团于佛光山正式成立，随后并于世界各地陆续成立分团，成为佛教界首创的世界性佛教童军团。十多年来，台湾佛光童军团拥有稚龄童军、幼童

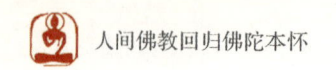

军、童子军、行义童军与罗浮童军,这些青少年为独居老人服务,乃至八八水灾灾后重建整理,也可以看到他们的身影,充分体现童军智仁勇三达德的精神。

不同信仰 齐努力净人心

一直以来,佛教徒多只重诵经念佛,不读书、不思考,这让我非常挂念。所谓"以闻思修,入三摩地",为了鼓励大家读书,在二〇〇二年元旦,正式成立"人间佛教读书会"。十余年来,在觉培法师的带领下,陆续成立了两千余个读书会,共同推动各类型读书会、阅读研讨会及全民阅读博览会等。由于读书会的成立,更加提升,并且带动佛教徒的学习热情和成长。

去年(二〇一五年)的二月与五月,先后成立了"中华传统宗教总会"与"人间佛教联合总会"。这两个社团的成立,都在实现人间佛教"尊重与包容"、"平等与和平"的理念,借由"中华传统宗教总会",希望能够促进不同宗教团体的相互往来认识,大家能够同中存异,异中求同,虽然信仰的宗教不同,但大家共同为净化社会人心一起努力。

因此,从2011年佛馆落成以来,在每年的十二月二十五日,固定举办"世界宗教联谊会",邀请所有的神明到佛陀纪念馆,大家一起过诸神、圣贤的圣诞节日。每次都有来自海内外两千多个宗教团体,五万多人参加。看着这许多神明不分地域,信徒不分老少,大家鱼贯进入佛馆,秩序井然,不由得让人想到经典所载,当年佛陀灵山胜会,天龙八部齐聚一堂,真是宛如佛世再现,令人有种回归佛陀时代的感觉。

另外,人间佛教联合总会的成立,在慈容、慧传、依融、满益、觉培、妙乐的努力之下，目前有近二百多个寺院、教团，以及逾四百位社会贤达加入。如大雄精舍、慈法禅寺、佛光山、香光尼、比丘尼协进会、灵鹫山、福智等；个人会员有吴伯雄、叶金凤、王力行、郑石岩、简丰文、张亚中、黄锦堂、丁守中、潘维刚、吴志扬、侯西泉、洪玉钦等。

为了扩大人间佛教的力量，从去年起，成立了"中华佛光传道协会"，协助推广各种文化出版的书籍。光是去年，就赠送了数百万册的《献给旅行者365日——中华文化佛教宝典》《贫僧有话要说》及《贫僧说话的回响》等，至全球上万家的大饭店、民宿、航空业者，以及各级学校、图书馆、医院、监狱等等，甚至，在北京人民大会堂举行新书发布会。我想，透过一本佛教文化宝典，可以让佛陀的人间佛教在世界各国发光，照亮每个人的心灵。

当年，佛陀在金刚座上悟道时所言："奇哉！奇哉！大地众生皆有如来智慧德相，只因妄想执着不能证得。"人人都有佛性、都能成佛，人间佛教自然也为僧信二众所共有，出家众弘法也护法，在家众护法也弘法，人间佛教的弘传，全体佛教徒大家都有义不容辞的责任，又何必分什么你我呢？

四、慈善事业

为了造福人间，佛教倡导菩萨道自度度人的六度万行，第一善事就是布施。一般人以为布施，只是布施财富，其实做一点善事救济人，那是初学，高深一点的，还要知道布施佛法真理、布施无畏。不过，一般大家都不能体会，只晓得财布施的救济，所以在佛门里，慈善事业好做，文化和教育的事业，虽然也都是布施，但是比较难做。

佛教的慈善事业，早在印度佛陀时代就已经开始。如前文提到，最初在舍卫城，佛弟子兴建浴室、探视病者、供给医药等；像给孤独长者、频婆娑罗王、毗舍佉夫人布施精舍、讲堂，乃至后世的阿育王，设立无遮大会、药藏库、福德舍，供给旅人及贫病者药品、食物等。这些都是佛教社会公益慈善事业的先驱。

到了中国，佛教的高僧大德们依循佛陀教化，修行慈善、服务社会：设立义学、植树造林、凿井施水、修桥铺路、施粥施棺、急难救助、长生库、无尽藏院、悲田养病坊等，举凡能利益众生的教法，都是菩萨道的实践，也把人间佛教推动到社会大众中。

过去历代大德的善举，不胜枚举。而当代人间佛教的慈善事业，在辛亥革命前后，也随着佛教革新思想的开展，发展出济世利生的慈善活动来关怀人间。每次发生各种水灾、旱灾之后，各地寺院虽然也受到重创，但僧信全力恢复寺院之余，也开办养老院、孤儿院等慈善机构。在多难之秋，佛教除了赈济灾民、救护伤兵、急难救助，创设佛教医院，成立僧伽救护队，前往战地救护伤兵，协助掩埋死者，为受难者启建法会等等，人间佛教对社会的关怀层面之广，可以说是无所不包。

民初以来，有许多居士佛教的组织，如汉口的佛教正信会、上海的净业社，成都、重庆、河南的佛学社，以及上海、北京、天津、长沙的佛教居士林等。在国家天灾战乱不断时，也都有人相继挺身而出，如熊希龄、狄葆贤、王一亭、李尘白、高鹤年、江味农、吴璧华、康寄遥、朱庆澜，以及后来的赵朴初长者等，这许多救苦救难的人间菩萨，大家共体时艰，有钱出钱、有力出力。甚至，许多寺院在国家战乱的时候，把寺院提供出来，让驻兵及难民居住，这不就是行大布施吗？

回忆我在栖霞律学院读书时期，栖霞山做过一件伟大的事情。

大概是在 1937 年中日战争开始时，寺里曾经收容过二十万名难民。当时，还是营长的抗日英雄廖耀湘，也藏身在难民群中。栖霞山的僧众帮他化装易容，顺利地抵达大后方，继续保家卫国，他后来做到新六军的军长。佛教对国家社会能说没有贡献吗？那一次的难民收容，听说家师志开上人出力最多，后来家师能可以在栖霞山被授记为监院，接着担任住持，应该与此事有极大的关联。

心香一瓣　实践四给布施

过去我曾把布施譬喻为四个年级：一年级是布施金钱，二年级是布施劳力，三年级是布施语言，四年级是布施心意。因为布施金钱，有时候给太多的钱，他也不会用；布施劳力、做义工，有时也没有那么多的事可以做。但是好话不怕多，尤其能够"心香一瓣"，存好心为人祝福，以教义、佛法传人，随时随地地实践"给人信心、给人欢喜、给人希望、给人方便"，随手的好事，满面的笑容，这些与人为善的行为，也都是布施。

▶ 平等院供养菩萨像

平安天喜元年（1053），木，高 72.1 厘米，日本京都宇治

更深一层的意义，我虽没有出钱出力，但别人布施，我心里欢喜、赞叹对方，不计较、不比较，施者、受者的功德都是同等，这就是更上等的布施了。能做到这样，即是人间佛教的行者了。

布施最重要的，要能做到"三轮体空"，合乎无相布施。佛教的布施，不是贪求善名，不是贪求报偿，尤其不能假布施之名积聚钱财，投资其他事业。把别人慈善救济布施的钱财移作他用，这是违背因果，虽名为布施，也不合乎佛法。

过去，大醒法师曾经跟我说，别人给他的供养，如果说这个钱要给他买水果，他就在红包上写上买水果，不会作为他用。别人说这是给他喝茶的，他就写上这是买茶叶的，他不可以错乱因果。因此，别人给你做慈善救灾的钱，你拿来买大楼置产业，办其他事业，这是错乱因果，是不对的。我们建设寺院化的缘，净财就要拿来建寺；化缘建佛像，就要拿来建佛像，不可以把建寺院的钱拿去置产购屋、开百货公司，把捐佛像的钱拿去办学校。所谓桥归桥、路归路，在慈善事业的推展上，要正派、道德，符合因果法则。

人间佛教所倡导的善行，是要把佛陀过去的本生、本事的菩萨行，今天重现在人间，做一些无畏的、无相的布施，我们现在推动人间佛教，如慈航法师说，佛教的生命线寄托在三个事业上：文化事业、教育事业、慈善事业。其实，除了这三个事业以外，真正的佛法事业，在佛教里面有四摄法、六度万行、三十七道品。

人间佛教的慈善，救急不救贫；人间佛教的慈善，就是弘法，救济人心才是最大的慈善，而不是只有物质、金钱的提供。所以真的慈善，其内容、精神是很深的。因为钱财、物资的慈善布施会有用尽、用坏的一天；以佛法布施他人，却能让他今生今世受用无尽，甚至来生还是可以受用。

第五章　当代人间佛教的发展

▶ 天空任鸟飞

丰一吟

所谓慈善救济,也包含宣扬戒杀、护生。像民国吕碧城居士,在旅游欧美各国,宣扬戒杀护生的观念;弘一大师和丰子恺合作出版《护生画集》,在人心惶惶不安之期,也有安定、教化的功能。早期来到台湾时,这本画集也曾广为印行流传。后来,佛陀纪念馆在建设规划时,我就将《护生画集》一百五十四幅的作品雕刻在风雨长廊,推广护生的观念。人间佛教的福利社会,以救济天下苍生为己任,而过去在那种没有环保、生态的观念时,佛教就已经从君权、民权的时代提倡"生权"了。

说到生权,放生,最好改为"护生"。放生主要是长养慈悲心,平时爱护动物,重视山林水土的保持,不要有错误的观念,以为自己要做七十岁、八十岁大寿了,所以要买多少鱼、多少鸟来放生。这些不是放生,不是功德,反而是放死和破坏生态,变成造业了。

拿钱买动物来放生,是买不完的。世间的生命、众生那么多,只有用心里的慈悲才能救济一切众生。希望今后台湾的放生事业,能够真正实践佛法"诸恶莫作、众善奉行",这就是最好的护生。实在说,与其花三五千买一只乌龟来放生,不如花三五千教育别人不要杀生要护生,才能永久地杜绝后患。

监狱教化　培养慈心自觉

在慈善济生中,监狱布教也是慈善的重要一环。台湾早期的监狱布教,是由台北南亭法师、赵茂林居士和我们共同发起"监狱弘法团",我和广慈法师、马性慧、李子宽、刘中一、陈慧复等居士轮流至监狱宣讲。几乎全台湾的监狱都曾留有我走过的足迹,如台北土城、新竹、台中、云林、屏东、高雄、花莲、兰屿、绿岛监狱等,甚至香港赤柱监狱,以及美国等地也都去过,成为法务部正式聘任的第一个教诲师。

我曾经在土城和死刑犯对谈过,和他们谈生死、谈人生悔改。记得有一次在花莲监狱,有两千多个重刑犯,都是年轻力壮,我跟他们说:"你们两千多人,如果都跟我出家做和尚,佛教、社会得到你们的慈悲帮助,那是多大的贡献啊。"

在高雄女子监狱,我曾为数百个受刑人主持皈依典礼。大部分的女性朋友,都是因为违反票据法坐牢,这是由于丈夫使用太太的名义开立支票而遭到连累;甚至也有先生走私贩毒被发现,把所有罪名都推给女人,最后就是这些女人代夫受罪,实在说女性对世间的奉献、牺牲,超越了男性。

马英九先生担任"法务部长"时,也邀请佛光山的法师在台南明德戒治所,做驻监传道师。法师与受刑人二十四小时生活在一起,可说是独一无二的特例了。我也曾向前"法务部长"的廖正豪建议设立"中途之家"。所谓"中途之家"就是针对受刑人刑期未满前,大约还有三四个月之间,做为他们进入、适应社会的缓冲站,在那里给予他们心理辅导。

因为在监狱里,管理员都是这个不行、那个不准;但是在中途学校,可以给予一定限度的自由。例如:可以会客,要吃什么东西也可以,乃至吃香烟也无妨。甚至还可以带他们游山玩水,让他们感受到人间有爱,不要对往事充满仇恨、计较,到了社会就比较能适应。

其实,法律要从积极面给人空间,才能收到教化的效果。后来佛光山在监狱发起举办八关斋戒、皈依三宝,甚至短期出家典礼等净化人心的弘法活动,培养受刑人的慈悲心和自觉的智慧。负面地否定他们的价值,在压力之下,他们再犯罪的行为,就会更加层出不穷了。

这些年来，佛光山春节平安灯会中的各式造型花灯，有一些也都出自监狱受刑人的巧手，他们在制作花灯过程中，不但心境转化，也找回自信心与荣誉感。2012年，彰化监狱"鼓舞打击乐团"曾经来佛陀纪念馆演出，也受到大家的肯定和鼓励。

这些年，由于工业的发展，地球暖化的脚步更快了，各种天灾人祸也相继而来，像1951年的花莲大地震，后来的"九二一地震"、百合（Nari）台风、SARS疫情、南亚海啸、汶川大地震、莫拉克"八八风灾"等各种灾难，很多社会团体投入救灾，当然佛光山也一起参与其中。

2014年7月，台湾发生澎湖空难和高雄气爆事件，佛教、天主教、伊斯兰教、道教、基督教等在高雄巨蛋体育场举办"高雄七三一气爆暨澎湖七二三空难事件宗教界追思祈福大会"，数万人共同为灾民祈福，马英九先生及"五大院"会长都来参加，祝愿灾民早日走出伤痛，回归正常生活。

给人尊严　让人心安接受

在救灾过程中，要尊重受难者的文化，不可以透过救济勉强对方来信仰佛教，也不能乘虚而入，硬要别人接受我们赈灾团体的想法和做法。莫拉克"八八风灾"时，佛光山提供许多基督徒的灾民食宿，邀请牧师来祈祷为他们安心。一位神父来探视灾民，要离开时到佛像后祷告感谢："谢谢佛陀，让我们完成了上帝的旨意。"

其实，救济，不是救别人，是救济我们的家园、我们本身的安全。四川汶川大地震后，当时在灾区我跟大家说，我是回来报恩的；施者、受者等无差别，功德都是一样，接受不是不好，也是有功德的。救灾，尤其要给人尊严，做慈善，要让人在接受时，能够心安理得。

此外，友教徒设立教堂，我们可以给予一些帮助；天主教修女来台几十年传道，年纪大要回归故里了，我们也可以随喜帮忙筹措旅费。人间佛教的慈善布施，是不分宗教、不分地区，没有目的、没有企图心的。

佛法净化　贪瞋痴心三毒

人间佛教的慈善，是在人间播撒佛陀的慈爱，增长大家对佛法的信心，所以，佛光山成立云水医院送医疗到偏乡；设立佛光精舍，提供老人在晚年有个信仰的依靠；办大慈育幼院，40多年来，已有800对儿童成家立业。乃至推动慈悲爱心人把心找回来等活动；成立公益信托教育基金，奖助真善美新闻传播贡献奖、三好校园等。目前，佛光山有五十部云水书车，每天把行动图书馆带到偏乡，让知识获得不易的儿童也能与书香同在。这就是将慈善救济的意义再扩大、再提升。

真正的布施，没有大善知识指导，只是人间的善行，不能成为佛教里的究竟慈善。佛陀教化人心的本怀，是解决根本的苦难，以佛法净化人心的贪瞋痴三毒；唯有如此，才能真正杜绝世间不断发生的天灾人祸。

从印度到中国佛教千年来，没有行大布施，佛教如何能普及？但是，人间佛教的财施、法施、无畏施超越世间，更为可贵。特别是今日的社会，政府的力量无法让人民完全免除恐怖，虽然警察很多，居住的房子也有保全设备，但对生命安全还是有所疑惧。所

人间佛教回归佛陀本怀

以，让人心免除恐惧、害怕，人人道德提升，做人正当、正派，佛法的布施是很重要的。

以上这些菩萨道的行事，都是和佛陀在印度时代古今相应，中印一体，从人道的慈善，转入不求回报的菩萨发心，合乎佛心，合乎人间的需要，回归佛陀的精神、本怀，这才是根本慈善之道。

▼ 阿育王石柱
印度比哈尔邦

五、国际弘法

人间佛教不仅是在这个地球上世界化、国际化，事实上，佛教都是在无量法界、三千大千世界里交流往来的。如《阿弥陀经》云："其土众生，常以清旦，各以衣裓，盛众妙华，供养他方十万亿佛。"鉴往知来，现代的佛教在世界国际的交流，也只是小事一桩。

在民国时期，国际佛教会议、组织访问团、宗教交流等各种国际活动就开始了。如1924年，太虚大师在江西庐山举办"世界佛教联合会"，隔年，太虚大师率领"中国佛教会"前往日本参加"东亚佛教大会"，这是近代史上中日佛教徒首次正式会议。

1928年，太虚大师前往欧美宣讲佛学，在巴黎筹设世界佛学苑，开中国僧人跨越欧美弘传佛教之先河，经蔡元培的介绍，与著名的哲学家罗素交流佛学。为了推动佛教国际化，太虚大师先后也派遣学生、弟子，前往中国西藏，以及日本、印度、锡兰（斯里兰卡）等地学习。

中日战争发生以后，太虚大师在1939年发起组织佛教"国际访问团"，远赴缅甸、印度、锡兰（斯里兰卡）以及新加坡、马来西亚各地，宣传抗日救国。抵达印度时，沿途受到民众的欢迎，他还写了一首诗："甘地太虚尼赫鲁，声声万岁兆民呼；波罗奈到拘尸那，一路欢腾德不孤。"可见当时访印的盛况。

1943年"中国宗教联谊会"成立，全国各宗教团体和全体宗教徒团结起来，一致抗日。在我的记忆里，佛教的代表是太虚大师，伊斯兰教的代表是白崇禧将军，天主教的代表是于斌主教。国难当前，宗教之间自然增加了来往和团结。

后来，因为国共内战的因缘，内地僧侣就分别前往香港、台湾等地，以及新加坡、马来西亚等国弘扬人间佛教，间接促成了人间佛教国际化的因缘。在我看来，战争有千百个不好，却也促进思想文化的传播因缘，这也算是不幸中的幸事了。

在台湾，首先推动人间佛教国际弘法交流，是在1963年，由佛教会组织的佛教访问团，先后访问泰国、印度、马来西亚、新加坡、菲律宾、日本等国与香港地区。因为我担任该团的发言人，因此整个过程，我都记录在《海天游踪》一书，在此就不一一叙述了。接着，1976年庆祝美国建国200周年庆祝大典，"佛教美国访问团"佛光山也组织了200人参加，这是第一个前往祝贺的台湾佛教团体。

由于日本佛教学术、宗派非常兴盛，加上地缘和中国台湾比较接近，大家就常有往来。1974年成立"中日佛教促进会"，日本禅宗的最高领导曹洞宗管长丹羽廉芳长老和我分别担任各方会长。几十年来，和日本交流中，有许多令人怀念的长者，如临济宗的管长古川大航长老，冢本善隆、水野弘元、中村元、平川彰、镰田茂雄、牧田谛亮、安藤俊雄、前田惠学、水谷幸正等大学教授学者，他们都在佛光山盘桓多次，也来中国台湾交流、发表论文，或者到丛林学院教学，慈庄、慈惠、慈容、慈怡等人早期到日本留学，都曾经亲近过这些大学者。

说到日本佛教，他们和我们汉传佛教有些不同，他们从信仰佛陀到信仰祖师，从过去公天下，到父传子的家天下，从过去守戒律，到现在不做比丘而做和尚。比丘要持守出家戒律比较困难，和尚是亲教师，他们认为可以有家庭。

再说到韩国佛教，1974年，我在韩国汉城成立"中韩佛教促进会"之后，韩国佛教曹溪宗千年古寺的三宝道场：通度寺（佛宝）、

第五章 当代人间佛教的发展

台湾新北 佛光山金光明寺山门

海印寺（法宝）、松广寺（僧宝），及东国大学、金刚大学等单位，至今每年都有十数团的韩国团体来佛光山参访。韩国是一个佛教历史悠久的国家，可惜，这些名刹大多建设在人烟稀少、交通不便的深山里，反而是将教堂建在十字路口的基督教，如今在韩国传教比较兴盛。其实，佛教要传播到人间，就必须考虑这些地理空间，是否能让大众平常往来方便。

求法热忱　法传世界因缘

到了1978年，慈庄法师和依航法师前往美国洛杉矶建设西来寺，最早先是从一间小教堂开始。有一天，加州大学的天恩法师带了十八位南传比丘前来应供，挤得到处是人，我也赶紧煮了素菜供养大家。在陌生的地方，能有朋友在弘法上互相往来帮助，虽然忙碌，却也忙得很欢喜。后来还有哈佛大学的美籍人士普鲁典博士等，还在佛光山研究佛学一年。

从美国西来寺开始，人间佛教就拓展到西方甚至五大洲。这些弘法的因缘，要感谢世界各地的华人及当地政府的帮助。如：巴西张胜凯夫妇舍宅为寺的因缘，有了南美洲的如来寺；荷兰侨领罗辅闻先生，吁请政府捐地兴建荷华寺；瑞士何振威为四千名佛教徒请法，成立了佛光会；澳洲钢铁公司董事长及卧龙岗市长亚开尔先生亲自邀约，澳洲南天寺得以兴建，以及马来西亚竺摩法师金明法师、广余法师这些长老大德和槟城的州长许子根、丘宝光等协助，东禅寺每次过年都有百万人次到访。这些都是因为许多长者、居士大德为教求法的热忱，人间佛教才有到全世界传播的因缘。

其实，国际弘法要重视培养语言人才。历年来，如擅长日文、中国闽南语的慈惠法师；英文的妙光法师在人间佛教研究院继续国际学术交流；日本有满润、慈怡法师继续在群马建设法水寺；满莲、永富法师每年在香港体育馆和维多利亚公园举办数万人弘法大会；巴西觉诚、妙远、觉轩法师帮助巴西贫童接受教育；菲律宾永光、妙净法师带领"悉达多音乐剧"艺术团，巡回美国、马来西亚、新加坡，以及在香港、内地等地演出；欧洲的满谦、西班牙的如海、觉心，法国的觉容、妙达，智利的妙观，美国的慧东、如扬、觉泉等法师，也多与当地宗教人士或者到联合国交流。像德国柏林妙益法师所在的道场，现今早晚课、行堂、典座、香灯等，都是由当地德国人承担；又好比澳洲布里斯本的中天寺，有数十名澳籍义工，分担了许多寺务工作，包括行堂、典座、知客、打扫、清洁等，甚至以英文做早晚课等。几十年来，人间佛教已经逐步实现本土化的发展。

适应当地　发展各自特色

　　什么是本土化？本土化是奉献的、是友好的，大家依照各地的文化思想、地理环境、风俗民情的不同，发展出各自的特色。"本土化"不是"去"，而是"给"，希望透过佛教，给当地人带来更充实的精神生活，这正是人间佛教秉持回归佛陀本怀的精神，才能让人接受。

　　人间佛教在世界各地的传播，除了要适应不同的政令、文化之外，就是和基督教、天主教、伊斯兰教等信仰的互动了。因此，我在海外传教，因为当地多信仰天主教、基督教，因此鼓励他们可以有两种信仰。就如同我们在学校念书，喜欢文学的同时，还可以选修哲学的道理一样。

　　秉持尊重与包容的态度，所以我行脚世界各地，和印度的总理尼赫鲁、泰皇普密蓬、菲律宾总统阿罗约、美国副总统戈尔、马来西亚总理马哈蒂尔，新加坡的李光耀、李显龙父子，澳洲总理东尼·艾伯特，中南半岛各国家的政府领袖，甚至天主教的教宗约翰·保罗二世、本笃十六世，我都有所往来，建立友谊。

　　另外，值得一提的，之前由太虚大师与锡兰（斯里兰卡）籍的玛拉拉色克罗博士等人倡导的"世界佛教徒友谊会"（简称世佛会），1950年终于在科伦坡成立。1988年，由我帮助他们走出亚洲，在美国西来寺承办了第十六届大会，让两岸分开几十年的佛教，能在西方一起参与会议，连接了两岸佛教的往来。后来世佛会也在澳洲南天寺，以及台湾佛光山陆续举办过大会。

因为1988年的因缘，在中国佛教协会会长赵朴初长老的邀请下，1989年在美国就以"国际佛教促进会"的名义，组织五百人的"弘法探亲团"赴大陆各省份的佛教道场访问，先后受到国家主席杨尚昆先生的接待，相谈了一个多小时；全国政协主席李先念先生也与我们一行在北京人民大会堂见面、宴会。这是海外归来的出家人在国家最重要的殿堂会面讲话，也是中国刚改革开放以来特别的待遇了。

2002年佛指舍利来台，也是一大盛事。当时，国家主席江泽民先生以"星云牵头，联合迎请，共同供奉，绝对安全"十六字授权，大家不分派系、地域，共同迎请西安法门寺佛指真身舍利来台供奉。时任陆委会主委，也就是蔡英文女士，协助我们包了两架港龙航空专机，从台北经香港直飞西安，写下两岸直航的纪录。当时还由凤凰卫视即时全程转播，可以说"两岸未通，佛教先通"。

在中国艺术研究院田青教授与时任国家宗教局叶小文局长的努力下，佛光山梵呗赞颂团在2003年，于北京中山堂、上海大剧院演出。叶小文局长邀请我在上海剧院讲话，当时在场的一些老和尚，老泪纵横地说："我们几十年来，没有看过出家人在公共场合讲过话了。"佛教多年的委屈，能有出家人在这样的公共场所讲说佛法，实在是无限的安慰。

后来，在叶小文局长和田青教授的推动下，于2004年成立"中华佛教音乐展演团"，由中国佛教协会副会长圣辉法师担任团长，副团长是心定和尚与中国佛教协会秘书长学诚法师，在慈惠、慈容、永富法师等人合作之下，集合四大教派和南传、汉传、藏传三大语系的一百多位僧众成员，在香港、澳门以及台湾的"国家音乐厅"，美国奥斯卡颁奖典礼的柯达剧院、加拿大英国女皇剧院等世界上一流的剧场巡回演出。假如这些合作能再继续，两岸的未来友好、和平、团结,有什么不可能呢?

大陆"文革"以后,有所谓三不政策"不接触、不谈判、不妥协",因此举办各种宗教会议,都是内部举行。初次筹划"第一届世界佛教论坛"时,还特地安排我前往海南岛会商。后来,"第一届世界佛教论坛"邀请中国香港地区的觉光法师、中国汉传佛教的一诚法师,藏传佛教的班禅大师等八人共同发起,第一届在杭州举办,第二届在无锡开幕、台北闭幕,再度写下了两岸佛教交流盛事。

2013年2月初春,我应邀随同台湾国民党荣誉主席连战先生率领的"台湾各界人士代表团"赴大陆,访问了国家主席习近平。在北京人民大会堂与习近平先生见面时,他对我说:"你的书,我都看了。"我说:"我写了一幅字'登高望远'送给您。"

其实,2006年,习先生还在浙江担任书记时,我前往浙江参加"第一届世界佛教论坛",就与他有过一面之缘。我也应邀题名"人间弥勒",据闻这四个字现在被刻在弥勒大佛座下。后来,2015年在海南岛博鳌亚洲论坛,也蒙他接见我们一行并摄影纪念。我也回忆起习总书记的父亲习仲勋先生,他在广东做省委书记的时候,保护了六祖惠能大师的肉身不坏像,功劳很大,他们对佛教的护持,我实在感念于心。

那一次在拜访完习总书记后,我和全国政协主席俞正声见面,建议他让"世佛会"和"佛光会"都能够到内地开会,大家多一些往来了解,对于促进和谐社会有所帮助。承蒙他的允准,后来都一一实现。2014年10月"世佛会"顺利地在西安召开。隔年十月,"佛光会"也首次在佛光祖庭宜兴大觉寺举办理事会议。感谢全国政协主席俞正声、国宗局局长王作安、宜兴市委书记王中苏、市长等人的大力护持,让大会得以圆满成功。

回顾人间佛教历年来的对外交流，实在不胜枚举。像世界显密佛学会议、国际佛教会议、世界佛教青年学术会议、天主教与佛教国际交谈会议等宗教、学术活动，也因而结识了僧伽桑那法师、阿难陀法师、达摩难陀法师等人。其间，中国台湾佛光山和泰国法身寺缔结兄弟寺。尤其近二十年来，每年举行国际佛教僧伽研习会，都是国际佛教交流中的盛事。

此外，夏威夷大学的恰波教授、康奈尔大学的麦克雷教授、耶鲁大学的爱因斯坦教授、柏克利加州大学的兰卡斯特教授，以及中国大陆的方立天、楼宇烈、杨曾文、赖永海等教授，大家都因为人间佛教而结缘至今。

你来我往　人间佛国呈现

关于世界佛教运动，我们希望大陆和台湾的诸山长老都能一起来推动佛教的国际化。我们现在能做到的，是开办美国西来大学、澳洲南天大学；菲律宾除了光明大学、艺术学院，并且以佛陀传音乐剧英文弘法；南非南华寺天龙队，着直排轮舞龙，获得南非总统祖玛先生的肯定。巴西的如来之子在各国以足球交流弘扬人间佛教；维也纳青年爱乐乐团作词作曲，以音声做佛事；慧显法师在印度复兴佛教，领导百名沙弥，希望将来他们对印度的人间佛教，都能有所贡献。尤其近年，每年暑假，都有来自全球四百所名大学，一千多名国际学生，前来佛光山参与佛学。

过去，要出国一趟很难，推动佛教国际化更是难上加难；如今全球五大洲都有僧信二众一起推动人间佛教。尤其，从 2011 年佛陀纪念馆落成以后，每天都有来自世界各国的人士，他们不远千里前来参观、访问。可以说，今天的人间佛教天天都在国际交流，大

世界和平塔
印度比哈尔邦

家不分宗教、不分国籍、不分彼此，你来我往，我往你来，同体共生，互尊互重，这不就是人间佛国净土的呈现了吗？

唯愿以上的功德，回向给法界众生幸福、安乐；也把这一点成果呈现给佛陀，让我们回归佛陀提倡人间佛教的本怀，聊表一点对佛陀的心意。

第六章 总结

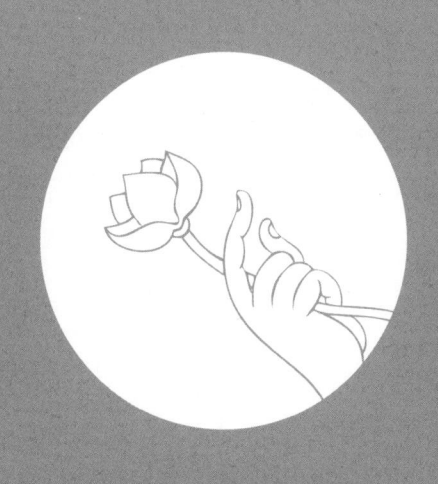

提要

佛教对中国最大的贡献是"家家弥陀，户户观音"，以及因缘果报的观念；但是中国佛教很可惜，只有一半的佛教，例如，在根本教义上只有消极的解释，缺乏积极的作为。重视出家，不重视在家。重视出世，不重视入世。重视寺院，不重视家庭。重视山林，不重视都市。重视男众，不重视女众。因此佛法的弘传，不能全面性、普遍性地展开。而人间佛教把这一切都融和、完整、圆满了。

本章谈到，对于"有人挂念，人间佛教会不会因为太人间化，而流俗了"。其实人间佛教是出世的精神做入世的事业，是传统与现代的融和。而所谓传统，不是一百年前、五百年前的佛教，而是直指佛陀本怀的传统。所谓现代化，则是以现代人可以接受佛法的方式，"依义不依语"的善巧方便，将佛教教义以人人能懂、能接受的方式，推动"三好四给""五戒十善""六度四摄"的人间净土。

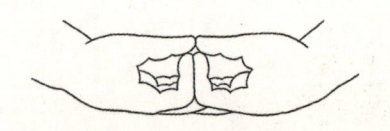

总　结

　　我自从信仰佛教，慢慢知道，世界上有许多弘化佛教的国家和地区。泰国人，信仰泰国的佛教；缅甸人，信仰缅甸的佛教；柬埔寨人，信仰柬埔寨的佛教；越南人，信仰越南的佛教；韩国人，信仰韩国的佛教；日本人，信仰日本的佛教；当然，中国人就信仰中国的佛教。

　　在中国人的信仰里面，我最初信仰的是观世音菩萨的佛教，后来也信仰阿弥陀佛的佛教，之后信仰地藏王、普贤王的佛教。当我知道了释迦牟尼佛是娑婆世界佛教的教主以后，我渐渐感觉到，原来我的信仰这么复杂。

百亿化身　统一名号佛陀

　　慢慢懂得一点信仰后，我把这许多信仰的对象，不论什么佛、什么菩萨也好，我都把他回归到佛陀，我信仰的是佛教的教主释迦牟尼佛。

　　佛陀，有千百亿化身，可能所有这许多诸佛菩萨的名号，都是他的化身，这样说来，我所信仰是没有错的。我信仰了这许多诸佛菩萨，并且把他回归到伟大至尊的释迦牟尼佛，应该也没有错。所以，当我明白这个道理，在观世音菩萨的圣像前面，我礼拜释迦牟尼佛；在阿弥陀佛圣像的前面，我也一样礼拜释迦牟尼佛；而在释迦牟尼佛圣像前面，我也可以礼拜阿弥陀佛、药师如来。

　　我知道，我这样做是正确的，因为佛教讲"佛佛道同，光光无碍",一佛就是一切佛,一切佛就是一佛,这许多佛菩萨都是我信仰的至尊——释迦牟尼佛。

基于对佛陀的信仰,我在25岁的时候就写了《释迦牟尼佛传》。那个时候,对于释迦牟尼佛,有的人称呼"佛",有的人称呼"如来",有人称他为"世尊",也有人称他为"释尊",甚至如来还有十种尊号,光是一个佛陀,就有很多的名号。我感觉到,佛陀不需要有这许多的称谓,应该统一名号为"佛陀"。

自从《释迦牟尼佛传》统一称"佛陀",而后我的著书立说都以"佛陀"为名。所以,我觉得十种名号也好,很多的称呼也好,我终于把它统一起来,尊称为"佛陀"。

人间佛教,就是佛陀的佛教。佛教有原始佛教、部派佛教、北传佛教、南传佛教等不同。在中国,有华严的佛教,有天台的佛教,有唯识的佛教,有净土的佛教等等宗派。说来信仰的种类那么多,其实也信不来。像我们是禅门的弟子,但在禅门里,也有一花五叶、五宗七派,我究竟是哪一宗、哪一派的佛教呢?

团结合一 佛教才会兴隆

这时候,我又慢慢体会到,世间的人,关于他的信仰,这个人执着信仰净土,那个人执着信仰唯识,这个人坚持信仰禅宗,那个人坚持信仰三论宗,所以各人有各人的信仰。你说我的不好,我说你的不对,每个人都觉得自己信仰的最好。其实,这一切都是佛教,是我们信徒在自我毁谤佛法。

如同我曾讲过的一个公案:有一位师父,一双腿患了风湿症。他有两个徒弟,大徒弟按摩右腿,小徒弟按摩左腿。在大徒弟按摩右腿的时候,师父赞美小徒弟按摩左腿怎么好,大徒弟听了很不欢

第六章 总　结

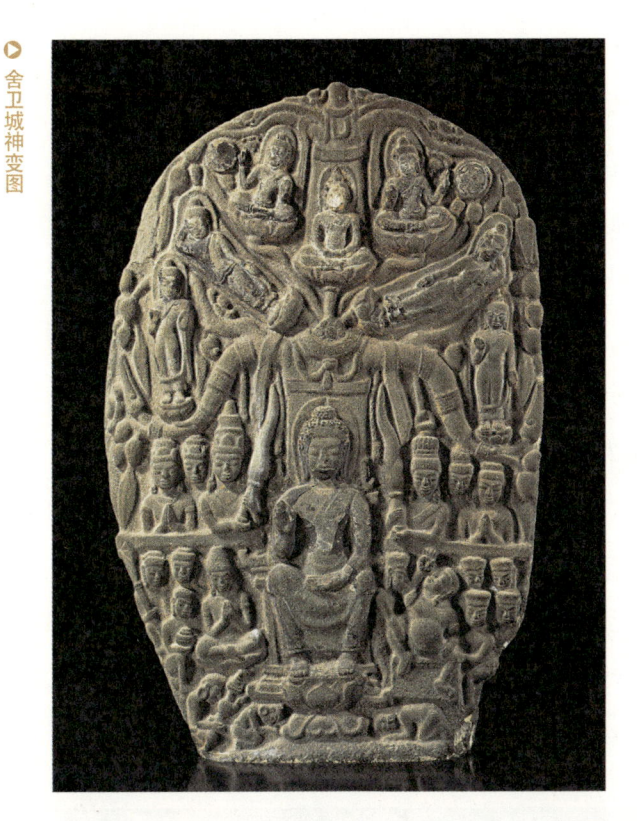

▷ 舍卫城神变图

7至8世纪，砂岩，高129厘米，泰国大城清寺出土，泰国曼谷，曼谷国立博物馆藏

喜。当小徒弟按摩左腿的时候，师父也说大徒弟按摩右腿怎么好，小徒弟听了也不高兴。由于他们相互忌妒，把对方按摩的腿打断了，让对方没有腿子可以按摩。这就是人的劣根性，听不得人家好。

　　这两个人为了消除心中的愤恨，可怜的师父却没有双腿了。这不就是佛教普遍的现象吗？佛教徒互相地毁谤，认为自己的信仰是对的，对方是不对的，这不是损害了佛教，让佛教难以行走吗？你要打倒我，我要打倒你，你说我不对，我说你不好，这样的分歧，佛教会兴隆吗？唯有团结合一，才有力量。

　　在佛教里，也有的人信仰佛教之后变得傲慢、自私，有的传教士不知道谦卑，骑在信徒的头上。甚至现在一些学者，在写论文的时候搬是弄非，批评这个不对、那个不好，把信仰的佛教比较来、比较去，贬抑别人，到后来就是贬抑佛教，大家什么都不是，这样伤害了纯洁的信仰，哪里还有完美的佛教呢？其实，他都是在毁谤佛教。基督教、天主教的一本《圣经》，你有看过哪一个学者、专家敢对《圣经》亵渎、比较批评吗？

　　在信徒里，参禅的人看不起念佛的人，认为念佛的人没有知

245

识；念佛的人不欢喜参禅的人，说禅宗都是在胡思乱想，有的说要靠"自力"，有的说要靠"他力"，互相轻视，这都是伤害佛教。其实他不知道自己已经做了毁谤三宝的罪人，还不知道自己的错误。为什么不把这许多信仰单纯化，让它万法归一或是一生万法呢？你信你的，我信我的，大家互相不必诋毁，大家不要嫌三道四，这才具备一个信者的风度。就好比我们的眼睛管看，耳朵管听，嘴巴管说话，各司其用，你何必一定要说他不如你呢？假如眼、耳、鼻不分工合作，哪里能成为一个完整的人呢？

立志革新　走入服务社会

我们佛教一个释迦牟尼佛，有千百亿化身，你要信仰这个，我要信仰那个，其实，彼此包容就好了，也不必计较。当我了解这个

佛陀归乡说法图
约一七五〇至一七八〇年，纸本设色，宽66.5厘米，英国，牛津大学博德利图书馆藏

道理，我就更加肯定我信仰的至尊——释迦牟尼佛了。

我感觉到，在我成长的栖霞山、焦山丛林里住了十年，都很少见到有在家的信徒前来参拜。那么大一个寺院，就只住了几十个或者几百个僧侣，每天做早晚课、过堂。我在想，佛教就是这样吗？

之后，我回到宜兴的祖庭大觉寺，有幸在那里住了近两年，却从来没有见到一个信徒上门来拜佛，就只有我和我的师兄两个人和一些农民、工人朋友。我觉得这样的佛教，好像太孤单了。佛教不是号称"家家弥陀佛、户户观世音"吗？中国人都是信佛教，为什么没有释迦牟尼佛了呢？

当我懂得信仰佛教后，就觉得应该一切都以佛陀为中心，但为什么释迦牟尼佛都住在寺院里？住在山林里呢？为什么没有走到社会上，或者走到每一个家庭里？让所有的佛教徒晓得：要信仰教主——伟大的佛陀，才是正确的信仰。

因为我有了这样的想法，心里就立志，我要让佛教从山林走上社会；从出家僧众走到在家的群众；从寺庙里走到家庭里；从谈玄说妙的佛教，走到服务社会的佛教；从出家人做课诵、参禅、念佛的佛教，也可以有很多佛教徒共修、联谊、讨论的佛教。例如，怎么样安身立命？怎么样走上佛国净土？怎么样消除自我的贪瞋无明？怎么样断除烦恼？怎么样与别人和谐包容？

杂志出刊　获得师父支持

由于我在焦山佛学院求学时，参加过太虚大师办的"中国佛教会会务人员训练班"，对于建立"新佛教"，也有一些理念，佛教一定要注重内忧外患，总之一句，佛教需要革新。那时候自己也打算，要从事新佛教革新运动，不过所谓人微言轻，当然也谈不上有什么行动抱负,只是办了一本《怒涛》杂志,每个月出刊一次。师父志开上人知道以后,捐献五百令纸张给我们,这个鼓舞很大,觉得这一个工作获得师父的支持,不是我私自任意的行为。

后来,我有机会到了南京华藏寺,从担任监院(总务主任)到住持,为期虽短,但心中已经有了新佛教的蓝图:我要办教育、要办文化、要办慈善事业、要组织信徒、要增加佛教人口等等。当时的华藏寺,有自己的一间织布工厂、一所小学、一个买卖热水的热水堂,这些都与人民生活有直接的关系。因此,我认为新佛教的未来,一定要服务社会,要和社会民间结合,佛教才能生存。

尽管我有这样的想法与热情,却遇到传统保守势力的威胁。因为华藏寺里面,原本就有二十几位僧人挂单,他们都以做经忏为业,虽说华藏寺的生存,也要靠经忏才能够维持寺院的开支,但是一个出家人只知念经,不知讲经弘法,只把经忏佛事当成职业性的工作,不知道为社会服务,还是不合乎佛教慈悲弘化的宗旨。

不过,要推动新佛教改革,实际上也是有困难的。因为这时南京的政局极为混乱,从第一届国民大会为了选举总统乱成一团以后,跟着就是国共和谈失败,尤其,当时的北平守将傅作义要把北京规划成为一个特别区,希望保护北京的文物,不要遭军事冲突的破坏,因而归向共产党。看此局势,我知道国民党的命运已经前途渺茫。

后来有一个机会,我就跟随僧侣救护队来到了台湾。先在中坜圆光寺留了下来,做了近两年苦行,又到新竹青草湖"台湾佛教讲习会",做了一年半的教务主任,之后就到了宜兰。我知道自己还年轻,只要我有心,必定将来能为佛教做一番事业。

最初宜兰雷音寺,只是龙华派的一个小庙,里面住了一位七十岁的老尼师和一位老太太,还有三家军眷。因为他们请我讲经,就在大雄宝殿佛像的旁边,整理出一个小房间给我挂单。当时的环境,实在没有条件给我住下去,不过,十年丛林的教育,养成了我忍耐的性格。

这时,我想到佛教要青年化,要重视弱势的团体,要注重妇女皈信佛教。但是这许多人是要靠什么因缘,才能从他们的位置走到佛陀的座前呢?

当然也经过了一些周折,我终于感觉到在宜兰也可以安身立命。为什么?因为有很多的青年来听我讲说佛教,也有一些宜兰中学、宜兰农校、兰阳女中、通信兵学校的军官、老师来跟我做朋友、做信徒,来跟我们唱歌,成立歌咏队、弘法队,甚至文理补习班等。

我以佛陀为信仰中心,在我认为,出家人和信徒应该要融和,所以,我就在台湾地区让信徒到寺庙里来参拜,跟我一起课诵、修行。我也办了念佛会、禅坐会、妇女会、青年会、学生会,举办各种活动等等,以此做为方便,接引所有社会各界不同的人士,让他们能走到伟大的佛陀座前,接受佛陀为他们安住身心,接受佛陀为他们的示教利喜,我也方便地喊出"行在禅净共修,解在一切佛法"。

与时俱进 重视以人为主

一时,宜兰的佛教就热闹起来。我觉得,雷音寺虽小,连一个客厅都没有,讲话都在走廊过道上,但大家都不相嫌弃,认为这也是一个可用武之地。

起初,我也不懂得佛教里为什么还要再分"人间佛教"等这许多不同的名词。当然我知道太虚大师提倡过"人生佛教""人间佛教",也知道一些年轻的法师,像慈航法师等曾办过《人间佛教》

杂志等等。不过，我也管不了那么多，我想，我就不要那么复杂，就弘扬大众的佛教吧。

但后来发现，佛教确实有历史的文化、各种背景，需要不断地跟随时代进步。因此觉得，在众多的佛教当中，佛教应该以人为主，重视人的幸福，人的平安，人的超越，人的完成。于是，我就注重以人性为佛性，以佛性为人性，所谓"佛是人成""人是未来的诸佛"，人和佛应该是不一不二的"人间佛教"。

所以，我认为"人间佛教"可以统摄两千多年来，复杂的佛教、复杂的信仰、复杂的种种名称，把所有在地理上不同的佛教，把时间上分别的佛教，在各人自己本心里执着的佛教，都归于自己、归于人、归于佛，就这样，不知不觉地，我就走上"人间佛教"这条道路，也被别人认为我传播的是"人间佛教"。人间佛教实在合乎今后大众的需要。我想，唯有"人间佛教"这个方向，是佛教为未来世界点亮的一道光明。

法传人间　净化升华人格

人间佛教，以佛法僧三宝为中心；无常、苦、空、无我、三法印、四圣谛、八正道、三学增上、四摄六度……都是我们依止的根本佛法。我之所以强调"人间"两个字，是希望所有佛教徒，都应该重视佛法弘传在人间。人间需要佛教，才能实践佛陀示教利喜的本怀。舍离人间、生活，佛教就会被边缘化、被舍弃。人间佛教是在五欲六尘中，以佛法净化、升华大家的生活和人格。

当时，我一心只想弘扬人间佛教，宜兰县佛教会支会多次要找我做理事长，我感于在大陆时连"中国佛教会"都没有办法参加，做一个宜兰佛教会理事长又有什么意思呢？所以，我在宜兰住了数十年，都不用什么名义、什么名称，我只是佛教里的一个僧侣、一个出家人，大家都称呼我是"宜兰的法师"或"北门口的师父"，一般的社会民众连我"星云"这个名字都不知道。

当然，我并没有放弃文字弘化的因缘，我每个星期、一个月到台北编辑《觉世》旬刊、《人生》杂志等，同时供应《觉生》《菩提树》等杂志文稿。

终于，在50年代，宜兰的青年在台北三重埔设立佛教文化服务处，编印现代的佛教的白话丛书，印行现代重新标点的经典，名为"每月印经"，并且流通一些佛教法物等。

这是因为宜兰的青年多了，他们问我："师父，我们信仰佛教，能为佛教做什么？"这句话如雷声般轰隆炸响，我惊觉到，对了，信徒信仰佛教，能为佛教做什么，这不是很重要吗？所以就鼓励他们办幼稚园从事教学，办佛教文化服务处，为全世界的信徒服务。主持这个服务处的有：心平、慈庄、慈惠、慈容等青年，当时，他们都还没有出家。

但是，我这样的弘法行动，引起了疑忌，例如，我们的青年要到日本留学，他不肯为我们转公文请政府批准；我们的朝圣团要到印度朝圣、到各国往来，也从来不给批准。反而是一些政府的官员，协助我们用其他的方法让青年到国外留学；但也有多位留学的青年因为家庭事故，回来台湾奔丧后，就再也不准到国外去了。

当然我也想，我应该进入"中国佛教会"，就可以免除这许多的困难障碍。那个时候，弘法的青年不多，我一个活跃的僧青年，还是得到一些长老的提携、支持，甚至选我做"中国佛教会"的常务理事。

但是，一来，我只希望做一个秘书，为佛教的前途做一些策划、做一些推动；二者，自觉自己的身份与这个佛教会不相称，我上无片瓦，下无立锥，一个常务理事的头衔，实在是有辱佛教会，并且对于佛教会的种种情况，我也没有办法参与、改变。为此，我写过一篇《我为什么要辞"中佛会"常务理事》的文章。

主要也由于当时的我年纪轻，做人有所欠缺，尤其在《人生》杂志上，发表一些文章，特别是对佛教的革新，提出许多的意见，而得罪了佛教界的一些人士。再加之，在大陆办《怒涛》月刊时，内容对佛教有些建言，传统的佛教人士不敢和我们来往。同时，我又是江苏人，很多江苏的同道都想要挤进"佛教会"，教会把关也很严格，我想，也不容易有希望能够做什么。

大足北山石窟第 136 窟文殊菩萨像

南宋绍兴十三年（1143），石，高 90 厘米，重庆大足

无惧毁誉　为教信心不退

一直到 1963 年，"中国佛教会"要组团到东南亚，甚至到美洲去访问。那时候，国民党中央党部一些开明人士是我的读者，阅读过我刊登在《人生》杂志、《觉世》旬刊里的文章，就提名要我参加这个访问团，但是"佛教会"里的一些领导人不同意。后来，为了要让我参加，党部还特地办了两桌素斋请这许多长老吃饭，一面人情包围，从中协调，一面也表示党组织的力量。最后，在长老们不喜欢我的情况下，访问团里终于有了我一个名字，叫我做了秘书，并且担任发言人。

那一次，我们一行访问了菲律宾、日本、马来西亚、新加坡、泰国等国，以及香港地区，尤其到印度朝圣，亲炙了佛陀的祖国，那是我最大的心愿。这对我个人来说，更增加了许多对佛教的见解、认识。

可惜，就在访问印度期间，我们有机会和总理尼赫鲁见面的时候，由于我讲话太多，内容传回台北，"中央日报"把我的意见在第一版报道，而没有刊登领导人的意见，就这样，我在佛教里，就更加的日子难过了。例如，不准我出国、不同意我在宜兰从事新佛教的发展。

关于和"佛教会"的功过、是非，我不愿意做太多的叙论，因为那只是世间法，与真正佛教的弘传没有一点关系。接着，佛教各种对我不好的批评、不好的名称，纷至沓来，说："星云是一个佛教的破坏分子"，"星云是佛教的魔王"，"星云的歌咏队，要把佛教唱了灭亡"……但是，为了佛教，这些批评毁谤都没有打倒我，我对人间佛教的信心和推动，从来没有退却过。

尤其，台北是大陆来台的高僧大德汇聚之地，我住在宜兰，他们一通电话，就叫我赶来吃饭、陪客人，他们一个命令叫我来开会，我也要赶到参与……不断地要送往迎来，我每天都没有时间做自己要做的弘法工作。因此，在1960年代起，我南下高雄。这是因为从1950年代起十年来，在宜兰和高雄都结了不少法缘；在高雄受信徒欢迎的程度，其热烈让我受当不起，也由于过分的出风头，自己不愿意在高雄居住，觉得人情和气候一样，让人热得受不了。

压制打击　激发力量勇气

后来实在推辞不了，也感觉到在北部的佛教应付艰难，加之当时在南部并没有外省的出家人，我就单枪匹马来到了台湾南部，先后建了高雄佛教堂、寿山寺、佛光山，就这样，让我成为台湾南部的外省和尚。我自己也非常欢喜，远离了台北佛教界的是非之地，在南部专心做弘法、教育的工作，一些本省的长老大德，同我都相处友好，也让我感到心安理得。

当时，在台北的佛教界非常高兴我到南部弘法，并且说不会让我再回到台北。但我听闻这个话也想："是这样吗？"几年后，我在台北建了普门寺、永和学舍、三重文化广场、松山台北道场、三峡金光明寺等。我不信东风唤不回，我不信自己不能在台北弘扬佛法。

所以至今，在台湾、在世界各地弘法建立别分院，大概也由于这样的刺激过程而发展起来的。所谓"塞翁失马，焉知非福"，一个人只要有信心，不怕被人欺负、压制，有时反而激发他的力量，增加他的勇气，可以创造更多的前途和事业。

后来，我在佛光山创建丛林学院，台北的佛教界也曾经开会，提议如何打倒佛光山丛林学院。感谢当时担任"佛教会"秘书长的山西省人士冯永桢居士，他说，天主教的神学院、基督教的圣经书院，我们都不打倒，为什么要打倒佛教办的教育学院呢？他耿直的发言、道德的勇气，帮我消灾免难，我这才又免除了一劫。

虽然如此，对于"佛教会"，我还是秉持护教的心给予很多帮助。例如，参加世界佛教徒友谊会，原本已经被排除在会外了，我再争取回出席会议的权利。

因此，我认为要透过"佛教会"的力量来革新佛教，这个梦想是不容易实现，只有靠自己的力量，于是我就开辟了佛光山，从教育开始办起。

毅然退位　行走世界传教

看到佛教界没有重视人才的培养，而阻碍了佛教的发展，这也因此教育了我，在佛光山担任住持十八年，任期圆满已经五十八岁，为了让教团制度化，我毅然宣布退位，对佛光山毫不留恋地交给弟子们去发展管理，我自己单身漂洋到海外，行走世界，从事佛教传教的活动。

这样一来，有了因缘在美国洛杉矶建西来寺，在纽约建纽约道场，在荷兰建荷华寺，在澳洲建南天寺、中天寺，在巴西建如来寺，在非洲建南华寺，在法国建法华禅寺等等，让我法弘五洲。加上1992年，我们在美国洛杉矶成立国际佛光会世界总会，现今会员数已达几百万人，各地区协、分会也有几千个。

如佛法所说"逆增上缘"，希望当代的法师，大家互相尊重、互相勉励、互相提携，就是受到一些不好的因缘，只要我们自己争气,不必生气,在佛教里,还是会有我们的前途、有我们实践愿力的一片天地。这样的历程,让我感到对人间佛教的宣扬,将来开花结果必定是有信心希望的。

因此,我相信,待人好,才有好因好缘,要想打倒别人,除非那个别人自己倒闭,不然谁能打倒谁呢?现在,这一段往事,趁写这篇文章的时候,只是简略地透露一点,向伟大的佛陀报告,他难行能行、难忍难忍的修行,我们也在努力学习。

三好四给　成就佛法布施

说起人间佛教,记得在2000年春节时,美国威斯康星大学终身荣誉教授高希均先生住在佛光山,有一天早上,我陪他吃早餐,他是佛教之友,突然问我:"什么叫作人间佛教?"

我没有想过这个问题,不过,在教授的问题前面,我总应该要提出一个说法回答他。我就说:"人间佛教就是佛说的、人要的、净化的、善美的教法。"

他一听,面露喜色说:"哦!那我懂得什么是人间佛教了。"

我觉得那么一位名教授,又不是佛教徒,在这样简单几句话前面,就说他懂得了人间佛教。可见,要懂得"人间佛教",大概是需要悟性,需要般若智慧,需要所谓"明心见性"那样的程度,才能和人间佛教相应吧。

自己回想起来,在佛门里数十年的岁月,所谓"弘法利生",觉得确实不错,我所做的都是人间佛教的事业。我建寺安僧,我创办丛林学院,我提倡禅净共修,我注重生活修行,我要救苦救难,我要注重信徒家庭的幸福安乐,所以我倡导四给:"给人信心、给人欢喜、给人希望、给人方便",乃至后来三好、五和、七戒、八道……就跟着人间佛教传扬开来了。

有人说，老人家老化以后，和青年儿女有代沟，我就发心办老人院；有人说，孤儿没有人收养，甚至单亲的儿童也很可怜，我就创办孤儿院；有人说，失学的儿童很多，我就办幼儿园，甚至小学、中学。有人说，社会传播的教化更大，我就办电台、电视台、报纸等等。只要是人间需要的，我觉得都应该全力以赴，给予佛法的布施成就。

慢慢的信徒多了，有了一点力量，就想到其他宗教都办有好多的大学，甚至邻国日本，也办了几十所大学，为什么中国佛教徒都不办大学呢？其实，就我知道的，所谓"丛林"，古代就是大学的意思，是供给十方学子参学的地方。但是，由于住持不知道发大心、发大愿，渐渐地把门户缩小，变成出家人衣食住的另外一个家庭，而不是公共的学校、学佛的道场了。现在，我们应该要改变名称，不必老是创丛林，干脆随着时代办大学吧！

所以我就发起"百万人兴学"，在海内外办了五所大学。不过，由于自己没有学历，甚至我到中学去做教员的资格都不够，哪有资格办大学呢？好在世间法律总有融通的地方，我不可以做教师，但我可以做董事长、做创办人，因此，在我的名义之下，就有了很多的大学、中学、小学等，光是大学里的教授就有千余人。

办学奉献　社会公平肯定

也承蒙社会对我不弃，见我办了这么多大学，在世界上几十所名大学让我去讲学，也给予我很多的博士学位、名誉教授的头衔；在台湾，基督教办的东海大学，我教了六年佛学，在华冈的文化大学，我也做了印度文化研究所的所长多年。我觉得社会还是很公平的，只要你有了实际的事业，所谓"实至名归"，社会还是会给我们一个公道、公平的机会。

到了这个时候，我又在思考，佛教要在今后历史长河中发展，在世界各个国家宣扬立足，让各个国家的人民，让各个种族、各个阶层的士农工商、男女老少……对佛教都有信仰；想当初，佛陀成道的时候，都能度化96种外道，我们现在佛教为什么不能度化世间上的一切众生呢？

我也想到，拜佛的人少，信菩萨、求神明的比较多。为什么？因为佛没有赐给他什么，神明会赐给他财富、赐给他平安、赐给他福寿，菩萨也会给他救苦救难，大概他想到神明、菩萨与自己比较有关系吧。伟大的佛陀，传播普世、平等、永恒的缘起真理，他却可能接受不了啊！这样的信仰，不令人慨叹吗？

想当初，本来都是佛教徒的妈祖、佛教徒的吕洞宾、佛教徒的关云长、佛教徒的什么王爷……怎么他们现在统统都离开了佛教，各自去设立门户，甚至于他们的信徒都多过了佛教徒呢？

如《增一阿含经》云："复有三事，露则妙，覆则不妙。云何为三？日、月，露则妙，覆则不妙，如来法语，露则妙，覆则不妙。"佛法如同日、月，成熟、光明、温暖一切众生。佛陀传教，把法传给弟子，弟子要把佛门发扬光大，所以佛教并不是光靠佛陀一个人来让它佛光普照。佛光普照，是要我们众弟子来帮助佛陀成就，为自己的信仰，也为了佛陀，把光明照耀人间，也照耀自己。一旦自己心中的佛灯大放光明，烦恼无明、忧悲苦恼，就会远离了。

所以，我喊出"光荣归于佛陀，成就归于大众，利益归于社会，功德归于信徒"，信仰人间佛教，不是倚靠佛陀来为我们做什么，是要靠我们来为佛陀做什么，甚至还要为一切众生来做什么，这样子，佛教才有前途。

佛法不舍一切法，因此不禁想到，所谓"破船多揽载"，佛法不舍一切法，这个也做，那样也来，就这样在四众弟子努力下，把人间佛教传播出去。说得好听一点，世界之大、五洲之广，都有人间佛教。

具体弘法　佛法广传五洲

让佛教回到人间，正如佛陀千百亿化身，观世音菩萨三十二应化身一样，如今人间佛教，以各种方便法门为社会服务、奉献，和大家结缘，从而将佛法的慈悲与智慧带到每个地方。经历这数十年大家的努力，人间佛教已经为佛教写下多少创意，具体的弘法如：

在教育方面：各中小学、大学、佛学院、佛教研究所、中华学校、信徒讲习会、都市佛学院、公益信托教育基金等。

在传播方面：杂志、报纸、电台、电视、网络教学等。

在美学艺术方面：展览馆、美术馆、出版《世界佛教美术图说大辞典》、博物馆，如佛陀纪念馆等。

在餐饮方面：设立素食餐馆、滴水坊等，提倡简食。

在慈善方面：云水医院、育幼院、老人院、如意寮、安宁病房、友爱服务队、救援队、云水护智车等。

在教化方面：各种夏令营、青幼团、儿童班、童军团、信徒香会、行脚、社会运动、佛化婚礼、法座会、印度朝圣、朝山团、云水书车、设立讲坛、百万人共同兴学、监狱、三军及离岛布教等等。

在体育方面：成立篮球队、棒球队、体操队、足球队、啦啦队等，增加佛教在体育方面的人口。

在会议方面：各种国际会议，如人间佛教研讨会、国际僧伽会议、世界佛教论坛，以及两岸各种佛教和文化论坛等。

在学术出版方面：成立出版社、各种国际学术会议、《法藏文库》《普门学报》双月刊、《人间佛教》学报·艺文版等数百种学报杂志等。

在修持方面：假日修道会、人间佛教读书会，以及两岸的各种佛教和文化的论坛；帮助"世界佛教徒友谊会"走出亚洲，在美洲、澳洲等地的佛光山举办。全世界举办短期出家修道会、三坛大戒等。

在音乐舞蹈方面：歌咏队、合唱团、梵呗音乐会。

在制度方面：成立社团、主张僧信平等、人事序级、檀（弘）讲师、善财、妙慧讲师等制度，落实僧众男女平等、国际佛诞节的推动等。

后来，这些佛教事业，都由许多青年各自来担当，让佛教徒也有为佛教服务、发挥的地方。甚至，这许多青年们也组织佛教梵呗赞颂团，到世界去梵呗公演，受到各国人士的欢迎，可谓人间佛教发展最好的契机。

把人做好　佛国就在人间

除此之外，和大陆在中华文化上的交流，也受到内地很多领导人的帮助。好比恭迎佛指舍利到台湾，有 500 万人瞻礼，两岸同组"中华佛教音乐展演团"到世界各地演出等，都获得很好的回响。后来也承蒙鼓励我在内地复兴祖庭大觉寺，现在也举办云湖书院、扬州书院、人间书院等，人间佛教一片欣欣向荣。希望我们作为佛教徒的，不是只想靠佛陀、靠佛教，而是自我期许我能为佛陀、为佛教做些什么。

所谓"人间佛教"，就是佛教，不是标新立异。因为佛陀是人间的佛陀，他说法度众，不叫人间佛教，难道我们要叫畜生的佛教？叫地狱的佛教？叫饿鬼的佛教吗？当然不应该。

人间佛教，是要我们把人间建设成佛国净土，如太虚大师所说的"人成即佛成"，让每一个佛教的信徒，都能得到佛法带给他的心灵的平安，能有佛法去除他的贪瞋烦恼，让他安身立命、家庭和谐、彼此友爱，享受人生的乐趣。

特别是现在的佛教信徒，他们也慢慢体会到，人间佛教的一句话，佛陀的一句开示，真正改变了他的一生，改变了他的家庭，改变了他的观念，改变了他的做人处世。他受到了人间佛教的利益，他实践了人间佛教的修行，他觉得人间佛教是：佛国就在人间，净土就在人间，在人间、在佛的世界里，把人做好，他就认为自己与佛相应了。

信仰不二　回归佛陀本怀

这就是人间佛教一点的心香供养，企盼能与佛世时佛陀为人间牺牲奉献的精神古今相应，能可以让人间佛教的历史长流，传灯不断、法幢高树、法轮常转；也能有一个健全的佛教组织教会和领导人，带领大家，让佛教的传承不断，这样才有人间佛教的发展。希望有志一同的佛教同道们，大家一起来参与"佛光普照三千界，法水长流五大洲"的行列，所谓"佛教弘扬本在僧"，复兴佛教，实在不为难也。

以上，我们总说如下：

- 人间佛教是佛陀的本怀
- 人间佛教是真正的佛教
- 人间佛教才为人间接受
- 人间佛教才能成为普世的佛教
- 人间佛教是未来世界的光明
- 人间佛教是人生的指南
- 人间佛教是生活里的资粮养分
- 人间佛教可以安身立命
- 人间佛教可以补政经之不足
- 人间佛教可以填补心灵的空虚
- 人间佛教可以提升社会道德风气
- 人间佛教可以安定社会人心
- 人间佛教会促进自心和悦、人我和敬、家庭和顺、社会和谐、世界和平

这许多话，并不是我们个人的意思，这都是佛陀到人间来示教利喜的本怀，所以，我们要把所有的一切呈现给佛陀，回归他的本怀。也希望今日的僧信二众，把一片真心虔诚地供养给佛陀。希望对佛教没有信仰的人，也能了解佛教，知道佛教对国家社会人心的辅导，对中华文化的贡献，对于中华民族的助力、助缘。

对于佛教，你信仰不信仰，不要紧，佛陀也不一定要你信仰他，但是你信仰你自己，能有慈悲心，能为人着想，能诸恶莫作、众善奉行，信仰你是佛，难道会没有一点佛缘吗？

所以，今天千千万万的佛教徒，假如以佛陀至尊为信仰，尽管信仰的程度有高低深浅的不同，但是，信仰是统一的，信仰是不二的，信仰是我们唯一的生命，让我们回归人间佛陀本怀，在信仰里法喜充满，在信仰里畅游法海，那是多么逍遥自在啊。

佛教靠我　一生坚持信念

本着这样的理念，我为人间佛教服务，致力新佛教的运动，没有停下脚步。是功？是过？我都不计较。就如我在《人间福报》上发表的《我不是"呷教"的和尚》所述，我要做到"佛教靠我"，我不靠佛教，这就是我一生的信念。

回想我这一生随缘弘法的经历，也想起前贤太虚大师的命运，他也是没有办法发展他的志愿，好像我也走上了他的道路，这也只有慨叹佛教的法运，所谓时也、运也、命也，徒叹奈何以外，也没有其他的办法。

就好比最近柴松林教授感叹地告诉我，台湾的选举，选民都是选自己喜欢的人，而不是选出能干能做事的人。如此，中华民族怎么会有办法呢？其实，佛教也是一样，如果派系关系第一，不会选举为佛教做事、有贡献的人，其他为佛教、为社会的能量，就更不在计算之内了。像这样的佛教，怎么会进步呢？所谓"人能弘道，非道弘人"，佛教所以没有办法复兴，恐怕这也是最主要的原因。

在清末民初佛教衰微之际，本来也有很多复兴的契机，像太虚大师喊出"人生佛教"的口号，一时各方响应，但是忌妒他的人，对他压制，也让他有志难伸。幸而，比较和他同一时代的许多大德，以各自的特长在各地的佛教舞台上弘扬佛法。如参禅的虚云老和尚、来果禅师，如念佛的印光大师、在上海参加蔡元培教育会的宗仰上人，如研究华严的月霞法师，研究天台的谛闲法师，讲说佛法的圆瑛法师等。

但，太虚大师一生也可以说很可惜，在那时，由于受传统佛教的压制，只在杭州净慈寺做过短暂的住持，以外也没有驻地。不过,他就从办佛教学院开始,在闽南佛学院、武昌佛学院等地培养人才。庆幸的是,他的一些门徒高弟都是一时之选,纷纷地在佛教里崭露头角。

如长于教会行政的大醒法师、法舫法师,爱国的乐观法师、苇舫法师,长于义理文字的芝峰法师、印顺法师、尘空法师、默如法师,长于外文的法尊法师、法慧法师、了参法师等;还有当时散居在内地各个寺院一些有所作为的僧青年,如浙江武林佛学院的会觉长老、四川华岩寺的惟贤长老、山东青岛湛山寺的明哲长老、江苏焦山的雪烦和尚、东初长老、茗山长老等,还有"文化大革命"后担任中国佛教协会会长的正果法师,以及竺摩法师、巨赞法师等,都是太虚大师的传承弟子。

再加上那时候的居士界,如杨仁山、欧阳渐、唐大圆、丁福保、陈海量、梁启超、章太炎、戴季陶、屈映光等大德,如火如荼地站出来,都为佛教的复兴注入一股力量,他们都是佛教的大菩萨、大护法。

佛光山佛陀纪念馆 台湾高雄

做本分事　无畏弘法度众

正当佛教看起来有了新的弘扬契机之时，遗憾的是，军阀的割据、对日抗战、国共内战等接连不断，让佛教复兴的法运，因为乱世没有发挥能量，又再错过因缘时机。

后来，佛教的命脉在台湾延续，因为很多大德也都到了台湾。只是他们多因乱世而对佛教事业的发展并不热衷，甚至趋于保守。像我在建佛光山的时候，都有人劝我不必要，他说，现在的局势动荡，在台湾的佛教也不会有前途，叫我就不要浪费力气了。但是我本着"做一日和尚，撞一日钟"的想法，毫无悬念地一样弘法度众。

关于太虚大师新佛教改革运动，现在检讨他失败的原因，一来是不到六十岁就往生了；二来佛教旧僧的传统势力太大；三者是他没有一个根据地。不过，他的学生、弟子都非常优秀，为他继起。

因此我很尊敬太虚大师，但是我做的一切，也没有哪个师承学派，太虚大师的弟子，有些人也没有把我归纳在太虚大师的学系之内，我也不算太虚大师的传人。我只是本着一个佛弟子的心对佛陀

负责。不过，我想我和太虚大师的志愿悲心，应该有所契合，尽管我也遇到各方势力给我的压制、排挤，尤其是社会舆论不断的批评，不明就里地践踏佛教、欺负佛教。但我有一个比太虚大师更幸运的因缘，就是我有不少的信徒、弟子支持，他们在世界各地有了弘法的场所。

佛教传承　努力法传五洲

如今，佛光山开山前后弘法也已六十余年，我也退位三十多年，跟随我弘法的徒众弟子一千多人，包括二百多名硕博士以及一二百个三十岁左右继起的人才，他们都是人间佛教的弘扬者。

一时，佛光山也有一些人才，法传五洲，各自在岗位上承担佛光山重要职务。我想，他们也会继续为佛法的传扬努力，把佛教带进人间佛教的时代。只要佛教有传承，还怕未来世界佛教没有人间佛教发展的希望吗？

我在台湾弘法60多年，知道台湾佛教从早期的妙果和尚、斌宗法师、证光法师、智性法师、智谕法师、修和法师、圣印法师、菩妙法师、开证法师、隆道法师等，他们都为佛教的弘传贡献甚力。

而当今台湾的佛教界，当然也不止一个佛光山，除了人间佛教联合总会，也是百家皆鸣。如华严莲社、华梵大学、法鼓山、千佛山、灵鹫山世界宗教博物馆、灵岩山、中台山、光德寺的泰国朱拉隆功分校、香光寺，还有福智凤山寺、慈济功德会、海明寺、慈法禅寺、慈明寺等等，对人间佛教的历史，就看将来大家的发心立愿，以及今后如何再来规划、创造。

我们也希望台湾早期的名山古刹，如灵泉寺、观音山、狮头山、法云寺、圆光寺、大仙寺、大岗山、开元寺、南普陀、东山寺、福严精舍等都办有佛教学院，继续培养人才，再光大佛教。另外，也还有许多青年比丘、比丘尼，我也无法一一记得他们的名字，唯愿大家各自努力，将来都为人间佛教发心弘扬。

僧信合力　发扬人间佛教

再加上现在的学者、教授、居士、大德等，他们有的是虔诚的佛教徒，有的是佛教之友，如吴伯雄等，他们也能像过去的佛教徒戴季陶、李炳南、李子宽、周宣德、南怀瑾、杨白衣等，来肯定佛教、护持佛教、光耀佛教，就看我们僧信二众共同合力，让人间佛教传灯不熄。

大陆在"文化大革命"后，赵朴初长者提出"人间佛教"的口号，这是没有错的，如果有人不同意的话，那他就是不懂佛教了，为什么？因为人间佛教毫无异议的，就是本来的佛教；你若不以为然，那又是什么佛教呢？你举出哪一点不是人间佛教呢？佛教不舍一法，为什么要舍弃人间呢？

也有很多人挂念，人间佛教会不会因为太人间化，而最后流俗了？其实，人间佛教的精神是出世的思想做入世的弘法事业，是传统与现代的融合，所谓传统，不是一百年前、五百年前、一千年前的传统，而是回归佛陀本怀的传统。所以我说，人间佛教是回归佛陀的本怀。

幸得如今在大陆佛教继起弘扬人间佛教的人才比比皆是，像现在的中国佛教协会会长学诚法师等。因为大陆之大，人才之多，限于我几十年来偏居于台湾一隅，不能完全知道，实非年迈老病的我能了解还有哪些年轻有为的大德，只有请大家谅解。

不过，我们大家互相精神相依，所谓"要得佛法兴，除非僧赞僧"，我希望这许多法师，不但要发菩提心，来从事人间佛教的弘法事业，尤其要有肚量、包容，中国佛教才能成其大，因为肚量有多大，事业就有多大。大家多来往团结、亲近善知识，提携后学，培养青年人才，共同来为人间佛教发光发热。就如《佛教青年的歌声》里所唱："……青年为教的热忱，掀起了佛教复兴的巨浪狂潮，成功的一日，就要来到……"以此来报答佛恩，就不怕人间佛教光明的火炬不能法轮常转、佛日增辉。

附 录

佛陀一生重要记事

年 代	重 要 记 事
诞生 （563 B.C.E.）	◎ 佛陀原名悉达多·乔达摩，出生在印度北方的迦毗罗卫国（今尼泊尔境内）。属于释迦族，刹帝利种姓。父亲是迦毗罗卫国国王净饭王，母亲是王后摩耶夫人。 ◎ 悉达多于四月初八日，在蓝毗尼园无忧树下诞生。蓝毗尼园遗址，现由尼泊尔政府作为古迹保护，是佛教四大圣地之一。 ◎ 太子诞生七日后，母亲摩耶夫人因病去世，由姨母摩诃波阇波提夫人抚养长大。 ◎ 阿私陀仙人为太子占相并预言，太子将来若非成为转轮圣王，一统天下；便是出家成就佛道，广度三界众生。
8岁	◎ 拜婆罗门跋陀罗尼为师，学习四吠陀、五因明等学问。净饭王并召释迦族大臣之五百童子同入学堂共学，以为将来辅助太子治理国政做准备。
12岁—18岁	◎ 悉达多开始学习军事武术，技艺胜出同辈释族青少年。能驾驭与指挥四兵，并精通兵器、搏击角力等。可以射穿七面鼓，曾把"千人弓"射过铁鼓，箭入于地，因而成井，众人称之"箭井"，名声响彻四方。 ◎ 悉达多在无忧的年龄里，却表现出与其他同龄孩子决然不同的特点，喜欢沉思、默想，身边日常小事，常让其心有感悟。例如为世间的弱肉强食感到不平等，时常思索"人生苦的根源是什么？如何才能解脱这些苦？"
19岁—24岁	◎ 悉达多与邻国天臂城善觉王的长女耶输陀罗公主成婚，六年后生下一子罗睺罗，婚姻幸福。
25岁—30岁	◎ 一日，悉达多太子兴起出城巡游百姓景况，却惊见老、病、死的苦状而郁闷不悦。最后一次见到沙门修行人威仪之姿，遂生出离之志。此即"四门出游"。 ◎ 净饭王得知太子出游四门而有出家之念，唯恐阿私陀仙预言实现。遂为太子建筑春、夏、冬等三座华美宫殿，并安排后宫歌姬舞姬侍候，希望令太子忘情享乐。太子虽拥有豪华舒适的生活，然生命中种种困惑，从不曾消逝于心。 ◎ 一日，夜半趁歌舞伎熟睡之际，唤醒车匿，跨上爱驹犍陟，走出皇宫，剃除须发，出家修道。

续表

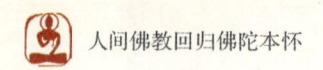

年 代	重 要 记 事
25岁—30岁	◎ 太子渡过恒河，抵达离家五百多公里外，王舍城山林处修行。净饭王派遣憍陈如等五大臣，陪伴太子出家修道。 ◎ 修行期间，悉达多在王舍城乞食，频婆娑罗王受其威仪感动，劝其放弃修行，愿让一半王位，共同治理国政。悉达多一心向解脱道，频婆娑罗王遂请求其成就佛道后，回返度之。 ◎ 在王舍城中，首先拜访两位全印度最出名的数论派阿罗逻迦蓝仙人与郁陀仙人，分别达到无所有处定及非想非非想处定至高之禅定状态。然并未能解脱烦恼，也已找不到其他更高明的老师。 ◎ 悉达多遂与五位苦行同伴，前往优罗频罗村苦行林，与婆罗门及外道修行各种极端禁欲苦行，长达六年。
31岁—35岁	◎ 悉达多六年苦行日子中，日食一麻一麦，瘦骨嶙峋，几至死亡状。遂悟禁欲苦行亦非究竟，决定放弃苦行，招致五个同伴唾弃误解，以为太子堕落。悉达多独自前往伽耶山附近之尼连禅河畔沐浴，并接受牧羊女的乳糜供养，恢复体力。 ◎ 悉达多独自来到菩提伽耶，于菩提树下，铺上八束吉祥草，东向跏趺而坐，并发坚固如金刚般决心："我若不能了脱生死，到达正觉涅槃的希望，誓不起此座！"四十九日后，于十二月八日破晓时分，豁然大悟，证得无上正等正觉，成为"释迦牟尼佛"，意为"释迦族之圣者"，世称"佛陀"（Buddha 译意觉者）。 ◎ 依据律藏，佛陀成道后，在菩提树周边移动七处，继续思维缘起甚深之理，同时宣说自证境界，讲述《华严经》二十一日。由于《华严经》宣说菩萨阶次及佛的内证之法，凡愚小机如聋似哑，不契大教。 ◎ 佛陀转往波罗奈国之鹿野苑，首度憍陈如等五比丘，三度演说四圣谛妙意，名为"三转十二行相"。度得五比丘为佛教僧团之滥觞，史称"初转法轮"。佛、法、僧三宝，于焉具足。 ◎ 其后，度化波罗奈国富家长者子耶舍及其亲友豪族共有五十五人剃度出家。连同佛陀，当时佛教僧团，共有六十一位阿罗汉。 ◎ 耶舍的父母听闻佛陀说法后，欣然皈依佛陀座下，成为佛教僧团第一位优婆塞、优婆夷，形成僧信二众具足的教团组织。 ◎ 此后十二年，佛陀游化全印度，宣讲《阿含经》，主要内容为四圣谛、八正道、十二因缘、三十七道品、无我等。
36岁—41岁	◎ 前往伽耶山尼连禅河畔，度化拜火教三迦叶——优楼频罗迦叶、伽耶迦叶、那提迦叶及其随众等一千人。从此僧团组织的基础愈形稳固。 ◎ 佛陀依十几年前与摩揭陀国频婆娑罗王之约定，来至彼国，为说法要。

续表

年　代	重　要　记　事
36岁—41岁	王于国都王舍城建"竹林精舍",是为佛教第一座道场。该精舍计分十六大院,每院六十房,更有五百楼阁,七十二讲堂,供养佛陀僧团大众安居。 ◎ 舍利弗与目犍连一起皈佛出家,助佛弘法,成为佛陀教团重大盛事。其后,婆罗门中最杰出的人物大迦叶也随佛出家,国王、学者纷纷皈投而来,佛陀的教化更是普遍各方。佛陀的一千二百五十五弟子常随游化,成为佛陀僧团之常随众。 ◎ 北方憍萨罗国舍卫城的须达长者和祇陀太子分别布施园林与树木,由舍利弗计划和监督完成"祇园精舍",佛陀率众前往安住。该国波斯匿王也投皈在佛陀座下,成为佛教忠实的大护法。 ◎ 此后,佛陀经常南北往返于竹林精舍与祇园精舍之间,以摩揭陀、憍萨罗、婆蹉三国为中心,游方印度各地,度化了许多弟子。 ◎ 因为须提那破戒事件,佛陀制定戒律,规定每半个月布萨诵戒一次。
42岁	◎ 此后八年之间,佛陀为普应群机,宣说《维摩诘经》《思益经》《解深密经》《金光明经》《大集经》等,所谓偏圆并陈、权实兼施的教法,是为方等时。
43岁—49岁	◎ 佛陀教团逐渐扩大教化,净饭王遂派大臣优陀夷前往舍卫城迎请佛陀回迦毗罗卫国弘法,释迦族贵族青年,如:富楼那、阿难、提婆达多、难陀、阿那律、跋提等王子,均受到佛陀仁德感召,纷纷加入僧团。 ◎ 王族的理发师优婆离,属于首陀罗最底层种姓,佛陀亦允准皈依出家。自此,在佛陀之教团,打破阶级,提倡四姓平等。一反婆罗门教社会秩序,引起前所未有的震撼。 ◎ 佛陀之子罗睺罗亦剃度出家,佛乃为之制定沙弥十戒,乃僧团中有沙弥之始。 ◎ 佛陀的父亲净饭王逝世,享年九十三岁。佛陀亲自为父抬棺。之后由阿那律的哥哥摩诃男出任国王,统治迦毗罗卫国。 ◎ 姨母摩诃波阇波提夫人亦率五百名宫女来到毗舍离,随佛出家,此为比丘尼教团成立之始。
50岁—71岁	◎ 此时期开始,佛陀为心慕大乘者遣除情执,使直下承担般若中道实相之法,宣说般若二十二年。般若大法之宣讲,为佛陀讲说《法华经》之起源。 ◎ 度化鬼子母。 ◎ 佛陀选阿难为常随侍者。 ◎ 度化杀人魔鸯崛摩罗。

续表

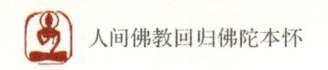

年　代	重　要　记　事
72岁—78岁	◎ 提婆达多蛊惑阿阇世太子叛道，囚禁其父频婆娑罗王，自立为王。 ◎ 佛陀为频婆娑罗王和韦提希夫人说《观无量寿经》，频婆娑罗王于狱中去世。 ◎ 提婆达多叛变，欲分裂僧团，被佛陀制止。 ◎ 阿阇世王忏悔皈依佛陀。 ◎ 憍萨罗国的琉璃王子篡位，波斯匿王出走。琉璃王攻占迦毗罗卫国，佛陀虽阻拦三次未果。释族灭亡，并杀害祇陀太子。 ◎ 阿阇世王将憍萨罗国与迦毗罗国，并入摩揭陀国版图。 ◎ 此后七年，佛陀见众生根基成熟，宣说《法华经》，"开权显实"，说如来出世之本怀。
79岁	◎ 佛陀渡过恒河，前往越祇国与毗舍离国弘法。 ◎ 阿阇世王准备攻打越祇国，派大臣雨舍请示佛陀，佛陀为其宣说"七不退法"，顺利劝阻出兵。 ◎ 姨母大爱道示寂，舍利弗与目犍连相继入灭。
80岁 (483 B.C.E.)	◎ 佛陀自知时至，遂向弟子表明，三个月后将要入灭，仍展开最后游行。 ◎ 此时期，佛陀宣说《涅槃经》，阐明常住佛性之理。经前四时之陶铸，机渐纯熟，故为说法华之教，令"会权归实"，上中下根咸得成佛。 ◎ 须跋陀罗为佛陀所度最后的弟子，听闻佛陀说法后，证得阿罗汉果，且先佛陀入涅槃。 ◎ 佛陀临入灭前，对诸弟子开示："你们不要伤心，天地万物，有生就是无常之相，你们假若要我永久住于世间，而你们却不依着我所指示的教法而行，就算我活了千千万万年，又有什么用呢？你们若能依我的教法而行，就等于我永久活在你们心中。我的法身慧命，会遍于一切处和你们及未来的众生共在一起。" ◎ 阿难以四事问佛："一切经典之前，应以什么字义作为经首？佛入灭后，以谁为师？依谁而住？恶性比丘，如何调伏？"佛陀开示大众："经典之前，以'如是我闻'开头；大众应以戒为师；依四念处而住；对待恶性比丘，应默摈之。" ◎ 佛陀最后遗教："你们要坚定信仰，皈依法，依法而行，不要皈依其他。不懈怠的修学圣道，解脱烦恼，住心不乱，这就是我真正的弟子。" ◎ 佛陀选在拘尸那罗的娑罗双树间，以禅定——八胜处、八解脱安然入灭。佛陀涅槃后，大迦叶最后顶礼佛足，将佛陀荼毗后的舍利，分送八国，造塔供养。造塔为令世人见塔如见佛，感念佛陀在人间教化的功德。

续表

年　代	重　要　记　事
	◎ 出生圣地——蓝毗尼园遗址 ◎ 苦行及证道圣地——菩提伽耶遗址 ◎ 初转法轮圣地——鹿野苑遗址 ◎ 教团成立后第一座精舍——竹林精舍遗址 ◎ 成立比丘尼僧团圣地——毗舍离遗址 ◎ 佛陀重要的说法圣地——灵鹫山遗址 ◎ 佛陀安居、说法二十五年的圣地——舍卫国祇树给孤独园（祇园精舍）遗址 ◎ 涅槃圣地——拘尸那罗遗址

注记：本表有关佛陀一生事迹，参考星云大师《释迦牟尼佛传》等书，所注记年岁供参考之用。

责任编辑：娜　拉　卫　菲　舒　月
　　　　　妙　诚　周　秖　史　伟
装帧设计：肖　辉　王欢欢
责任校对：张　彦　王　惠
　　　　　方雅丽　周　昕

图书在版编目（CIP）数据

人间佛教回归佛陀本怀／星云大师　著．—北京：宗教文化出版社、人民出版社，2016.8
ISBN 978－7－5188－0251－7
I.①人… II.①星… III.①佛教－通俗读物　IV.① B94-49
中国版本图书馆 CIP 数据核字（2016）第 195294 号

人间佛教回归佛陀本怀

RENJIAN FOJIAO HUIGUI FOTUO BENHUAI

星云大师　著

人民出版社
宗教文化出版社　出版发行

（100706　北京市东城区隆福寺街 99 号
　100009　北京市西城区后海北沿 44 号）

北京盛通印刷股份有限公司印刷　新华书店经销

2016 年 8 月第 1 版　2016 年 8 月北京第 1 次印刷
开本：710 毫米 × 1000 毫米 1/16　印张：18.25
字数：250 千字

ISBN 978－7－5188－0251－7　定价：59.00 元

邮购地址 100706　北京市东城区隆福寺街 99 号
人民东方图书销售中心　电话：（010）65250042　65289539

版权所有·侵权必究